基础教育改革与教师专业发展丛书

教师专业发展系列

职业使命与教师文化建设

ZHIYE SHIMING YU JIAOSHI WENHUA JIANSHE

吴　玲　葛金国
王　琪　杨志宏　◎著

安徽师范大学出版社

责任编辑:秦宗财　桑国磊
装帧设计:丁奕奕
责任印制:郭行洲

图书在版编目(CIP)数据

职业使命与教师文化建设/吴玲等著.—芜湖:安徽师范大学出版社,2014.1
(基础教育改革与教师专业发展丛书)
ISBN 978-7-5676-0287-8

Ⅰ.①职…　Ⅱ.①吴…　Ⅲ.①中小学—师资培养　Ⅳ.①G635.12

中国版本图书馆CIP数据核字(2012)第319352号

职业使命与教师文化建设
吴　玲　等著

出版发行:安徽师范大学出版社
芜湖市九华南路189号安徽师范大学花津校区　　邮政编码:241002
网　　址:http://www.ahnupress.com/
发 行 部:0553-3883578　5910327　5910310(传真)　E-mail:asdcbsfxb@126.com
经　　销:全国新华书店
印　　刷:安徽芜湖新华印务有限责任公司
版　　次:2014年1月第1版
印　　次:2014年1月第1次印刷
规　　格:787×960　1/16
印　　张:15.75
字　　数:238千
书　　号:ISBN 978-7-5676-0287-8
定　　价:31.00元

基础教育改革与教师专业发展丛书编委会

本书系教育部人文社科规划基金项目(11YJA800116)资助成果

内容简介

只要一走进学校,人们总是感受到无处不在的教师文化的影响。《职业使命与教师文化建设》缘于作者的人文关怀,历经长期潜心体悟。旨在呈示教师文化视野和精神气质基础上,彰显教师文化的功能,帮助广大教师消解价值困惑,践履职业使命。

总 序

“教育改革”在当下是一个出现频率非常高的概念,这种语言现象所反映的正是教育实践的客观现实。伴随着经济全球化、信息化和网络化的迅猛发展,世界范围的教育改革正一浪高过一浪,教育改革正成为一项持续不断的教育实践活动。可以说,变革已成为当代教育的一个典型特征。

同样,改革也是我国当代基础教育领域蓬勃发展的重要驱动轴。近年来,基础教育改革正在各个层面全面展开:在课程领域,综合课程、活动课程、微型课程、模块课程等正在逐步取得与学科课程同等的地位,并对促进学生的全面发展发挥着不可替代的作用;在教学领域,诸如探究式教学、互动式教学、学生自主学习、合作学习等一系列新的教学方式和学习方式也正在逐步取代某些传统的教学方式和学习方式,被师生广泛运用于教学过程之中;在德育领域,一方面,某些陈旧落后的德育理念和模式正在为人们所摒弃,另一方面,多种新的德育理念和模式正在受到教育理论工作者和实践工作者的广泛关注并在学校德育实践中进行尝试和经受检验;在教育评价领域,传统的评价理念和范式同样日益受到人们的质疑与批判,与此同时,各种新的评价理念和范式层出不穷并被师生普遍接受和运用。

基础教育改革不仅使学校生活、师生关系和课堂面貌等发生了重要变化,也向广大教育实践工作者提出了新的更高的要求。持续不断的基础教育改革,使每一个投身于教育实践工作的人都面临着一系列无法回避的挑战。这种挑战,既意味着教育实践工作者不得不正视和思考教育改革带来的各种新的问题,同时也意味着他们在面对不断变化的教育实践情境时,必须采取适当、合理的因应与行动。

教育大计,教师为本;有好的教师,才有好的教育。这既是基础教育改革实践的强烈诉求,同时也是理性认识基础教育改革所形成的共识。好的教师,才有可能既娴熟自如地驾驭教育教学活动,最大限度地促进学生的发展,同时又能够有效地应对社会和教育发展所带来的各种新变化、新要求,成为教育改革的参与者和"弄潮儿"。好的教师由何而来呢?也许人们对这一问题有着各自不同的认识,也许不同的教师其成长的过程和方式各有差异,但可以肯定的是,好的教师既需要经受教育实践的历练,需要教育实践给予其充分展现的机会,同时,也需要接受教育理论的滋养,需要对教育教学的本质和规律性有着正确的认知和把握。

与教育实践工作者相同的是,教育理论工作者也正在面对教改所带来的诸多挑战。基础教育改革的蓬勃展开,也必然会对教育理论工作者提出如何恰当地回应教育改革、如何研究和解决教育改革中出现的各种新问题、如何引领教育改革的发展方向等诸多问题。可以说,在教育改革持续展开的背景下,教育理论工作者正面临着双重任务:一是必须及时研究和探索教育改革中不断出现的新情况、新进展,发现制约改革的各种因素和变量,揭示和分析教育改革发生发展的特点和规律;二是必须观照教育改革参与者特别是中小学教师的实践诉求,通过对教育改革实践的理论阐述,引领他们更加理性、有效地处理改革实践中所遇到的种种现实问题。

我们欣慰地看到,当前,已有很多学者对基础教育改革的一系列重要问题进行了深入的研究和探讨,从多角度、多方位提出了诸多有关教育改革的真知灼见,展示了学者们对教育改革实践的理性认识。然而,如何将这些理性认识转变为教育改革实践的理性行动,却需要做一番综合与转化工作。所谓综合,就是要对不同的理论研究成果,根据教育实践的逻辑,重新进行组合与梳理,以形成更加适合于教育实践的知识体系;所谓转化,则是要通过对知识的再加工和再创造,将原本用于精确表达思想和观念的科学话语体系,转变成实践话语体系,从而更加适合教育改革实践的需要。而本套丛书所努力达成的,就是这样的一个目标。我们期待我们所做的综合与转化的努力,能够产生切实的实践效果。

教育改革既涉及宏观层面,也涉及微观层面。仅有宏观层面的努力而缺失微观层面的配合与行动,教育改革不可能取得成功。宏观层面的教育改革主要是由政府来决定和实施,而微观层面的改革不仅需要政府的介入,更需要教育实践工作者的实际行动。我们编写这套丛书,主要的目标是指向微观层面,指向中小学教师的教育教学实践。丛书涉及当前基础教育改革和教师专业发展的诸多领域,主要针对当前基础教育改革和教师专业发展中所遇到或将要遇到的一系列问题而编写,以问题作为研究和讨论中心。我们期望通过聚焦教育改革实践中遇到的各种实际问题,借鉴中外教育改革的研究成果和成功经验,为教育实践工作者正确地认识和把握这些具体的实际问题提供指导和帮助。

本丛书主要包括教师专业发展系列、基础教育改革与学生发展系列、新课程教学探索系列、班主任工作系列、心理健康教育系列、教师专业标准系列等,读者对象主要是广大中小学教师。丛书的定位是理论与实际有机结合、介于学术著作和通俗读物之间,既注意吸收相关学科领域的最新成果,反映教育教学研究的前沿动态,又注重贴近中小学教师的工作和生活,对目前我国基础教育的实际以及教改实施与进展的状况进行分析和探讨,注重解决读者在实践中遇到的问题或困惑,努力做到科学性、前沿性、实用性的统一。丛书内容通俗易懂,深入浅出,每册书在内容上不求大而全,不求面面俱到,而是突出重点,将关注教师的需求放在第一位,尽可能为他们提供有针对性的思想和理论的引领,给他们以实践操作的启发。

我们相信本套丛书的出版,能让广大一线中小学教师获得所需的知识和有益的启示,对学校的进步、教师的发展和学生的成长发挥建设性的指导作用,为促进教育改革和教师发展增添些许动力。我们也期待着本丛书的出版,能够为师范院校相关学科的教学与研究提供更为丰富的素材,从而推动教师教育质量的不断提升。

编委会

二〇一三年一月

目录

总 序 …… 1

引论:改良教师成长的文化土壤 …… 1

第一章 教师发展的文化视野 …… 7

第一节 文化、学校文化与教师文化 …… 7

一、文化、学校文化的概念及其解读 …… 8

二、我是谁:教师的涵义和实质 …… 18

三、"无师则野":教师的文化性格 …… 23

第二节 应运而生的教师文化研究 …… 27

一、背景与意义:应运而生的我国教师文化研究 …… 27

二、国外关于教师文化的研究:以西方为例 …… 32

三、国内关于教师文化的研究 …… 35

第三节 教师发展的文化视野及其解读 …… 42

一、教师发展需要文化视野 …… 42

二、本书关于"教师文化"概念的界定 …… 49

第二章 教师文化的要素形态 …… 52

第一节 教师文化的要素分析 …… 52

一、教师文化的主体 …… 52

二、教师文化活动的环境 …… 54

三、教师文化活动的手段、方法和途径 …… 55

四、教师文化活动的对象和成果 …… 58
第二节 教师文化的形态 …… 59
一、教师文化的形态 …… 59
二、教师学习文化:作为"学人"的教师学习行为 …… 65
三、教师的人际关系 …… 69
第三节 教师的"文化生存":以中小学为例 …… 73
一、小学老师的文化生存 …… 74
二、初中教师的文化生存 …… 77
三、高中教师的文化生存 …… 79

第三章 教师文化的精神特质 …… 84

第一节 教师文化特质分析的多种维度 …… 84
一、从界定内涵和限定外延出发的分析 …… 85
二、古今中外:从精神状态和形式角度的比较分析 …… 86
第二节 从内涵界定出发的特征分析 …… 88
一、价值取向的主流性和正统性 …… 88
二、情感态度的清纯性 …… 90
三、职业人际关系的"派别性"(学科性、年级性) …… 91
四、思维方式的聚敛性与分析性 …… 96
五、行为方式的规范性与求同性(保守性) …… 98
第三节 天生的精神贵族:中国教师及其文化的精神气质 …… 100
一、崇道尚德、追求理想人格——教师的文化境界 …… 101
二、自尊、清高——教师的精神特质 …… 103
三、基于忧患意识的自省自克——教师文化发展的内在动力 …… 104
四、"尊德性、道问学","经师""人师"统一——教师的文化形象 …… 106

第四章 教师文化的功能发挥 …… 111

第一节 关于"功能"及其有关问题解读 …… 111

一、教师文化:一般功能与对象性功能两个维度 …… 111
二、教师文化的影响因素及其分析 …… 113
三、传塑:教师文化功能的本质 …… 116
第二节　教师文化功能的静态解读 …… 118
一、教师文化的诠释功能 …… 118
二、教师文化的化育功能 …… 120
三、教师文化的规训功能 …… 124
四、教师文化的涵养功能 …… 127
第三节　教师文化功能的对象/具象性发挥 …… 130
一、基于主流文化示范和促进学生成长的功能 …… 131
二、基于教师自身发展和专业文化建设的功能 …… 133
三、基于学校文化建设与辐射社区文化的功能 …… 135

第五章　教师文化的职业使命 …… 139

第一节　教师文化的"传道、解惑、审美"使命 …… 140
一、承传(体悟)"天人"之道 …… 140
二、消解(解析)"生活"之惑 …… 142
三、欣赏(审读)"人生"之美 …… 145
第二节　教师文化的"传知、拓能、授业"使命 …… 147
一、传知:知识的本性与传授的意义 …… 147
二、拓能:能力拓殖的意义 …… 149
三、授业:归旨、动力和路径 …… 151
第三节　教师文化的"健体、平心、和人"使命 …… 154
一、健体:明养身之道 …… 154
二、平心:涵养心之道 …… 155
三、和人:"和谐其人际环境" …… 158

第六章　教师文化的应然实然 …… 162

第一节　应然诉求:教师文化的可能走向 …… 162
一、时代对教师提出新要求 …… 163

二、未来教师的完整形象及其塑造 …………………………… 164
三、顺应教育改革对教师角色的新期待 ……………………… 165
四、教师文化变革的价值指向 ………………………………… 167
第二节　实然现状:教师文化的问题诊断 ………………………… 172
一、教育观念的错位与迷失 …………………………………… 173
二、人际关系的分化与异化 …………………………………… 177
三、情感态度的淡漠与纠结 …………………………………… 180
四、教育行为的偏差与迷乱 …………………………………… 183
第三节　成因分析:教师文化问题的价值批判 ………………… 189
一、教师文化存在问题的外在环境 …………………………… 190
二、教师文化存在问题的内在原因 …………………………… 194
三、基于中西比较:我国教师文化功能缺失批判 ……………… 198

第七章　教师文化的建设畅想 ………………………………… 206

第一节　主体自觉:当代教师群体的文化意识 ………………… 207
一、当代中国教师要有基于理性的强烈的文化责任感 ……… 207
二、当代中国教师要有明确完善的“文化人”形象 …………… 209
三、当代中国教师要有“专家型”教师的理想追求 …………… 210
第二节　教师文化整建的基本目标 …………………………… 214
一、关注成长需要,改善文化氛围 …………………………… 215
二、改革评价机制,搭建合作平台 …………………………… 216
三、培育教育信念,规约教学行为 …………………………… 218
第三节　路径场域:教师发展的文化机制 ……………………… 219
一、教师文化创建的路径设计 ………………………………… 220
二、教师发展的文化机制 ……………………………………… 222
三、教师发展的文化场域 ……………………………………… 225

结语:以教师文化营造教师幸福职业人生 …………………… 232

后　记 ……………………………………………………………… 236

引论:改良教师成长的文化土壤

第一,对于任何教育改革,教师因素都是至关重要的。

因为,教育活动最终落实者无疑是一个个处于基层的教师,故教师因素常常成为人们关注的热点。

启动于2001年的基础教育课程改革,已经度过十多个春秋。十多年间公众眼里的“新课改”作为指向此次课程改革的特定用语正在成为历史。为了更好地谋划下一步的教育改革,人们需要回顾最近已经成为过去的这些年。

教师作为一个群体该如何被看待,如何去了解他们在改革的这些年教育思想发生的变化,这需要一个适宜的窗口。教师文化,这个最能反映教师对教育改革的理解、最能体现教师的价值取向、最能解释教师的行为方式的概念,成为了核心问题,并当然地成为窗口。

一个教师,犹如一棵树。他的成长和发展,像树的生长一样,需要土壤、阳光、空气和水——这些滋养他的土壤、阳光、空气和水,就是他所在的文化。阳光、空气和水,是来自于历史的、社会的种种文化养料,而土壤,则是他立足的学校文化,尤其是学校文化中的教师文化。

当一个青年走出师范院校大门,怀揣着对未来的憧憬走进一所校园开始他的教师生涯时,他,就犹如一棵幼小树苗从苗圃被移栽到另一块田地上。虽然其成长离不开社会文化熏陶,离不开自身努力,但学校文化的土壤对于他的成长至关重要:这块土壤是贫瘠还是肥沃,决定了他是成长为一棵生机蓬勃、枝繁叶茂的大树,还是成长为枝干纤细、弱不禁风的病树。

也正因如此,重建教师文化,改良教师成长的文化土壤,是提升教师素质、提高教师生命质量的重要举措。

以本轮基础教育课程改革为例，如何审视教师文化的变迁，描述一个价值观变革的过程就成了一个“以虚求实”的过程。所谓的“虚”，就是抽取不同时期最能体现教师文化的事件，用它们“虚”的一面即价值观指导下的教师个体、群体性行为以及行为的特征、冲突、背后的价值判断，来找出时间上的阶段性。首先是勾勒出一个由专家、先驱者、普通人交织而成的“异步同行”，然后到焦虑的培训中的教师以及直面质疑改革的教师群像所反映的“波澜初现”，进而是“网络存在”、行动研究、农村突破的教师课程观念“悄然变化”的过程。而所谓的“实”，大抵上指的就是这些“虚”像背后引导着教师行为观念变革的核心问题：“教师概念的重新认识”、“抗拒与关心”等。当然，上述探求过程，自然归纳出教师价值观念的提升渠道，它们将为未来教育改革提供启示。

第二，文化因自由创造而繁荣，“人文化成”乃教师文化之特质。

什么是文化？什么是教师文化？教师文化的精神特质是什么？

文化人类学者兰德曼（Michael Landmann）认为，人是一种有创造力的生物，一方面为文化所决定，另一方面又在创造文化。人是文化的存在：人是文化的创造者，人又是文化的产物；人创造的是文化世界，反过来人又成为文化世界的产物，他在文化创造中形成自己的存在与本质。人为了获得自身的完善，总是在追求人生的意义、存在的价值；追求意义的过程，正是人不断获得意义和本质的过程。人类的发展意味着文化的发展，文化的发展意味着文化的积累，反过来，文化的积累标示着文化的发展和人的发展。

实现这种积累的机制就是教育：文化的积累，意味着人的认识水平的提高，教育的作用就是使后人享有前人认识的成果，在前人文化积累的基础上向更高水平发展。文化是人发展的营养，教育是吸收处理文化营养的消化系统，它赋予文化以生命活力。教育传递文化，以文化塑造人，而教育自身充盈着文化，文化本身就是教育。因此，教育本身就具有文化的特质，是文化的一种生命传承机制。没有教育就不会有文化，不会有历史、传统，从而更不会有人。“学习只是传统的一半，教育则是传统的另一半”，兰德曼的这句名言表明了人与文化、教育的互动关系。文化又是超越社会机体的传承机制，文化要一代代传下去，发展延续，最关键就是要实现传承。教育作为人类特有的价值建构系统和指导人生的桥梁,其目的在于促进人的本质的形成和改变。教育的基本文化功能是传承文化,过程在于掌握"人的改变"的法则。

教育传承文化,教师和学生是基本的载体。教师作为教育过程中文化的传者,首先是文化的承者。闻道在先,术有专攻,是教师之为教师的前提要求,其行为动力基于文化传承的使命。只有成为了好的承者,才有可能成为一个好的传者。在这个意义上说,教师文化践履的是一种文化使命和文化任务,基于人文关怀的文而化之——"人文化成",乃是教师文化的本质。

"没有教师的生命质量的提升,就很难有高的教育质量;没有教师精神的解放,就很难有学生精神的解放;没有教师的主动发展,就很难有学生的主动发展;没有教师的教育创造,就很难有学生的创造精神。"①所谓"教师文化",就是在现代学校环境中教师群体在教育教学活动中形成的价值观和行为方式,它包括教师群体共享的实质性的信念、价值、态度、思维和处事方式。

教师文化对教师精神的解放、职业意识的觉醒和主动创造起到引领的作用。

第三,"师者,所以传道授业解惑也",这是任何"师说"都需要解读的。

教师文化作为"师说"全方位的和根本性的解读,自然更不能例外。

所谓"传道",就是要明"天人之道",传"立世之德";所谓"授业",就是要"讲知拓能",授"谋事之才";所谓"解惑",就是要去"心智之蔽",解"生活之惑"。这三者的结合,就是传统的教师责任。随着多元一体文化时代的到来,当代"师说",应该有新的"说法"。

面对当今世界各种文化多元一体交锋激荡的新形势,面对我国现代化建设蓬勃发展的良好态势,面对中华民族伟大复兴的战略机遇期,如何成为一个"好"的承者,是摆在当代中国教师面前的紧迫课题。特别是面对多元并存、良莠一体的文化场景,教师能否激发起文化自觉意识?教师

① 叶澜,等.教师角色与教师发展新探[M].北京:教育科学出版社,2001:3.

又该有怎样的文化自觉？另一方面，成为一个怎样的传者，如何成为一个"好"的传者，同样是摆在当代中国教师面前的重要课题。特别是在当代中国，教师应该向学生传些什么？能够向学生传些什么？实际向学生传了些什么？以及如何传，等等，在时时考量着我们每个教师。

作为教育传承文化的重要载体，作为教育活动的对象，作为教师文化活动的"对象性伙伴"——作为对象而存在的活动伙伴，学生首先是人，是目前尚未成熟、正在不断成长、需要发展完善的人，是为着美好生活，追求幸福的人，是立足现在面向未来的现代人，是立足中国面向世界的中国人。面对着如此发展需求和特征的当代中国学生，一个重大任务更加突出地摆在当代中国教师的面前，那就是以"教书育人"为天职的广大教师承担着怎样的文化使命？当代中国教师又该怎样面对、如何完成自己的使命呢?!

我们认为，教育要实现人的存在，必须以人的全面实现（全面发展）为核心，以使人获得真善美为支点。苏格拉底说："如果美德是灵魂的一种性质，并且被认为是有益的，则它必须是智慧的或谨慎的。而灵魂本身的东西，如果它们要成为善，就都系于智慧，所以推论下来智慧就是对人有益的东西——而美德，我们说，也是有益的。这样，美德整个的或部分的是智慧。"[①]由此看来，智慧是属于灵魂的善的成分，也是人所具有的重要美德。相对于动物本能而言，人的未特定化发展使人更容易犯错误。人类总是在经历一次次成败才逐渐意识到自身活动与活动对象间的某种客观必然性，由此具有了"真"的意识。求真的过程就是追求智慧的过程。然而，人的求真并非仅仅为了获得必然性知识，更重要的还是为了获得规范人思想行为的标准，从而奠定人类自身在世界中的"安身立命之本"。因而，对"真"的寻求，其深层是对"善"——人自身发展的探求；求真活动使人的灵魂向善——当"真"指向并符合人类整体的需要时，就产生并实现了"善"。然而，在追求真、善的过程中，人总是寻求摆脱束缚，在自由发展中使自我得以最高实现，于是产生了"美"的追求。由此，人

① 华东师范大学教育系，杭州大学教育系.西方古代教育论著选[M].北京：人民教育出版社，1985：18.

的灵魂的求真、向善又具有了美的魅力。

可见,无论是从个体发展的内涵、历程,还是从个体发展的层次来说,美既包括真和善又超越它们,美是真、善与个体创造才能的自由发展的统一。因此,智慧就是真,也是善,更是美。对于教育而言,不仅要使个体把握真,达成善,还必须获得美。对于学生来说,教育意味着对学生成长的一种帮助、一种服务,教师使命的根本价值应体现在,为人类整体的全面发展而努力,为每个学生一生的幸福做好准备。教师应该和能给学生的是,他们走出校园多年后乃至一生仍然保留在身上的深入骨髓的习惯和性格。

“一日为师,终身为师。”习惯决定行为,性格决定命运。性格和习惯才是人最宝贵的财富。

教师的智慧,就是真、善、美的智慧。我们的关注,不仅在于教师人生意味着什么,而在于其中如何表述及各种“表述”给教师职业生命质量的影响,更关注教师怎样实现职业生命的意义。

第四,教育的艺术在于“运用之妙,存乎一心”,本书就是为广大工作在一线的老师们写的。

教师具有自尊、清高的精神气质,努力把崇道尚德、自省自克作为发展动力。新世纪中国教育的成功探索,有赖于广大一线教师的自觉努力。本书《职业使命与教师文化建设》,就是为广大工作在一线的老师们写的,为增强我们教师群体的文化自觉而写的。

《职业使命与教师文化建设》,全书分为7章,加上引言和结语,共九个部分:引言“改良教师成长的文化土壤”,交代本书的旨趣;第一章,“教师发展的文化视野”;第二章,“教师文化的要素形态”;第三章,“教师文化的精神特质”;第四章,“教师文化的功能发挥”;第五章,“教师文化的职业使命”;第六章,“教师文化的应然实然”;第七章,“教师文化的建设畅想”;结语“以教师文化营造教师幸福职业人生”,与广大读者共勉。

我们教学研究和写作本书的目的是,理论与实际相结合,用价值理性导引工具理性。试图通过研究教师文化形成的影响因素,探寻居于教师文化核心地位的价值观,以期唤醒教师的职业自觉,重树教育信念,从而在教育生活中追求职业生命价值的实现。

20多年来,本书的作者一直从事教育研究和教学工作。身为普通教师,有的是丰富的教学研究经历和持续不断的思考。书中的文字,是我们的长期思考和真诚心声,它既是研究者的长期思考和真诚心声,也是我们自己身为教师的长期思考和真诚心声:体现了我们的人文精神和“平民意识”;体现了我们对教育文化理论与实践结合的努力;体现了作者对辛勤操劳于一线的教师同行们的敬意;也体现了我们渴望被理解和希望有所贡献的强烈愿望;还体现了我们作为一个教师的自我反省!

可以请您相信的是,我们愿意与您交流感受,为教书育人事业的建设助力!让我们共同努力,塑造自身“经师”与“人师”统一的教师新形象!

作为新世纪的老师,你应当对自己有要求;作为本书的读者,你可以对我们有期待!

第一章　教师发展的文化视野

人是文化的动物。人类文化活动以符号为中介，而其传承发展所以能够跨越时空，学校及其教师于其中发挥着极为重要的作用。学校是一种典型的“文化组织”。作为教育的“细胞”，学校是教育的中心，国家教育改革的实践主体。应该说，以前我们并没有少关注改革，但更多关注的是教育或教育改革本身，而忽视承载教育和教育改革的学校。“体”之未动，“用”何以功？可以设想，如果学校还是以前的学校，管理还是以前的管理，学校的运行机制依旧，那么，任何改革包括新课程在学校都是难有立足之地的。发展教育，必须通过发展学校来实现；改革教育，必须通过改革学校来实现；提高教育质量，必须通过提升学校教育能力来实现。研究学校问题，不能不研究文化，不能不研究学校的文化特质，不能不研究学校文化与社会文化的互动关系。从学校选址、校园布局、建筑设施、人际关系、规章制度、教风学风，到学校的教育任务、课程内容、方式方法等，无不是社会文化的折射，反映着浓厚的文化色彩。洞察文化的本质，界定其基本内涵，是理解学校文化并进而把握教师文化的“捷径”[①]。

第一节　文化、学校文化与教师文化

教师、学校与“文化”有着千丝万缕的联系，这种联系近年来引起了人们越来越多的关注。对于“文化”和“学校文化”，许多人，包括专家学者发表了各种各样的看法，对其内涵外延做了不少“界定”。“文化”、“学校文化”也异乎寻常地热起来。这是新世纪文化多元化的反映，也表征了

① 葛金国，吴玲. 教师文化通论[M]. 合肥：安徽大学出版社，2012：1－12.

教育研究领域的文化视野,这是一个好现象。但是,必须指出,目前我国关于"文化"、"学校文化"的论述不仅"相当"混乱,而且"相当"肤浅。例如,一个"学校文化"的研讨会上,六个主题报告,竟然没有一个真正谈及"学校文化"——不是把学校中的一些所谓的文化现象大加发挥,内容飘忽不定;就是杜撰"文化名词",以浅薄充高深。

何以如此?原因固然是多方面的。但是,这与文化的习见与复杂不无关系,与对学校文化的广义狭义理解也不无关系。所以,我们要从基本功课——从"文化"与"学校文化"概念的解读做起,进而揭示教师的文化性格和教师文化的本质。

一、文化、学校文化的概念及其解读

(一)文化的概念及其解读

"文化,文化,言之固易,要正确地加以定义和完备地加以叙述,则是不容易的事。"①人类学大师马林诺夫斯基的这一感慨当是由衷而发。文化是如此之难,难怪陈序经先生所著的《文化学概观·书介》中用了这样的话:"文化的概念之大而模糊,范围之广而无涯,非勇者不敢言,非深思博学者不敢论。"

"文化",是一个既熟悉又陌生的领域。说其熟悉,是因为,"文化"就是"人化",有了人,就有了"文化";它是那么的司空见惯,以致没有一个人不能对"什么是文化"发表意见,因为意见本身就是"文化"。说其陌生,是因为,"文化"是一个复杂体,一个带有创造性与个性化的复杂体;它是那么的难以捉摸,离我们那么的遥远,以至于不少人毕其一生去学习,都难以参悟透真正的文化。

"文化",又是一个既抽象又具象的领域。说其抽象,是因为,"文化",无论你怎么去说,都无法避免"挂一漏万"之忧——毫无疑问,在当今人类所有"概念"中,"文化"的定义是最多的,以至于难以统计具体的数量。为什么说其是具象的?是因为,"文化",它就在你的身边,我的身

① [英]马林诺夫斯基.文化论[M].费孝通,等译.北京:中国民间文艺出版社,1987:2.

边、他的身边，以致到了“无处不有，无时不在”的地步。

20 世纪以来，文化一直是一个世界范围内的热门话题，许多研究者从所属学科和研究对象出发，对文化提出界说，形成了文化概念众说纷纭的局面，至今尚未达成共识。据不完全统计，目前关于文化的定义有三百种之多。文化一词的复杂多义性，甚至使一些人对界说文化丧失了信心，认为“企图或者声称给文化概念确定范围是徒然的”①。但是，概念界说是科学研究的始基性工作，不容回避，也无法回避②。

1. 文化概念的源流和演变

从文化人类学上来看，“文化”的概念困惑了我们一个多世纪。有人考证，“文化”一词在 1871 年才在英语中奠定其地位，其时，正是人类学发端的时期。而此前，“文化”只是人们日常生活中习以为常的东西，并未能让人们“惊奇”而成为一个“科学问题”，引发人们的学术探究行为。人们对“文化”各有其实践的体验和朴素的理解，并且东西方表现出明显的差异。

英语中的“文化”(Culture)一词，源于拉丁文的“Cultus”和“Cultura”，其本意是指为敬神而耕作所获得的一切东西，主要指人类物质活动所产生的结果，是相对于自然存在的事物而言的。这种用法至今仍在英语中的“农业”(Agricultural)和“园艺”(Horticultural)两词中保存着。到了古希腊罗马时代，哲学家西塞罗提出“哲学心灵中的‘Cultura’”，认为“Cultura”具有改造人的内心世界，使人具有理想的公民素质的意思，从而把“Cultura”一词的含义由物质领域引申到人类精神活动中，扩展了“Cultura”一词的含义。当时，“文化”还被理解为公民参加社会政治所具有的知识和能力。这样，西方的“文化”在最初的演变中就具有了物质和精神的双重规定，被归结为人类所创造的产品。随着 18 世纪人类学的兴起，“文化”一词逐渐被重视和广泛使用。

英国人类学家泰勒(Edward B. Tylor)最先对“文化”进行定义。1871 年泰勒在《原始文化》一书中提出，文化“乃是包括知识、信仰、艺术、道

① ［法］维克多·埃尔. 文化概念［M］. 康新文，等译. 上海：上海人民出版社，1988：8.

② 葛金国. 校园文化建设导论［M］. 合肥：安徽大学出版社，2003：8.

德、法律、风俗，以及作为社会成员的人所获得的能力和习惯在内的复杂整体”。泰勒的文化定义，被认为是第一次给文化一个整体性的概念，并给后来的文化研究者奠定了基本的范畴，因而具有划时代的意义。自此以后，文化人类学的研究在西方迅速发展，掀起了文化研究的热潮，并深刻地影响着历史、文学、艺术等领域的研究。除了人类文化学家，许多社会学家、历史学家、心理学家甚至管理学家，也纷纷对文化发表自己的见解。

作为四大文明古国之一的中国，文化源远流长，有关文化的观念同样源远流长。“文化”一词，在中国语言系统中古已有之。

从汉语字源学的角度看，“文”字，由线条交叉而成，文者，纹也。《易·系辞》载：“物相杂，故曰文。”《礼记·乐记》称：“五色成文而不乱。”《说文解字》释义：“文，错画也，象交文。”可见，“文”的本义，指各色交错的纹理。在此基础上，“文”又引申为包括语言文字在内的各种象征符号，进而具体化为文物典籍、礼乐制度。如《尚书·序》载伏羲画八卦、造书契，“由是文籍生焉”；《论语·子罕》载孔子说“文王既没，文不在兹乎。”由这种伦理之说又导出彩画、装饰、人为修养之义，与“质”、“实”相对。如《尚书·舜典》疏曰：“经纬天地曰文”，《论语·雍也》谓“质胜文则野，文胜质则史，文质彬彬，然后君子”，《庄子·缮性》有“文灭质，博溺心”之论述。在前两层意义基础上，进一步导出美、善、德行之义，如《礼记·乐记》所谓“礼减而进，以进为文”，郑玄注“文犹美也，善也。”①“化”字，由“人”和“七”会意组合而成；“七”回首从人，有引导人改过从善之意。“化”的本义为改易、生成、造化。如《易·系辞传》曰“男女构精，万物化生”，《礼记·中庸》云“可以赞天地之化育”等，其中“化”乃事物形态或性质的改变，并由此引申为教行迁善之义。

最早把“文”和“化”两个字联系起来的，是《易·贲卦·彖传》：“观乎天文，以察时变；观乎人文，以化成天下。”这里的“天文”指自然的秩序，“人文”指人事的条理，二者各有所指——客观的自然，主观的人生，相互包容和印证。“文”与“化”两字合而为词，大概始于西汉刘向的《说

---

① 张岱年，方克立. 中国文化概论[M]. 北京：北京师范大学出版社，2004：1.

苑·指武》中:“凡武之兴,为不服也,文化不改,然后加诛”,后又有晋束皙在《文选·补亡诗》中说:“文化内缉,武功外悠”,南宋王融《三月三日曲水诗序》里云:“设神理以景俗,敷文化以柔远”等。其中的“文化”或与“自然”、“质朴”相对举,或与“野蛮”、“武力”相对应,意指礼乐制度的文治和教化。《礼记·礼运》曰:“人者,天地之心也。”于是,有人在此基础上将“文化”解释为,圣人在考察人类社会的文明时,以“天地之心”表征儒家诗书礼乐来教化天下,构造修身齐家治国平天下的理论与制度框架,使社会变得文明和有序。因此,我国古代的“文化”概念与西方古代的“文化”概念,初始内涵上大相异趣:中国侧重“人文”——“人化化人成文化”,西方致力“天文”——“文化化人由天文”,而与其转义大有相似之处,都具有丰富完善人的内心世界,提高人的德性和教育程度的涵义。

2. 文化概念的视角与辩证

由于对文化可以从不同学科、不同层次以及不同视角去考察,因而在文化研究中对“文化”概念的界说也就在不断地累积而增多。给文化下定义,或进行抽象的概括,或进行形象的描述,或进行具体的列举,都可以达到说明文化涵义的目的。早在 1926 年,美国学者克罗伯(A·L. kroeber)和克拉克洪(C·Klnckhoha)曾就如何定义“文化”进行专题研究,遍寻群书后发现关于“文化”之定义已有 160 种之多。抽象概括的定义,可以根据事物发展的逻辑加以理解;形象描述的定义,能够通过经验事物的类比联想来把握;具体列举的定义,则需要运用生活的真实经验才能建立。梁启超提出的“文化者,人类心能所开释出来之有价值的共业也”,是抽象概括的,前面提到的泰勒的文化定义,是列举与概括相结合的,而胡适提出的“文化是文明所形成的生活的方式”,则是描述的。这些定义,仁智各见,难成共识。但若细析之,可发觉某些值得注意的现象,那就是虽殊途异向,却异中存同,并且正在和必然走向殊途同归。对此,我们曾作如下概括①:

一是,“倾向不同、见仁见智与‘惊人的一致’并存”。由于研究者所处地位的不同,研究方向和视角的不同,对于“文化”的概念不可避免地

① 葛金国. 校园文化建设导论[M]. 合肥:安徽大学出版社,2003:9.

存在着这样那样的不同，正所谓倾向不同、见仁见智。但在"文化"概念不同的表面背后，同时也存在着某种惊人的一致性，比如：不管哪种文化的定义，都承认文化与人的不可分离性，文化不是自然的产物；都承认文化的本质与人的主体性和创造性分不开，文化是人类创造性的体现和产物；都承认文化是整体，是"超有机的存在"。对文化所作的这种"对象性"、"关系性"的规定，意味着承认文化具有某种"客观性"，意味着广泛意义的存在，意味着主体们可能同时获得对文化的整体性认识。

二是，"对立统一、泛模式化与'循环式上升'并存"。在西方关于"文化"概念的研究过程中一直存在着两种相互对立的传统，即英美的实证社会学传统和德国的思辨历史哲学传统。前者主要是从形态学、模式论和结构的观点看待文化的，它将文化理解为既定事实的各种形态的总和，倾向于把文化看作物质化的静态的东西。后者则认为文化是以生命力为本位的"时间性"存在，从文化的生命特性来把握或理解文化，倾向于把文化看作观念化的、无形的、流变着的价值。其实，文化的静态和动态并不是彼此分离的，而是辩证地历史地统一的。文化的发展，在一定的历史时空总是表现为某种物质化或形态化的形式，而不同历史阶段的文化，在物质化、形态化方面的进步则是文化的生命性的具体体现。要正确地理解文化，既要认识和把握文化的外部表现形式，也要理解和探究文化的内在本质。

三是，"执著坚持、殊途异向与'焦点化对象'并存"。在对"文化"概念见仁见智的背后，实际的"文化研究"内容却大同小异——无外乎主要研究的是人们的价值观念、知识、信仰、道德、习俗等精神领域里的东西。那种对"文化"的广义理解，其实并不见得主张文化的研究无所不包，那种对"文化"的狭义理解，也并不否认文化需要某种物质载体。从而，对"文化"概念的理解，虽因诸多原因，不可避免地存在着这样那样的表述上的不同，但各派的执著坚持并不影响研究对象的焦点化集中，异彩纷呈的背后是精神实质上的殊途同归。

3. 文化概念的内涵外延及其与"文明"的比较

长期以来，人们在使用"文化"这一概念时，其内涵、外延差异甚大。绝大多数的文化定义都把文化当成了一种静止的对象。而实际上，文化并不是静止的、平面的，而是历史的、立体的，是时间、地域与人构成的三维空间。

通过以上对“文化”概念的溯源和辨证，可以发现，“文化”概念的多义性有其对象本身的原因、词源上的原因，也有定义者本身以偏概全和定义方法的原因。传统的“字典式定义法”和“词典式的讨论”由于不能提供取舍某种含义的普遍标准，因而对类似文化这类复杂的概念并不太管用，需要有新的解决问题的办法——辩证思维基础上的“作业式定义”，这是一种将有关的被定义概念的观念与一些可供观察的标准结合在一起的定义方式。据此，文化是指一定区域的人们从事其活动时所创造的物质、精神成果及其过程，即人在与愚昧作斗争过程中的创造，包括人所创造的物质产品、社会生活条件、精神产品和发展着的人自身。作为一个统一整体，文化由物质文化、关系文化和观念文化构成，而观念文化居于文化结构的核心①。在此界说中，阐明了文化的本质内涵、外延，指出了文化的构成结构及其核心要素，展现了一种独特的理解、把握和价值。总体上，这是对“文化”的一种比较广义的理解。

什么是文化的广义理解？广义的“文化”，着眼于人类与动物、社会与自然界的本质区别，着眼于人类卓立于自然的独特生存方式，正是文化的出现“将动物的人变为创造的人、组织的人、思想的人、说话的人以及计划的人”②，因而将人类社会历史生活的全部内容统统摄入“文化”的定义域。可见广义的“文化”涵盖面非常广泛，故又被称作“大文化”。

关于这种“大文化”的结构要素，向来有不同的分类，如有物质文化与精神文化两分法；物质、制度、精神三分法；物质、制度、风俗习惯、思想与价值四分法；还有物质、社会关系、精神、艺术、语言符号、风俗习惯六大子系统说，等等。我们认为，结构层次划分过粗或过细，都不利于对文化要素及其相互间关系的深入研究和准确把握。一般说来，在多数情形下，人们还是倾向于从三个层次或三种形态来理解文化的结构要素。

张岱年、程宜山先生在《中国文化与文化论争》一书中给文化下了这

① 葛金国，石中英. 论校园文化的内涵、特征和功能[J]. 高等教育研究，1990(3).

② 庄锡昌，等. 多维视野中的文化理论[M]. 杭州：浙江人民出版社，1987：107.

样一个定义："文化是人类在处理人和世界关系中所采取的精神活动与实践活动的方式及其创造出来的物质和精神成果的总和，是活动方式与活动成果的辩证统一。"①他们认为文化是一个动态系统，是一个包含多层次、多方面内容的统一体系，主要包含三个层次：第一层次是思想、意识、观念等；第二层次是文物，即实物；第三层次是制度、风格。著名文化学者庞朴则认为："文化是人的本质的展现和成因，就是说它是人的本质的展开的表现和人的本质的形成的原因。"②他也把文化划分为三个层次：物的层次（物质的层次）、心的层次（或叫心理的层次）、中间层次（心与物相结合的层次）。

我们认为，上述定义在表述上有所不同，但内容基本上是一致的。它们都表明：文化是人类创造的，包括创造的活动和创造的成果；文化是分层次的，即物质层、中间层、精神层。所谓物质层，指的是由人类加工自然创制的各种器物，即"物化的知识力量"构成的物态文化层。它是人的物质生产活动及其产品的总和，是可感知的、具有物质实体的文化事物，是构成整个文化创造的基础。所谓精神层，指的是由人类社会实践和意识活动中长期孕育出来的价值观念、审美情趣、思维方式等构成的心态文化层。具体又可区分为社会心理和社会意识形态两个子层次，前者指人们日常的精神状态和思想面貌，后者则指经过系统加工的社会意识。这是文化的核心部分。所谓中间层，是介于物质层和精神层之间的，以一种客观存在的或外显的用以处理人与人相互关系的制度化了的行为规范，群体生活中长期形成的模式化了的行为方式等表现出来的心物结合层或关系层。又主要指由人类在社会实践中建立的各种社会规范、社会组织构成的制度文化层，以及由人类在社会实践尤其是在人际交往中约定俗成的习惯性定势构成的行为文化层。当然，三层次的文化分类法，也只是概略地描述文化的构成，很难写尽文化的所有方面，比如有人主张，应把风俗习惯的要素即行为文化也纳入文化结构之中。

与广义"文化"相对的，是狭义的"文化"。

---

① 张岱年，程宜山. 中国文化与文化论争[M]. 北京：中国人民大学出版社，1990：51.

② 庞朴. 文化的民族性与时代性[M]. 北京：中国和平出版社，1988：71.

有人认为,广义文化的概念将一切物质精神现象都包括在内,使文化讨论失去了必要的逻辑清晰度,对于具体而微的研究来说其“使用价值”并不高,只有狭义文化的概念才能使许多与文化相关问题的研究得以展开①。英国历史学家汤因比(Arnold Joseph Toynbee)的文明形态理论认为,人类社会表现为各种文明形态,经济、政治和文化构成文明的三大要素,其中文化是核心。美国学者亨廷顿(Samuel Phillips Huntington)在《文明的冲突》中将文化与经济、政治并列,认为文化是其中最根本的东西。毛泽东在《新民主主义论》中则断言:“一定的文化(当做观念形态的文化)是一定社会的政治和经济的反映,又给予伟大影响和作用于一定社会的政治和经济。”狭义的“文化”排除人类社会生活中关于物质创造活动及其结果的部分,专注于精神创造活动及其结果。简言之,所谓狭义文化,从文化形态上说是广义文化中的“精神文化”,从人类活动或事业上说是与“政治”、“经济”等并称的文化。

对文化概念的理解,必然涉及对文明的理解。

在人类的词汇中,“文化”(culture)与“文明”(civilization),作为元概念,无论是在中文还是在西语中,其不仅使用率极高而且意义含混,可谓无与伦比。我们认为,要有效的把握文化的概念,还需要体会文化与文明的差异,在比较中理解文化概念的内涵。文明与文化既相联系又相区别:一方面,文化与文明的概念密切联系,互为表里;另一方面,文化与文明的概念相互区别,相互印证。所谓“文明”,就是人在处置与自然、社会和自身之间矛盾中所达到的历史进展或高度。所谓“文化”,就是人在处置与自然、社会和自身之间矛盾中所表现出来的时代特征、地域风格和民族样式。人们多以“文明”这一范畴指称人类活动有形的、可感的表现形式,并且大多与生产力、技术和理性相联系,而以文化指称人类造物活动中无形的、机理性的东西,并且往往与审美、伦理和宗教相联系。

我们认为,广义的文化与狭义的文化,各有其适用范围,关键是运用要清晰明了,适时适当。

本书的论述,基本上在广义的文化概念的范围内展开。理由在于:一

---

① 齐振海,贾红莲. 21 世纪中国文化走向[M]. 北京:北京师范大学出版社,2003:33.

方面,我们感觉,人们对文化的狭义理解妨碍了文化视野的确立;另一方面,狭义文化在逻辑上从属于广义文化,与后者存在着不可分割的联系。人们在研究人类的精神创造时,无论如何不能忽略物质创造活动的基础意义和决定作用,社会心理更是比较直接地受到物质文化和制度文化的影响和制约,并且是与行为文化交融互涉、互为表里的。我们的所谓"广义文化",实质是抱持"文化视野"具有普适性的观点。在这里,文化不仅包括一定内容,是某种价值取向,它更是一种方法论,是一种"文而化之"的思维方式。这与主要研究精神文化和强调精神文化的核心地位并不矛盾。

(二)学校文化的意蕴

促进教师专业成长,需要有包括教师文化在内的适宜的内外部环境。而对于内部而言,则创设良好的学校文化,培育深厚的人文精神,营造良好学风、教风、校风。

作为一种文化现象,学校文化由来已久。学校文化的产生发展是伴随着学校教育的产生而产生、发展而发展的。当然,学校文化的产生并不意味着对学校文化的研究。正如文化与文明是一对关系范畴一样,要理解学校文化的概念,必须弄清一个相关概念,这就是"校园文化"的概念。

校园文化进入研究视野的具体时间,已不可考。而对校园文化进行系统研究,在我国是1985年以后的事。一般认为,校园文化的概念是由我国教育实践工作者首先提出来的。而校园文化的提法最早来自大学生自我管理意识下的丰富课余生活的需要。1986年4月,上海交通大学举行第12届学代会,竞选学生会主席者不约而同地提出了校园文化的交流课题,要求加强校园文化建设,于是,"校园文化"概念被正式提出。理论和实践工作者从不同角度进行探讨,做出宝贵贡献。1994年8月,中共中央在《进一步加强和改进学校德育的若干意见》中明确提出要"重视校园文化建设。……建设以社会主义文化和优秀的民族文化为主体的健康生动的校园文化。要努力净化校园环境,抵制消极腐朽思想的渗透和影响,抑制低级文化趣味和非理性文化倾向,引导校园文化气氛向健康高雅方向发展。"希望"在整个社会精神文明建设中,学校要成为最好的小环境之一，并对大环境的优化做出积极的贡献。”①全社会特别是党和政府对校园文化的重视，使校园文化建设与研究进一步活跃和深化。由于对文化概念理解的歧义，对于校园文化的理解也存在着见仁见智、众说纷纭的情况。纵观我国学者对于校园文化概念的理解，其分歧主要表现在三个方面。一是在概念的内涵和外延上，有广义和狭义两种理解。二是在文化所持的价值观和立场上，各持一见，自说自话。三是在学科视角和实践出发点上，各依其理，自圆其说。我们的研究群体最早关注并积极参与了校园文化的研究，先后发表过一些研究心得。

所谓学校文化概念的界定或理解，本质上是研究者在一定价值观念指导下站在不同角度透视学校文化问题的结果，是把早已潜在的学校文化现象纳入研究视野的结果。作为一种亚文化，一方面，学校文化是文化大家庭中的一员，是社会文化的一个重要子系统，它的形成发展与整个社会文化息息相关；另一方面，学校文化作为特定群体拥有的文化还具有独特的属性。就前者而言，作为人类文化宝库中重要部分，学校文化代表了人类在教育方面的成就，是学校主体精神世界的集中反映；就后者而言，学校文化作为教育教学的背景条件，又是学校教育教学过程中重要的教育资源，是一个隐性的教育构成要素（所谓潜课程）。

我们认为，理解学校文化概念的内涵有这样几个视角：第一，从学校文化的形态结构和内涵外延及与相关概念关系角度来看；第二，从学校文化的指标和外在表征看；第三，从学校管理理念和模式的角度来看。我们应该从更高的和更系统的角度来认识学校文化的深刻内涵。

根据以上分析和阐释，本书对“学校文化”的概念作如下界定：学校文化是师生员工在学校组织背景下以特定价值观念为基础进行物质与精神创造的结果及其过程。作为一种组织文化，学校文化是以学校为背景，以师生员工尤其是学生为主体，以多学科多领域广泛交流及特有的交往——教学、科研、生产、生活等各个领域的相互作用为基本形态，以各种文化活动为载体和主要运作方式，以积淀、凝聚、内控为优化机制的具有学校特色的一种组织文化（在与校园文化同义的情况下，我们也把它理解

① 王伟.校园文化建设指南[M].海口：海南出版社，1999：3.

为一种群体文化)。学校文化以学校这种专业组织为依托(这意味着,学校文化是一种在某种意义上说是可以有意安排或引导的文化),是师生员工共同创造和享受的学校各种文化的总和,各层面学校文化相互渗透,相互补充,共同发挥着学校育人效应。校园师生员工的价值取向,不仅决定了学校文化的性质和方向,还决定了学校文化的功能,包括学校职能的实现状况。

学校文化与校园文化的关系

学校文化与校园文化是两个涵义十分相近的概念。

目前对其关系存在两种看法。一种认为,二者是一回事,没有必要区别,多数人尤其是实践工作者持此看法。另一种认为,有区别,但区别在哪里说不清。持此论者还有一个不想或不便说的理由是,国外没有"校园文化"的概念,都用"学校文化"(School Culture),我们用"校园文化"不利于与"国际接轨"。近年来,一些人不自觉地放弃了"校园文化"而用上了"学校文化"的概念,尽管未去深思,但多少可能感觉后者似乎更新潮。

我们认为,校园文化是一个中国人自己提出的概念(此类概念在教育领域还有一些),它的提出与国外"学校文化"的不约而同,但双方是从不同角度提出并使用各自概念的。我们目前的看法是,学校文化与校园文化在实质上(事实上)是没有区别的,但在倾向上又是有微妙区别的。区别主要在于,学校文化凸现的是组织价值和组织行为;校园文化是区域(空间)文化,凸现的是主体价值和主体行为。至于二者的关系或归属,还是让时间来解决。本书从众,即在引用他人资料时,把它视为同一概念,一般不去作区分。

[资料来源]葛金国.校园文化:理论意蕴与实务运作[M].合肥:安徽大学出版社,2006.

二、我是谁:教师的涵义和实质

"我是谁?"是一个极富人生哲学意味的提问。"教师"是日常生活中使用率极高的词汇，但那主要是从教师工作社会作用角度来说的。

教育大计，教师为本。广大教师是推动教育事业发展的主力军①。在我国，教师担负着培养“建设者和接班人”的社会重任，不仅要有坚定正确的政治方向、扎实的科学文化知识和较强能力素质，还要具备现代的思想观念、健全的心理品质和高尚的道德人格。有论者撰文指出，国内外学者对教师及其成长的研究，主要围绕着教师职业发展、教师心理、教师角色、教师素质、教师教育等问题进行探讨，取得一定成果，但缺乏纵向对教师成长过程的全面考察研究。未来的研究走向，将对教师的信念、知识和行为的形成过程进行系统的理论探讨和实证研究②。我们认为，教师职业在历史发展过程中，逐渐形成了不同于其他职业群体的文化。将教师纳入文化学视野，揭示其文化性格，这是我们开创的教师研究新视角。对教师“文化性格”的认识，构成了我们“教师文化论”的基础③。

“我是谁?”的提问，使我们不由得想起了那个童叟皆知的古希腊神话，那个著名的斯芬克司之谜，想到了“人是什么”的问题。有哲人认为，人类从三个方向攀登人性研究的高峰。这三个问题是：人是什么？我是谁？你是谁？第一个问题是俄狄浦斯提出的——俄狄浦斯首先发现了人，这个人是自然序列中的人；第二个问题是奥古斯丁提出的——奥古斯丁提出的我这个人，是终极意义上的人；第三个问题是现代哲学提出的——如马克思哲学中的你这个人，就是现实社会关系中的人④。

---

① 胡锦涛在庆祝清华大学建校百年大会上的讲话中说，“要把加强教师队伍建设作为教育事业发展最重要的基础工作来抓，充分信任、紧紧依靠广大教师，提升教师素质，提高教师地位，改善教师待遇，关心教师健康，形成更加浓厚的尊师重教社会风尚，使教师成为最受社会尊重的职业，努力造就一支师德高尚、业务精湛、结构合理、充满活力的高素质专业化教师队伍。”人民日报，2011 年 4 月 25 日第 1 版。

② 李定仁，赵昌木．教师及其成长研究：回顾与前瞻[J]．教育理论与实践，2003(6)．

③ 教师，是教育语境下职业性角色的称谓，相近的称谓是“老师”。老师有广义狭义之分。广义的老师，是指在教育场域中处于引导地位、教育他人的人。所谓“一字之师”、“一谈之师”（“听君一席话，胜读十年书”），即属此例。狭义的老师，是在社会角色中以教学为主要责任的职业教师。“教师”与“老师”的区别很微妙：我们感觉，教师主要是一种身份，是一种职业角色；老师主要是一种品位，是一种体现资格和尊崇心情的称谓。显然，这里讨论的“教师”，主要基于狭义的老师，即职业性角色。

④ 葛金国，吴玲．盘点学校[M]．福州：福建教育出版社，2001：63．

探讨"教师是谁",首先是在社会关系中探讨人。不仅要探讨教师应该做什么,而且在于探讨教师应如何度过其职业生涯才更有意义。这一问题关涉教师的本质及教师个体处境,关涉做教师意味着什么?以及何以证明谁有资格做教师。

作为一种职业,教师是有着清醒角色意识的存在;作为广义知识分子的一员,教师有着清醒的群体意识和使命感。这既是教师之为教师的本质,也是每个教师常常意识到的个人处境。与我国教师专业化发展相生相随,传统"师道"已成为时下公众普遍关注的话题。有论者认为,中国传统师道,在师表上强调"君子、大人"的儒雅与正气;在师法上强调教师恩威并重之尊严与权威;在师职上强调"传道授业解惑"、清贫乐道和诲人不倦之职责与操行。由于民主制度提升,公众对传统师道批判及教师自身妄自菲薄,当下师道日见衰微。但是,无论从教师的角色地位,还是从教育教学的特质看,我们都应秉持传统"道之当尊、师之当严、器之当锐"的精神气质①。与此相关,随着研究深入,新近人们逐渐将职业和专业"认同"作为视点研究教师发展问题。所谓认同是指教师个人或群体在职业中形成的对身为教师的理解,是教师对"我是谁"、"我该怎么做"和"我为何要这么做"的看法;它具体关系到教师理解工作情境、赋予意义和如何采取积极行为。有研究发现:教师在职业角色认同上可分为"高认同组"和"一般认同组"。在调查的十个职业角色中,"教师是文化的传播者"、"教师是学生学习能力的培养者"、"教师是学生人生的引路人"处于角色认同排序的前三位,"教师是专家"、"教师是教育家"、"教师是社区型的开放的教师"处于排序的后三位,其余"教师是教育教学的研究者"、"教师是学生的心理顾问"、"教师是课程的建设者和开发者"和"教师是学者"居中。研究还发现,所处学校类型、性别的不同和是否担任行政职务在职业角色认同上有非常显著的影响:小学教师的职业角色认同高于初中教师,初中教师高于高中教师;女教师的职业角色认同要高于男教师;学校领导的职业角色认同要高于普通教师。还有论者认为,目前,

① 容中奎."道之所存,师之所存"——关于中国传统"师道"的几点思考[J].河北师范大学学报:教育科学版,2007(1).

我国中学教师专业认同虽总体上呈现较高态势，但其意识仍比较淡薄，专业角色还需统整重建，专业认同情感有待进一步培养，专业认同在认知与行为层面存在着一定的不协调性[①]。

叶澜先生等著的《教师角色与教师发展新探》这样写道："教师要有非凡的道德勇气和经得起考验的人格力量，要始终与学生的命运息息相关，在任何时候不向邪恶势力低头，并勇敢地维护正义；要一生淡泊名利，耿介自守，要有足以感召学生的人格力量。对学生人格的培养和完善是教师不可推卸的责任。教师还负有推进知识之使命和维护道德、提高品格之使命"。该书作者，一方面指出"教师在某种程度上是人们向其看齐的理想形象"，另一方面又说"理想之为理想就因为它并不现实存在……人在许多时候的确需要这样一个形象来寄托自己的希望和所认同的价值。教师就意味着奋斗、期待、盼望；意味着继承、标新立异和创新。"[②]朱永新教授在"我心中理想的教师"中说：我心中的理想教师应当是一个胸怀理想充满激情和诗意的教师；应当是一个自信、自强，不断挑战自我的教师；应当是一个善于合作，具有人格魅力的教师；应当是一个非常尊重同事、尊重领导，善于调动帮助他人成长的教师；应当是一个充满爱心，受学生尊敬的教师；应当是一个追求卓越，富有创新精神的教师；应当是一个勤于学习，不断充实自我的教师；应当是一个关注人类命运，具有社会责任感的教师；应当是一个坚韧、刚强、不向挫折弯腰的教师[③]。

我们认为，叶澜先生他们说的自然很有道理，体现了他们对我国目前现实的清醒的洞察力和"辩证思维"。在我们看来，对于"教师是谁?"的问题，我们既没有必要把教师提得或抬得太高，以致最后不得不说它"并不现实存在"，也没有必要把教师说得或贬得太低，以致最后是个人都能为人师，是个人都可对教师说三道四，那又如何为人师表？事实上，教师的所有那些优良品质都是存在的，是或多或少现实存在于每个教师身上

① 沈之菲. 新课程背景下上海市中小学教师职业角色认同的研究[J]. 心理科学 2005，28(3)：723－726；李彦花. 中学教师专业认同研究[D]. 西南大学，2009.

② 叶澜，等. 教师角色与教师发展新探[M]. 北京：教育科学出版社，2001：38.

③ 参见朱永新所著《我的教育理想》（漓江出版社 2009 年版）第二章"我心中理想的教师"。

的——因为这是就其群体及其与他群体相比较而言的。正如,我们有时说"法官代表着正义",并不需要顾忌由于某个体法官的徇私枉法而不成立一样。

探讨教师应如何度过职业生涯才更有意义,是探讨"教师是谁"的另一重要方面。考察作为人的教师与考察作为自然的物,是大不一样的。考察物主要是为了"识别"它,进而利用它,考察人则并不止于此,有时或更多的是为了理解他——用"推己及人"的方式理解他,进而通过理解他,最终理解和"认识自己":我是如何的,我想他也应该是如何的;他是如此的,难道我会与他不一样?探讨教师怎样做教师,或教师是如何生存的,其实质不是探求教师存在的事实,而是在说"教师应如何度过其职业生涯才更有意义?"研究怎样做教师,实质上也就是在给教师提出某种任务和方向。如果我们自己身为教师,也就是在向自己提出某种要求。

教师常常处于这样一种状态:"总是提出教育问题以寻求答案,是教师的理智活动的事情,而不断面对教育难题以寻求解决方案,则涉及教师生涯的处境,这是在处境艰难、理智困窘的时刻产生的。总面临教育问题是因为教师知道得太少而其欲知道太多;总面临教育难题是因为教师知道得太多太杂并且他知道的各种知识、各种方案又相互矛盾冲突。教师的难题产生于他们意识到了自身存在与外界要求、期望的矛盾,即教师是谁与教师应该是谁之间的矛盾。"[①]"闻道在先"的要求、不断生成的新问题、博学而自觉无知的忧虑、追求完美的教育目标,诸如此类的困惑永远与教师如影随形。

教师意味着什么?我何以有资格为师?清醒的职业意识,常常使教师寝食难安。作为社会上进心的代表,教师的使命感要求他从传统时代的社会正统的维护者,成为现时代的社会的批判者。教师是最有自尊的人,同时教师又是最具反思性格的人:躬身自省,反身呐喊!教师不得不探索自己的存在意义:我对我自己来说意味着什么?对他人——学生、家长、领导、同事等来说又意味着什么?我们同意这样的看法,即教师的最基本的价值取决于他对学生有用,取决于他的社会工作效果。但是,教师

---

① 叶澜,等.教师角色与教师发展新探[M].北京:教育科学出版社,2001:40.

的价值并不止于此，教师是人，作为人的存在，其本身就有意义；而对于人本身的意义，尽管不能等同于作为教师的意义，但二者是统一的不可分的。人的"为己"和"为人"并不是没有"交集"的。在我们看来，就目前中国的情形来说，把教师"圣人化"对教师自我认识和使命践履是"有百害而少利"。

对教师自身而言，他是不充分的，需要自强不息，提高自身素质；对于世界来说，他是代表积极的，需要自尊清高，超越世俗功利。不管"市场"是否需要教育，人要过像人的生活，总是离不开教育；同样，不管你需要不需要教师，你要丰富自己提升自己，总是离不开教师。

三、"无师则野"：教师的文化性格

人类文化活动以符号为中介，其教育传承跨越时空，"师"于其中发挥着极重要作用，因为教师具有文化的"性格"。所谓"教师的文化性格"，是指教师作为"文化人"的文化属性，主要是就教师工作对象、性质和内容的文化色彩而言的，它的比较对象是工人、农民、商人、干部等的工作对象、性质和内容。

（一）教师是"经验生成"与"文而化之"的产物

文化一经人们创造出来后，便像一个巨大的场无时无刻不在对居于其中的人产生作用。教师也不例外。教师以文化"传塑"①为使命，但文化传塑以教师是文化产物为前提，必须经由教育实践主体的教师的"经验"——教师拥有特殊的不同于理论专家的实践性知识。教师不是先知先觉者，即使是圣人也说："我非生而知之者，好古，敏以求之者也。"作为教师经历和体悟的产物，教师经验集知识、思想与体验于一体，生成"生于斯，长于斯"的教育生活世界，是具有个体性、整体性、连续性和教育意向性等特征的动态生成过程。在社会文化的熏陶下，教师基本掌握文化的主要观点，掌握本学科本专业的知识，养成了本民族文化的归属感和对主

① "传塑"，是我们为了表述教育文化包括教师文化功能新造的一个词。其基本涵义就是传承、塑造。很多年前，我们曾用过"传承"、"承传"、"传创"等词。现在感到，还是"传塑"（"传示"）更准确些。当然，塑造也是某种"创造"。参见本书第四章第一节。

流文化价值的认同。这种归属感和认同的形成具有自觉意识，但最初对于多数人更多的是不自觉的。如我国古代教师的文化习得，往往是不自觉的以家庭、私塾为主渠道，接受的是重家庭伦理、集体伦理而缺乏个性价值的传统文化，他们又把自己习得的文化传递给学生。从教师是文化的产物这一特性来看，教师虽然是新文化的创造者，但教师自身是生活在已成文化中的，这种已成文化对教师起着巨大作用。为此，我们要把握教师经验的规律，破除主客二分认识论和机械实践论，采取主客统一的理解性思维方式，不断优化教师所置身并不断经历着的文化环境，促使个体的经验生成与群体的文而化之，同向运作，双管齐下。

（二）教师是一定社会（阶级/阶层）文化的代言人

从一定意义上说，教师是天然的精神贵族。在阶级社会中，教师必然与一定阶级相联系并成为其代言人。美国曾有学者就教师的文化价值取向进行分析，认为“如果我们说美国有一个主流文化的话，那么，这样一个文化即是中产阶级的文化，多数其他阶级的文化和宗教已经被融入其中了。”①这一观点得到多数研究者的广泛认同，但也有一些人特别是批判教育理论家对此不以为然，阿普尔就是其中一例。他认为，教师实际上是处于一种自相矛盾的阶级地位的，而不是仅局限于中产阶级，或是在两个阶级之间处于一种模棱两可的地位。他们共享着中产阶级和工人阶级的价值观念，因此，在他们的工作条件受到不利影响，工资被拖欠时，就会与工人阶级和有色人种联系更为密切。在我国，不大有人研究教师的社会阶层文化。我们认为，教师应然的是主流文化的代言人，而主流文化常常是以维护国家意识形态为目的，这在教师取得教师资格时就被决定了。但实然状态的教师文化并非完全就是主流文化的：作为个体性存在的教师，可能有着与主流相左的方面。一般而言，教师代表着主流文化，但在社会转型时期，当统治阶级倡导的文化明显不符合社会要求激起普遍反抗时，情况就变了。“为天地立心，为生民请命，为往圣继绝学，为万世开太平”，是中国知识分子也是教师的人生理想和文化使命。此时，教师往

① 郑金洲. 教育文化学[M]. 北京：人民教育出版社，2000：265－266.

往以先行者姿态，通过对民众的文化启蒙致力于新文化创建。近来研究指出，不仅是教师代表着一定的社会阶层，而且教师内部也存在着一定社会分层。例如，小学教师的社会分层，常常是以教师所教年级为基础的，处于上层的教师多是那些在最高年级任教的教师，他们享有较高声誉；处于低层的教师则是那些在最低年级的教师。在中学阶段，教师的社会分层更为明显，至少存在着三个阶层。学术教师处于最高层，职业教师处于中间阶层，体育教师处于最低层。近年来情况有所变化。在一个利益分化的时代，教师应对职业使命有所体察，并有对自己所属各种文化群落的自觉意识。关于教师的文化群落和代言人问题，将在有关部分进一步讨论。

（三）教师有基于“无限责任”的专业主义的文化倾向

“专业”一词，其社会涵义是只有经过专门学习才能从事的职业。专业主义倾向开始于西方，并且与教师承担的“无限责任”和“崇高使命”有关①。教师职业的特殊性，使教师在其工作中，很少有受雇佣的感觉。多数教师，在多数时候觉得他们是自主地支配着自己的工作。这一特点，是其他行业少见甚至没有的。教师在其与学生相互作用的日常活动中，随时都面临着诸多选择和“决策”。基于“无限责任”和“崇高使命”的责任感、使命感，内在地呼唤着教师的专业精神，而专业主义倾向有利于促使教师努力工作。因为，只有这样，他们才能提升其职业声誉，扩展其专业地位。受此鼓舞和推动，教师理解“一日为师，终身为父”的意涵，他们惯于运用一些技术性的标准与测验，并且每日工作很长时间，工作的强度也很大。显然，对于教师文化专业主义倾向的体察，不仅对于教师改进工作环境重要，对于教师破除专业主义的桎梏也是有益的。关于与此倾向有关的“个人主义教师文化”的问题，有论者认为，国人对“个人主义教师文化”存在误解，有简单归因和全盘否定的倾向②。还有论者指出，具有知

① 本书第五章教师文化的“职业使命”，我们将以“三个基本层面”和“九个工作要点”为线索展开相关讨论。由于中西方文化底蕴不同，因而出现了关于“教师”的不同意蕴。将教师培养变成了专业人员，重在培训，严格意义上讲是受西方文化影响而形成的“教师模式”，是“舶来品”。随着文化多元化的国际交流，这种情形会逐渐变化。

② 邓涛．个人主义教师文化：误解与匡正［J］．教师教育研究，2007(4)．

识分子价值立场的教师,在对"技术专家"身份扬弃过程中获得"知识分子"文化品性,他们是一批"为思想而不是靠思想而生活的人",他们清醒地意识到技术理性规约并去除其消极束缚,他们努力建构属于自身的职业发展境界。于他们来说,教师职业不仅仅是谋生饭碗,更是寄托着无可替代的人生价值旨趣。因此,可以说教师是一个文化色彩浓厚的专业人①。

需要指出,在教师的"文化性格"和作为"文化人"问题上,还要防止一个俗见误区,即以为教师都是高学历的"文化人",又从事着"文化"职业,文化素养够高了。其实未见得。其一,"有文化"和"缺乏文化"是相对的;其二,掌握某门学科知识的人,不一定都有文化素养;其三,有文化的人不一定有人文精神。我国古代哲人的观点是"知而不行,非知也。"文化知识被人掌握仅是一种"知"的形态,文化要成为人的一种素养,则需要渗透人的心灵,内化为精神,并转化为行为。由知识到精神再到行为,中间的"距离"还相当大。所以,我们说教师职业具有"文化"特性,是从教师群体整体而非教师个体差异说的,是从教师对学生价值影响的无所不有和无所不在说的。

每个教师都应以"学者"的标准严格要求自己,努力成为真正的"文化人"。这正是本书"教师的文化特性"讨论的意义之一。

"无师则野":"无士不兴"与"无师不文"

80年代,不少领导人常说:无农不稳,无工不富;90年代,不少领导人常说:无农不稳,无工不富,无商不活(要想富,先修路);其后,又有人加了一句:无兵不安。

冰心先生早在1988年11月就以"无士则如何"发表文章。她说,(前面)这些话都对,概括得也非常准确。可惜,"士农工商"或"工农商学兵",尚缺一个重要方面——无士、无学怎么样呢?"士"和"学",就是知识、文化、科学、教育,就是知识分子、人才。他说,"几个月前,我曾向一些同志提出这个问题。后来

① 但是,我们更想说的是,教师应是一个有专业背景的文化人。其中的微妙,你将在后续阅读本书中体会到。参见龙宝新.论教师文化与文化型教师教育[J].中国德育,2007(8);车丽娜.教师文化的实然诊断与应然追求[J].教育发展研究,2007(1):31-34.

有的报刊将我这问题公开发表了……”,她说,大家不约而同地回应是“无士不兴”。无士,我们的事业就不会兴、旺、昌、盛。

借用这个思维和命题,沿着冰心先生的思考,我们大家是不是可以拷问一下:无师则如何?

对此,我们的回答是:“无师不文”!“无师则野”!应该说,这个回答是与恩格斯所说的人类进入文明社会的条件的论断是契合的。

第二节 应运而生的教师文化研究

一、背景与意义:应运而生的我国教师文化研究

改革是人类进步的基本动力与一般模式,文化是社会生存的群体价值与常规状态。随着背景演进和利益分化,教育改革开始进入“深水区”。我们认为,改革有不同意见,出现争论是正常现象,极端化态度和单向性思路,于实践是有害而无益的。对于当代中国教育改革,我们要有陈寅恪先生说的“了解之同情”,坚持以自己的方式变革,“极高明而道中庸”,努力实现“文而化之”①。我国的教师文化研究,就是在此背景与意义下应运而生的。

(一)教师文化研究的背景

第一,教育改革顺利推进需要相应的教师文化。

进入21世纪,中国教育改革进入新阶段。1999年6月,中共中央召开第三次全国教育工作会议,作出“深化教育改革,全面推进素质教育”的决定。2001年9月,教育部颁布《基础教育课程改革纲要(试行)》,新一轮基础教育课程改革启动,试图以课程改革为切入点带动教育全面创新。这次课程改革声势浩大,各方面投入大量资源——如举行培训以期

① 葛金国. 文化视野中的教育改革[J]. 教育学报,2011(5):12-21.

让教师适应课程改革。但是,不少教师面对新理念新方式无所适从,不知如何去教。从文化角度而言,课程改革蕴含着全新的文化要素:提倡学习型、开放式的学校文化;倡导教师之间、师生之间、学生之间形成一种自主的、探究的、合作的学习方式,形成平等、尊重的交往关系;形成学习、研究、反思、争论、研讨的文化氛围。这给长期应试教育下形成的传统教师文化带来巨大冲击。虽然"有关部门"三令五申,但"升学率是学校的生命线,是家长的幸福线"仍是许多学校奉行的信条。如果应试教育根基不发生动摇,传统的教师文化很难发生改变。显然,教师文化是教师群体在长期实践中形成的,浸润到思想、心灵,成为一种内隐信念,具有稳定性。于是,不少教师对新课程理念产生疑斥态度,致使实际教学出现"形式化、表演化"等似是而非的情形。我们认为,作为课程实施主体,教师对教育改革起到关键作用。如果不考虑教师的"文化生存"状态,课改的理念就难以落实,改革效果就会大打折扣。新课程遭遇种种阻碍或出现"走样",根本原因之一是传统教师文化的障碍。因此,在新课程推进过程中,要充分关注教师文化、深入研究教师文化,考察教师文化形成的影响因素,把握其属性和发展状态,并对教师文化加以重塑,使之与课程改革相适应。

第二,学校特色发展需要创新教师文化。

长期以来,我国中小学"万校一面",各个学校缺乏自己的特色。早在多年前的1993年,国务院颁布《中国教育改革和发展纲要》,首次将学校发展与特色联系起来。其中指出:"中小学要走上全面提高国民素质的轨道……促进学生生动活泼地发展,学校办出各自的特色。"自此,创建特色学校渐成热门话题。本轮课改以来,实施国家、地方和学校"三级课程管理体制",这给学校"办出特色",提供了发挥自身优势的空间。走特色发展之路,成为广大中小学教育工作者的共识:虽然大家对特色学校的理解还存在差异,但相同之处是大家都承认特色学校是学校文化的外在表现。不少学校,在特色发展方面开始探索①。走特色发展之路,是学校内在发展的过程,是以教师为主体的教职员工自主选择目标、内容和方法并积极实施的过程,这就需要创新教师文化。由于长期强调升学竞争,我国

① 胡方,龚春燕.特色学校建设:学校文化的选择与建构[J].中国教育学刊,2008(4):22.

各个教师间往往忽视合作，同时教师文化呈现学科为本的特点，不同科组和级组间缺乏经常性交流，从而使教师文化呈现保守性和封闭性。这种保守、封闭的教师文化，既不利于教师自身队伍建设，也不利于学校的特色发展。教师既是学校教师文化的创造者，又被学校教师文化"塑造"。而特色学校建设是一个长期过程，教师群体的教学特色和创新意识是基本保证。教师积极发挥个性特长，在价值观念和行为方式上符合学校办学理念，是学校特色发展的重要条件。

第三，教师专业发展需要教师文化深层支撑。

20世纪80年代中期，美国的卡内基教育促进会和霍姆斯小组分别发表了《国家为培养21世纪的教师作准备》和《明天的教师》两份报告。报告明确将教育改革重点放在提高师资水平上，并提出了"教学专业化"的概念。他们认为，提高教学质量，一是要确立教学工作的专业性地位，二是要建立与该专业性职业相应的衡量标准。教师教育的责任在于，培养出训练有素的达到专业标准的教师，以教师的专业发展来实现教学的专业化，确保未来学校对师资的需要。此后，教师个体的、内在的专业发展逐渐成为教师专业化研究的重心。人们逐渐认识到，促进教师专业发展，是教师提高教学工作专业地位的根本措施。教师的专业发展，成为了教师教育改革的方向和主题。然而，教师专业能力具有极大的不确定性，人们还无法详细指明教师的专业属性的根源。于是，人们感受到医生、律师等职业的专业性是以该领域的基础科学与应用科学的熟练掌握为支撑的，在教师专业发展上便走上了以教育领域的基础知识与应用技能的熟练性为标准的发展向度。

技术化的专业发展思路认为，经过特定的专业技能培训以后，教师将严格地按照专家设定的理性化路径发展，并相应地提高专业化水平。事实上，技术熟练并不能真正提高教师的专业地位，充其量培养出"技术熟练者"，真正得到世人认可的优秀教师更多依赖的是其崇高的精神。"从其社会角色角度看，教师劳动是一种以主体示范为主导的劳动。其他的一些工作，如律师、医生、会计师、建筑师等，主要以其专门技术作为工作的基础，社会对其个人的道德规范要求并不十分苛刻，也不一定要率先垂范，但教师工作明显不同。当教师在履行其职责时，个人的道德行为示范往往对其教学效果产生极大影响。"[①]教师专业发展包括"专业知识"、"专业技能"、"专业伦理"、"专业精神"等方面,即强调教师作为一个发展中的专业人员,其发展内涵是多方面、多领域的。教师专业发展是一个终身学习的过程,是一个教师的职业理想、职业道德、职业情感不断成熟、不断提升的过程。教师对教师职业的认同感和价值观,决定着教师对专业发展的需要、意识、情感的能动作用。以价值观念和思维方式为核心的教师文化的构建,与教师专业发展是一致的。并且,教师文化对教师专业发展有着不可替代的作用,它能使教师有意识地把追求理想的专业发展变为自觉行为,并始终保持自我更新的发展方向,为真正实现教师的自主专业发展奠定坚实的基础。"没有教师文化的深层支撑,所谓的教师发展和教育革新都将是肤浅的和形式化的。"[②]教师文化对教师的专业发展起到促进或者阻碍的作用:当一所学校教师群体缺乏职业觉醒和学习意识,满足于日复一日的简单重复,害怕变革,那么这种教师文化必然阻碍教师专业发展。

一线教师日常工作非常繁琐,每天忙于备课、上课、改作业和辅导,忙于每次考试、阅卷、成绩分析。特别是班主任,还有学生管理——班级学生的学习、思想、生活、行为习惯,包括安全问题、课外活动、清洁卫生和走访家长,都要"管"。在这种工作负荷和心理压力下,教师普遍感到精力透支,很难有时间静下心来学习提高。中小学教师成长的通常途径,主要依赖于经验积累,最终成为熟练的"教书匠"。研究教师文化,就是针对教师文化形成的现实情境,有目的地加以改良改善,促进教师专业发展。

(二)教师文化研究的意义

随着教育改革的推进,越来越多的人,认识到教师的重要地位。与此相关,教师的研究也呈现出持续增多的趋势。本书以教师专业发展为背景(宗旨),在真实学校情境中,分析教师文化的内涵、特性、功能,以期对教师文化建设提供实践启示。

---

① 吴玲,郭孝文.论教师专业化的拓展与推进策略[J].安徽师范大学学报,2001(4).

② 孟凡丽,李斌.我国教师文化研究:盘点与思考[J].西北师范大学学报,2007(3):47-51.

首先,教师文化研究,有利于优化师资队伍,推动教师管理变革。

没有高质量的教师队伍,就不可能有高质量的学校。而对教师质量提高真正起决定作用的是教师的教育爱、事业心。教师内心的投入,是其发展的内在动力。提高教师质量,为政府和学校所共同关注。在教师管理上,政府出台了一系列措施,如教师资格制度、岗位聘任制度;改革师资培养体系,提高队伍学历水平;实施继续教育工程,加强骨干队伍建设,等等。学校也在教师管理制度建设上"费尽心思":各校都有一套激励员工积极性的"土政策"。显然,这些外部制度是教师队伍建设的必要条件,但也易使教师处于被动地位,感到精神压抑。良好的教师文化,对教师队伍建设和个体专业发展起到巨大促进作用,教师的群体形象、价值观念和行为方式深刻影响着每个成员。当前,不少学校在教师管理上积极变革,初步意识到刚性管理对教师发展带来的诸多不利,开始树立"以人为本"的教师管理理念,着眼于教师文化的建设。有的学校把"教师第一、学生为本、师生共同发展"作为学校文化建设的核心理念,重视创设有利于教师个人成长的文化氛围[①]。研究教师文化,意在给学校管理提供新视角,思考制度规约之外的文化因素,创设有利于教师发展的文化氛围。

其次,教师文化研究,有利于借力课程改革推进,促进教师价值观的转变。

课改对传统的学校文化提出挑战,为文化整建提供了契机。学校文化的变革是课程与教学改革最深层次的改革,而学校文化中最具活力和最具主体意义的是教师文化。教师文化建设成为课程改革能否深化的核心。教师文化着眼于观念改变,在课程观、师生观、教学观、人才观等方面,教师要根据改革要求重新审视和定位,体悟"课程管理的建构者、教学活动的合作者、学生学习的指导者、学生成长的促进者"的角色要求,努力在教育教学活动中践行新理念。观念支配行为,观念的更新必然带来教师行为方式的转变。研究教师文化,深入教学实际,探寻影响教师群体价值体系和行为方式的文化因素,着力去除束缚教师观念和教学创新的因

① 周耀威,陈伟忠.从"科层取向"到"专业取向":校本教师管理制度转型的个案研究[J].宁波教育学院学报,2008(5).

素，在学校中营造良好的文化氛围，激发教师的主动性和创造性，使教师的价值观和角色行为统一于教育改革的价值取向。

再次，教师文化研究，有利于唤醒教育信念，提升教师的生命质量。

教育是影响人生命的事业，教育的目的是要激发和提高人的自由本性和实践能力，促进人的全面发展，提升人的生活进而提升生命质量。教育的价值，并非简单传授知识技能，更加重要的是，揭示生命存在的合理性，满足生命成长的需要，提升生命存在的价值，追求生命的自由卓越。教师促进学生全面发展、提升生命质量的教育工作及其过程，也是自己生命意义升华的工作及其过程。教师的生存境遇及工作环境直接影响到教师的职业态度、角色认同和教育信念，从而影响生命质量。教师扮演着社会主流价值的传递者、知识的代表、道德的楷模等等社会性角色，承受着巨大社会压力。他们每天面对着学生安全、量化考核、成绩评比等压力，始终处于高强度工作中，个别教师因此消磨了当初的热情，失去了对职业的理想，教育异化为谋生手段，生命的价值和意义被“悬置”。教师文化对教师生命意识的觉醒、精神的解放和主动创造起到引领的作用。

“没有教师的生命质量的提升，就很难有高的教育质量；没有教师精神的解放，就很难有学生精神的解放；没有教师的主动发展，就很难有学生的主动发展；没有教师的教育创造，就很难有学生的创造精神。”[①]本书试图通过研究教师文化形成的现实影响因素，探寻居于教师文化核心地位的价值体系，以期唤醒教师的职业自觉，重树教育信念，从而在教育生活中追求生命价值的实现。

二、国外关于教师文化的研究：以西方为例

教师文化与文化研究（包括教育文化研究），具有重要的联系。西方对教师文化的研究，大体上与其教育文化的研究同步，肇始于 20 世纪 30 年代，一般以美国社会学家华勒的《教学社会学》（1932）的问世为标志。华勒在《教学社会学》中描述了受官僚性教育行政权力支配的学校教师文化的特征。华勒的研究注重学校生活的各个侧面，研究师生关系、教师

① 叶澜，等. 教师角色与教师发展新探[M]. 北京：教育科学出版社，2001：3.

与社区关系等特殊的人际关系的形成和独特的文化生成,批判教师的"公仆"形象,他认为教师在受"机械原理"控制的学校里,形成伪善、权势、卑屈、狭隘等独特的非人性特征,提出必须恢复教师的人性。华勒的研究始终以对教师文化的"非人性"的批判为主流线索,揭露了形成这种教师人格偏差的社会性和制度性原因。

20 世纪 70 年代,西方关于教师文化的研究,以芝加哥大学社会学家洛蒂为代表。他的《学校教师的社会学研究》一书,从多角度综合了关于教师的历史考察、问卷调查、教学观察,以及教师的供给与研修等制度性研究,真实地描述了基于职业生活所形成的教师特有的意识和情感,意图在于阐明未能充分实现专业化的教师的独特性格,结构性地理解从这种性格中派生出来的教师意识和情感。洛蒂认为,教师职业的"不确定性"应当借助科学知识与技术的普及与共享来克服,培养拥有科学知识和技能的专业性的教师是他对未来教师的希望。在洛蒂以后,英美的社会学家和文化人类学家关注教师研究的"微观文化生存",他们以学校文化研究为中心,关注教师的情感和人际关系,运用和发展了文化人类学研究、符号互动论研究、现象学等多种描述性的研究方法。

20 世纪 80 年代中叶以后,受国际教育改革和教师专业化运动的引领,教师文化研究扩展了研究的领域和方向,确立了教师文化研究的专业性文化研究主题。这一时期的西方教师文化研究,关注教师的职业生涯和同事关系,注意从中透析教师的精神和情感状态,目的是为教师群体的专业发展服务。主要代表有鲍尔和古德逊的《教师的生活和职业》、古德逊的《教师生活研究》、加拿大学者哈格里夫斯的《教学文化:变革的焦点》和《变化的时代,变化的教师:后现代时期的教师工作与文化》以及日本学者佐藤学的《课程与教师》等。

哈格里夫斯非常重视教师文化变革的意义,他认为,教师文化是教育变革和学校发展的关键因素,并从此出发进行教师文化的研究,从社会转型角度提出了教师文化的转型①。哈格里夫斯对教师文化从内容和形式

---

① A. Hargreaves. Changing teachers, changing times: Teachers work and culture in the postmodern age[M]. Cassell, 1994.

的层面进行了分析。哈格里夫斯认为，教师文化的内容是多种多样的，包括一定范围内的教师组织或更大范围内的教师群体所共享的态度、价值观、信念、习惯、假设以及做事的方式等。教师文化的形式是指文化成员之间的关系和交往方式，他列举了教师文化的四种主要表现形式：个人主义文化、派别主义文化、合作的文化和硬造的合作文化。哈格里夫斯认为，在这四种形式中，“个人主义文化”和“派别主义文化”是一般学校中最为常见的教师文化类型，教师职业的很大一个特点就是奉行教学的“专业个人主义”原则。哈格里夫斯的教师文化研究，基于后现代社会的特征和要求，对教师文化的背景、价值、形式与内涵等进行了重新诠释，开创了教师文化中“类型研究”的新方向，并进一步构建了理想的教师文化模式。在某种意义上说，在国外，对当代我国教师文化研究影响最大的研究者，也许莫过于哈格里夫斯了①。

东京大学的佐藤学，是近年来我国教育界了解较多的日本学者，由于与中国的邻近和内在关注点的契合——为众多中国读者所了解。佐藤学通过“官僚化”对“民主化”和“非专业化”对专业化两个轴交叉形成的区间图来分析教师文化，根据不同类型的教师文化坐落的区间不同，将教师分为“作为公仆的教师”、“作为劳动者的教师”、“作为技术熟练者的教师”和“作为反思性实践家的教师”，具体阐释了各种类型的教师形象的特征和教师文化的特征，并分析了由于教师工作的回归性、不确定性和无边界性特征派生出来的教师文化特征，批判了教师公共使命的衰退，意图引导教师专业文化向自律文化的发展方向。作为某种意义上介入中国基础教育改革的外国学者之一，他关于“文化”的见解，主要体现在《课程与教师》一书中。

应当指出，“理性经济人”是西方学界大体认同的关于人性的预设（这是其市场经济和法治社会存在的最基本理据），而文化类型一直是西方文化学研究中的焦点。这在教师文化研究中也不例外。在全球教育改革背景下，西方学者对教师文化研究，凸显了有关教师“合作文化”的研

① 邓涛，鲍传友．教师文化的重新理解与建构——哈格里夫斯的教师文化观述评［J］．外国教育研究，2005（8）．

究。在发展市场经济，改革教育体制，重视教师文化研究作用上，特意把关于教师间的协作的重要性提到了“研究课题”、“议事日程”。特别是在英国，在鼓励教师之间相互竞争之后，又提出了教师的专业发展最理想的方式是一种竞争与合作的发展方式的观点，即既要有竞争又要有合作，在尊重、保持教师个人特色风格的基础上，进行更高一级水平的协力合作。

三、国内关于教师文化的研究

迄今为止，中国的社会发育和公民主体意识相对滞后和薄弱。一段时间里，我们的学术研究中沿用政治上的“阶级观点”，缺乏一般社会学的关于社会结构、阶层和群体的研究，缺乏一般文化人类学的“田野研究”和“价值批判”。随着改革开放深入，这种情形有了变化，教师文化研究也是如此。目前，我们搜集到国内有关教师文化研究的论文200多篇，相关著作10多部。孟凡君、李斌，赵文平、于建霞，王德寿、江丽先后撰文予以述评①。我们认为，纵览我国教师文化研究，迄今为止，大体上经历了三个阶段，分别以2000年和2004年为界。对此，我们作为一个文化研究者，早就也身在其中，个中滋味，历历在目，自有体悟。

（一）初步探索阶段（20世纪80年代末到90年代）

20世纪80年代末，我国社会在拨乱反正的基础上改革开放，“文化研究”随之开始并逐渐升温。“中国文化书院”成立及其举办的“中外文化比较研究班”，可以视为此时“文化热”的标志。与此同时和此后，国外教育情况通过“比较教育”形式进入教育同仁的视野。自20世纪末开始，菲利普·杰克逊的《课堂生活》、美国著名的课堂研究专家古德和布罗菲的《透视课堂》、斯蒂格勒的《教学的差异》等，被陆续介绍到国内。这使我们初步了解国外学校文化、教学文化的概况，其中相关研究情况，对我国教师文化研究有所启发。与此同时，我国学者在相关研究领域开始进行探索。如葛金国、石中英等较早地以校园文化为主题对教师文化

① 孟凡丽，李斌. 我国教师文化研究：盘点与思考[J]. 西北师范大学学报，2007(3)：47－51.

及其与校园文化关系提出讨论，认为教师文化是校园文化的主导力量和灵魂（1990，1991）；郭孝文、吴玲等还以学校道德环境、师生人际关系等为主题对校园文化包括教师文化特点提出了讨论，认为学校道德环境的性质决定了其优化意义，师生人际关系居于校园人际关系的核心（1991，1992）；土刁培萼主编的《教育文化学》（1992）中对师生人际交往状况进行了讨论；杨秀清、林良章指出，教师文化作为一种隐蔽课程而存在，教师的思想、情感、态度、作风等对学生发展具有熏陶感染作用（1995）；郭孝文、吴玲等以校风为主题对教师文化的行为表征——教风的性质、内容、特点和建设提出讨论，认为教风作为教师文化外在表征是校风的核心（1996）；吴永军从社会学角度对课堂教学中的教师文化与学生文化进行了探讨（1997）；凌小云针对教师文化对教师道德发展的重要性进行分析思考（1998）；由吴康宁等人合著的《课堂教学社会学》（1999），从社会学视角对师生关系及课堂教学文化的结构、冲突、运作等内容进行了分析思考。吴玲、郭孝文、胡玲等主张“教师誓词应揭示教师劳动的主体性价值”，努力为建立“中国教师誓词”的讨论叫好；吴玲以教师劳动特点为主题进行讨论，涉及劳动特点对教师文化的影响（1999）。有人说，“在这一时期，人们对教师文化的研究既有对国外相关研究的引进借鉴，也有我们自己的思考”。我们认为，在这一阶段，我国教师文化研究是在拨乱反正与改革开放大背景下起步的，特征是引进、吸收与整理、重拾并行不悖地进行，其中，校园文化研究和师生关系研究成为重要讨论背景；但是，从总体上说，这一阶段的教师文化研究的“自觉”程度不够，“文化”色彩不够，“聚焦”力度不够。

（二）普遍关注阶段（2000 年到 2004 年）

进入 21 世纪，我国教师文化研究受到普遍关注。这与国内外文化形势密切相关。从国内来说，与我国教育领域的两大实践——高等教育大众化和基础教育课程改革密切相关：前者以高校超乎寻常的“扩招”为标志（从 1999 年秋季入学开始），后者以课改纲要颁行并启动为标志。从国外来说，由于全球化深入，“文明冲突”无论在思想还是事实上都被关注：前者以美国学者亨廷顿“文明的冲突”的广泛影响为代表，后者以“9·

11 事件”后的世界政治动荡为标志。于是，又一次“文化热”在国内外展开。

在这段时间里，又有一些西方教师文化研究成果被引进，我国学者对之进行了消化吸收。如冯生尧、李子健在对教师文化的表现、成因与意义的探讨中，对哈格里夫斯的教师文化类型进行了介绍(2002)。这一时期，我国众多学者对哈格里夫斯的教师文化类型进行了评价，并普遍主张要使其本土化。与此同时，王建明就教师文化与其他文化群体之间的关系、教师文化的意义与作用以及教师文化素质的提高路径进行了探讨(2000)；王兴华对国外教师文化素质进行了比较分析(2000)。2000 年底，郑金洲所著《教育文化学》由人民教育出版社出版，该书对教师文化进行了专章讨论，涉及教师的文化特性、教师的文化类型、教师文化对学生的影响、多元文化背景下的教师等四节内容。此外，学者们对教师文化的影响因素、教师文化的本质内涵、教师文化研究的意义、教师文化中出现的问题、教师文化的重建等进行了思考，研究领域不断拓展。如唐芬芬从影响教师文化的社会因素方面进行了探讨(2001)；中国香港吴浩明将香港与大陆教师文化差异进行了比较(2002)；舒志定提出教师专业发展应当有一种文化“底蕴”的支撑(2003)；裴娣娜以“多元文化与基础教育课程文化建设的几点思考”发表了重要看法(2002)。这时，还有多个学者对教师文化与新课程实施间的关系进行了探讨，认为新课程背景下教师文化应当进行转变(刘万海，2004；翟艳，2004；任红娟、赵正新，2004)。还有学者针对教师文化及其对教师专业发展与成长的意义、影响进行了分析(张凤琴，2004；宋宏福，2004)。我们研究群体对“教师文化”给以高度重视。如葛金国、吴玲编著的《盘点学校》(2001)，讨论到教师职业变迁、角色声望、职业成熟、专业发展与管理推进的问题；吴玲、郭孝文以“论教师专业化的拓展与推进策略”为题，讨论了专业化对于教师职业和文化形成中的意义(2001)；周元宽和吴玲等分别以“论教学过程中教师权威的消解”和“教师劳动价值论”为主题展开讨论(2002)；葛金国主编的《校园文化建设导论》(2003)，以相当大篇幅讨论到教师文化的外在表征——教风。

总的说来，这一时期人们将教师文化放到新背景下探讨：研究的内容逐渐丰富，领域不断拓宽，水平不断提升，既有对国外相关研究的引进借鉴，也有我们自己的思考——本土化的理论研究与运用研究得到高度重视。

（三）理性反思阶段（2004 年后）

此一阶段，以王策三先生《认真对待"轻视知识"的教育思潮》一文发表为标志，在我国基础教育课程改革中产生了著名的"钟王之争"，我国教师文化研究进入理性反思阶段。这一争论对我国教育改革包括教师文化研究的影响，十分明显。此后，随着视野拓展，我们对自身传统与国外教师文化的批判能力明显增强。一些富有建设性的研究成果不断出现。如，邓涛、鲍传友对哈格里夫斯的教师文化的见解进行了探寻，并对其教师文化观进行了客观的评价（2005）；翟莉从师生关系视角对教师文化的权威主义、效率主义和精英主义的负面影响的系列研究（2005—2008）；马玉宾、熊梅认为，课改背景下教师文化变革首当其冲，合作文化是教师文化发展的理想状态（2007）；姜勇，庞丽娟等认为，技术取向教师教育课程忽视了教师精神成长，我们要注重教师文化养成，促进教师教育课程在关注"文化"、"伦理"和"智慧"等精神层面上的自主建构（2008）。

车丽娜、徐继存等近年来持续地关注了教师文化（教学文化）研究，他们以个案研究透视教师生存状态，探讨"教师文化的实然诊断与应然追求"，进行"教师文化功能的多维审视"。他们发现，我国教师群体中普遍存在着教育失败的外部归因、保守的价值取向、封闭及个人主义教学方式等一系列的问题，有必要在实然状态问题分析基础上提出应然追求。教师文化研究对于我国教育改革和教师成长具有重大意义。优秀的教师文化不仅具有人格塑造功能，还具有社会区隔功能、团体凝聚功能、学校民主管理功能和社会伦理发展功能。面对社会生活中价值混乱现象，教师应提升文化自觉，成为有自身价值关怀与专业意识的"人师"，有反思意识和批判精神的知识分子。

教师文化建设非一日之功，离不开价值的精神引领与制度的适当规约。陈彬、王亚铭以"我国当代优秀教师总体形象的多维透视"为题，运用内容分析的方法，以 2003 年至 2007 年间《人民教育》杂志"名师人生"

专栏中所报道的68位典型人物为样本，从生理形象、知识形象、学科形象、业绩形象、事迹形象等5个方面，对我国当代优秀教师的总体形象进行多维透视，结果显示当代优秀教师典型形象的总体特征是：中年教师在当代教师群体中地位日益突出；优秀教师的文化程度普遍提高，学历是评定优秀教师的必要条件之一；语数外主干学科的教师是优秀教师的主体；教师群体的"专业化"、"专家化"已经成为教师形象发展的主要趋势；当代优秀教师正试图向反思课改、勤奋科研方向发展（2009）。任其平认为，传统的教师培养模式容易与实践脱离，我们必须建构起符合教师专业发展规律的生态化培养模式，营造教师文化等（2010）。杨启亮先生近年来多次提到教师的文化责任、课程改革本土化、教师职业专业发展的几种水平和教师专业发展的几个基础性问题，呼吁人们关注教师的实际生存状态。这些意见对当前我国教师文化建设是大有裨益的。同时，有学者对于我国当前教师文化中存在的问题及其建构进行了探索（罗红艳，2005；张晓瑜，2005；赵复查，2005；郝明君、靳玉乐，2006）。

我们研究的集体，一如既往关注有关教育文化包括教师文化的研究。2006年吴玲、周元宽著《当代教师文化使命》，全方位讨论了教师文化使命问题；2006年葛金国著《校园文化：理论意蕴与实务运作》，以专门章节讨论教风和教师行为文化问题；2007年葛金国、吴玲、周元宽编著《课程改革与学校文化重建》，以专章讨论"教师群体文化的特性与使命"；2012年葛金国、吴玲编著出版《教师文化通论》——该书共分七章，分别为教师文化本体论、教师文化演进论、教师文化功能论、教师文化形式论、教师文化生态论、教师文化使命论、教师文化践履论，第一次以专著形式系统讨论了教师文化问题。

这段时间里，我国学者在许多方面进行了创造性探索，教师文化研究的内容逐渐丰富，领域不断拓宽，水平不断提升，本土化的理论研究与运用研究得到高度重视，既有对国外相关研究的引进、借鉴，也有自己的思考和实践。为我国今后深化教师文化研究奠定了基础。

回顾我国教师文化研究的历程，可以寻找到纵横两个线索。一是纵向发展线索。具体来说，我国对教师文化的初步探索，始于20世纪80年代，有关研究与当时的"文化热"密切联系。进入90年代，由于教育法制化和“教师专业化”要求,人们有意识地将教师文化放到专业化语境下进行研究。跨入新世纪,随着基础教育课程改革启动和高等教育大众化进程的推进,我国教师文化研究除了围绕一般性的内涵界定、特征解读外,更关注于研究教育改革新时期下教师文化与社会文化的互动,重视教师文化的转型、重塑——我国教师文化研究进入历史发展新阶段。二是横向互动线索。一方面,我国教师文化研究十分重视对国外成果的引进吸收,打开国门的中国教育界通过借鉴创成我国教师文化理论。随着研究的深入,我国的消化吸收能力不断增强,国外研究成果逐渐成为我国教师文化理论的有机组成部分;另一方面,作为一个具有悠久教师文化传统的国度,本土学者对教师文化的独立探索从来没有停止。“校园文化”概念的提出及其研究,就是具有中国特色的文化研究。

目前,我国教师文化研究,主要侧重在基础教育领域,高等教育和其他教育阶段与类型的直接研究还较少。多数研究以新一轮基础教育课程改革为背景,积极回应改革需要,为教师专业成长寻求精神支撑,丰富了教师发展的内涵。我国教师文化研究主要围绕以下方面展开:教师文化的含义与研究的意义,教师文化的特征,教师文化的类型,教师文化与其他群体文化的关系,教师文化研究的视角与方法,教师文化的建构与重塑。教师文化作为教师研究的一个组成部分,其研究空间日益广阔,重要性正在凸显,具有本土特色的研究引人关注。

仅就教师文化的含义而言,我国学者认为,教师文化是教师在教育教学活动中形成发展起来的价值观念和行为方式,它包括教师的信念、价值体系、行为模式三个层次,这三个层次的内容构成了教师文化的统一体①。这种从内容方面的教师文化探讨,有其自身的优势,但是也忽略了教师文化的外部影响力(尽管对于部分论者是有意识的选择)。周海玲在其研究中从文化社会学的视角出发,关注教师的日常活动,进而把教师文化界定为蕴藏在教师日常生活中的主体价值规范体系,是教师生活的意义(2005;2008)。车丽娜在其研究中,不仅运用“质的研究方法”关注教师的日常行为,在实然基础上谈应然,还运用了历史文献法挖掘教师文

① 周湘辉.如此集体备课,还是“革掉”好[N].中国教育报,2005-03-22(7).

化的历史轨迹,进而归纳和概括教师群体价值观(2007;2009;2010)。马玉宾结合已有研究,把教师文化界定为教师在教育教学活动中选择、形成与发展起来的自我意识、价值体系与行为规范,努力从互动的角度,寻找课程文化变革下教师文化的变迁与合作文化的重建,着重关注教师主体的价值选择性(2007)。总的来说,对教师文化的研究表现出了从职业文化向专业文化过渡的特点。

我们认为,不同的视角和侧重点,带来教师文化研究的多样化内涵。理解教师文化可以有多种视角:可以从组织文化的视角来考察教师的组织结构特征,可以从制度文化的视角来考察教师文化制度所体现的价值规制,也可以从群体文化的视角来考察特定群体价值取向所孕育的文化氛围及其对教师的影响。这些取决于我们如何看待文化和教师群体的属性。教师文化研究也有不同侧重点——或侧重教师文化的职业组织性,或侧重教师文化的专业规范性,或侧重教师文化的群体特质性。如过去,人们常说"教师职业奉献性"、"教师是权威"等观点时,是从教师职业特点入手讨论教师群体的工作特点和价值取向,其侧重点是教师职业文化;前些年开始,教师专业化日隆,从而促使人们注意从专业发展角度研究教师的专业行为及其规范,这就是以教师专业文化为侧重点;近年来,随着以人为本与和谐理念的深入人心,教师幸福诉求使人们开始注重从群体心理角度研究教师的成熟、成长和幸福,这就是以教师群体文化为侧重点。另外,传统教育学的研究还不够分化,教师文化研究往往附属于"教学文化"(或课程文化)研究——人们常常通过课堂教学中师生关系揭示制度赋予的教师文化内涵。

可见,就教师文化已有研究及其与教育改革关系而言,我们的研究离实际需要还存在不小距离和许多不足,尚需进一步加强。我们认为,教师文化研究要走向广泛和深入,就要洞察教育改革形势,开阔视野和思路,深入教师生活,进行田野观察,并提出切实文化建设途径。尤其是要充分调动教师主体的积极性,使之主动参与到文化建设中来,使之在新型教师文化熏陶下获得自身专业发展与生命质量提升。

第三节 教师发展的文化视野及其解读

一、教师发展需要文化视野

（一）文化的视野与教育改革的文化视野

“视野”是一个形象的表述，它表征的是基于某种价值取向在一定理念支配下的学术研究范式（方式方法）。所以，在学术研究中最多运用的是“学科视野”。而“文化视野”（“文化理念”、“文化批判”等）则是文化研究中运用最多的①。什么是“文化视野”？它有什么特性？体现在哪些方面？对我们思考校园文化问题具有什么意义？诸如此类的问题是我们展开校园文化讨论时需要有所回应的。我们认为，所谓“文化视野”，通常是指从历史文化或文化传统角度审视现实中的各类问题及其所体现的认知特征和研究范式。本书中的“文化视野”，就是把我们研究的对象视为“文化”，并用文化理念和文化学原理审视其背后的价值方面的原因，进而寻求整体解决问题的“文而化之”的策略。

在我们看来，“文化视野”，既是价值观，也是方法论。“文化永远是一个整体”。在某种特定场域下，“文化视野”常常可以分别并有机联系地表述为“多元价值性视野”（“多元性视野”、“价值性视野”）、“动态流变性视野”（“动态性视野”）、“冲突交融性视野”（“交融性视野”、“传播性视野”）、“族群生活性视野”（“族群性视野”、“本土性视野”、“生活性视野”）和“结构联系性视野”（“整体性视野”）等。“文化视野”的实质，从价值观上说，意味着承认多元价值的存在并实现价值审视；从方法论上说，意味着多样性整合并积极在“田野”实践中顺势而为。文化视野的这种界定要求我们，既要有把简单的问题“复杂化”的本领，又要有把复杂的问题“简单化”的本领；既要能够从全局的视野来审视个别的问题，又

① 与此相关，还有“文化理念”、“文化批判”被常用，其实它们是“文化视野”的反映。“文化理念”主要表征文化价值观，“文化批判”是文化研究的重要方法。

要能够认识到个别问题的全局性意义。前者意味着，我们要能够透过看似零乱而偶然的个别事项分析，发现其背后紧密联系的整体价值观；后者意味着，我们要能够通过紧密联系的整体价值观，来把握看似零乱而偶然的个别事项。文化的核心是价值，中介是思维定势或模式，外表是行为方式。"文化视野"的表征，就是树立多元、冲突和变迁的观念并采取整合的方法。

有比较才有鉴别。"文化视野"较之于"政治视野"、"经济视野"具有鲜明特性。"文化视野"的表征是：价值本位，强调多元整合，历史分析，大"同"而小"异"；焦点是差异的碰撞变迁，着力点集中于价值的优化内化；一般表现为争当主流才能享有主位，因而常常中庸和平，宽容兼顾，讲理而讲信；重视潜移默化，讲究时中权变，如水到渠成，和风细雨；凸显着价值，展现着品位，使人趋于中庸平和，感觉文明舒适。理想的社会文化状态是，生存的有学上，上学的受教化，受教的有操守，有操守的受尊重，受尊重的讲"斯文"（即追求和谐良序，责任使命，雅俗相济）。由于世界的整体联系性、动态变迁性和多样复杂性，"文化视野"具有了普遍意义。由于文化的整体而宏大，所以人们常常称之为"大文化视野"或"文化大视野"①。

"文化视野"凸显历史传统、现实情境以及对教育主体的人文关怀，把握利益格局、理解意识形态，关注价值取向，强调兼顾策略。

改革是人类进步的基本动力与一般模式，文化是社会生存的群体价值与常规状态。100 多年来的探索，是中国教育不断完善其现代体系的过程——依据其中主要矛盾的变化，可以划分为体系创建、规模扩张、质量提升三个基本阶段②。众所周知，改革是近 30 多年来中国的主流话语，教育改革也不例外——社会的变革必然引发教育的变革。就社会架构而言，政治、经济和文化构成了社会生活的三大基本领域。不同构成领域间的对立统一表现出种种社会矛盾的冲突。美国学者贝尔针对现代资本主

---

① 一段时间里，在我国不重视文化建设的思想非常突出。我们需要破除经济建设是"硬任务"，政治建设是"软任务"，文化建设是"虚任务"的思想误区，把文化发展列为事关中国特色现代化事业成败的真任务硬任务，抓紧抓好。全社会尤其是各级领导者要认识到，文化建设上的无所作为，与经济、政治建设上的无所作为一样不可原谅。"文化视野"正是重视文化并有所作为的思想和方法。

② 王本陆. 关于我国现代教育发展阶段问题的探讨[J]. 北京师范大学学报：社会科学版，2011(3).

义社会发展有一段精彩论述:“我把整个社会分解成经济-技术体系、政治与文化。它们之间并不相互一致,变化节奏亦不相同。它们各有自己的独特模式,并依次形成大相径庭的行为方式。正是这种领域间的冲突决定了社会的各种矛盾。”贝尔指出,在现代社会“经济、政治和文化三个领域各自拥有相互矛盾的轴心原则:掌管经济的是效益原则,决定政治的是平等原则,而引导文化的是自我实现原则”。经济、政治和文化三大领域服从各自领域不同的轴心原则,“各有不同的模式,按照不同节奏变化,并且由不同的,甚至相反方向的轴心原则加以调节”①。在贝尔看来,改革意味着统整三大领域的运行原则——使效率、平等、自我实现这三种基本价值作为中心原则支配社会的改革与发展。而新中国教育发展的历程,也清楚地反映了政治、经济、文化为中心的原则在教育领域的更替轨迹——“首先是政治教育范式向绩效主义范式的转换;其次是绩效主义范式向文化学范式的转换”②。

同样,在我们看来,政治、经济和文化作为强势价值,它们在教育上也是各有其轴心原则,映射后产生不同的教育诉求或话语。就新近它们在中国教育的主题而言,政治轴心原则的诉求或话语是“平等”,即如何实现教育公平;经济轴心原则的诉求或话语是“效率”,即如何提高教育效益(效率与质量);文化轴心原则的诉求或话语是“多元”,即如何促进学生自由和谐持续发展。

不同的教育诉求或话语常常互相角力,导致教育改革的矛盾重重。从整体上说,当今社会,政治民主化、经济全球化、文化多元化,社会急剧变革,各个领域都在寻求变革以顺应时代潮流。然而,政治领域的变革、经济领域的变革总是有所保留或有所顾忌——因为,经济变革常常受到资源的制约,政治变革常常受到现有体制因素的限制。于是“文化已变得至高无上了……文化已成为我们的文明中最具活力的成分”,成为“矛盾的主要方面”;文化领域的变革常常通行无阻,因为文化蕴含着“追求新颖和独创的主导性冲动”,是一种“对新事物永无休止的探索活动”,于

① 丹尼尔·贝尔.资本主义文化矛盾[M].北京:三联书店,1989:56,41,56.

② 刘献君.教育研究方法高级讲座[M].武汉:华中科技大学出版社,2010:33.

是,“文化领域就被赋予变革先导的功能”①。

我们认为,文化领域的变革,包括“教育改革的文化视野”,由于其潜隐和包容的特性,必然带动经济和政治领域的变革,进而推进整个社会的变革。可见,我们所以强调教育改革的“文化视野”,内在原因在于文化与教育密不可分的联系,在于“文化视野“对改革具有不以人意志为转移的深层制约。因此,现代教育本质上应该“多样综合”成为多元文化教育,而教育改革正是围绕着教育价值观构建并运行的;价值观正是联系形形色色教育文化事项的纽带和灵魂。见仁见智的改革意见,反映的是文化认同的危机,体现的是群体利益的分殊,折射的是价值多元的常态。

因此,新世纪中国的教育改革,可以更多地从文化领域入手,厘清人们的价值取向,并将其作为推进教育改革的基础和主流模式。这有助于教育回归本真,尤其有助于促使教育的自由多元与教育公平、教育效益的互动共生。

(二)文化的建设与管理:教师发展需要文化视野

文化,文明,这样的字眼,可以说从未远离人们的口头与笔端,而“文化建设”是一个中国式的概念,与中国的“精神文明建设”密切联系。我国传统的文化建设,是社会建设的一部分,属于狭义的文化的建设范畴,忽略了广义文化在建设事业中的基础地位。

文化建设无可避免地要关涉教育发展的战略问题。这是一个有关科学发展观及其内涵的问题。“文以载道”——文化从来就被寄托了更多、更深和更远的意义。尤其是植根于改革开放这三十多年的言说背景中,在教育改革遭遇瓶颈、久攻不克、亟须寻找突围路径之时,我们蓦然回首,文化包括教育领域所经历的种种遭遇,也许会是某种思路启示。即便是以惯常逻辑观之,教育经过数量、规模扩张以后,质量和公平问题自然走向前台。文化的理念及其作为将不仅仅是辅助的佐证,甚至必须扮演相辅相成的角色。那么,如何明确学校的发展战略?

第一,明确发展战略的内涵:战略是指重大的全局性长远性的谋划,

① 丹尼尔·贝尔.资本主义文化矛盾[M].北京:三联书店,1989:79.

包括创意、运筹、规划、决策以及组织实施等环节；发展战略就是对如何发展的谋划决策。第二，明确发展战略的指导思想（发展理念），以科学发展观为指导，以发展目标为依据，以提升教育服务竞争力为重心，以可持续发展为根本。第三，厘清教育发展战略的集成。其要点是，要注重校园基本建设、课程建设、师资队伍建设、校园文化建设、教科研、对外交流等等。第四，学校发展阶段的把握。大凡有三个阶段：第一阶段，规模、效益求生存——把学校做大；第二阶段，改革、创新促发展——把学校做强；第三阶段，质量、特色创品牌——把学校做精。

简而言之，就是做大、做强和做好。做大、做强和做好，不仅表明了三个时间阶段，还是三种不同品位。

明确学校的发展战略之后的任务是，如何寻找抓手推动活动和事业发展。这与管理科学发展尤其是组织文化理论的应运而生有关。在我们看来，"文化管理"是一种继科学管理之后发展而来的崭新的现代管理思想、管理学说和管理模式。它兴起于20世纪80年代，充分体现了以人为本的管理精神。它站在组织文化的高度，来实施对人与物的管理，以物质文化、制度文化为基础，以精神文化为内核，将被历史传统割裂开来的人的物质生活和精神生活统一于文化的管理之中，强调精神文化的力量和人的能动作用，依靠无形的文化力量形成行为准则、价值观念和道德规范，凝聚被管理者的归属感、积极性和创造性，引导他们为组织和社会的发展而努力，并通过各种渠道对社会文化的大环境发生作用。文化管理具有导向作用、激励作用、凝聚作用。不同的文化背景，会产生不同的教育形式。文化实现其规范功能的有效形式，是教育与管理，是通过教育管理成为变革的先导（在当前我国教育资源有限和体制机制限制的背景下，更多地从文化领域入手、运用文化视野来理解教育改革，其实质是实现教育向人的自由回归，通过教育培养和谐发展的公民来推动社会的发展）①。

① 我们认为，教育发展不仅需要锐意创新，也需要长期的积淀——这是一个将创新转化为主流、正统并沉淀为传统的过程。以文化视野审视教育改革，意味着我们同时要意识到：教育需要改革，也需要保守；教育的"保守性"既是社会存续的常态，也是教育自身发展的方式；要求我们极教育研究之"高明"，而道实践运作之"中庸"，从思想和行动两方面双管齐下，多元整合，文而化之。文化视野下的教育改革，体现了对文化主体及其传统的尊重，有利于调适时下急功近利的社会激进心态，以较小代价，持续地推动真正意义上的教育创新。参见葛金国. 文化视野中的教育改革[J]. 教育学报，2011(5).

同样,教师专业发展也需要"文化视野",学校文化建设需要教师的积极参与;教师文化研究需要以人为本(教师),创设良好的文化氛围;我国教育的持续发展,需要基于主体发展的文化建设,实施着眼于教师专业发展的文化管理。

(三)为教师文化发展创造宽松体制环境

"文化发展"与"文化建设",在我们的讨论中,它们基本上是同一个逻辑层面上的意义相近的范畴。"文化建设"与"精神文明建设"是同一思路,更多地体现"活动"、"事业"的管理的意向;"文化发展"与"教师专业发展"密切联系,更多地体现"主体"、"素质"的引领的意向。

那么,什么是发展? 什么是好的发展? 如何实现好的发展?"发展"是一个哲学名词,它是指事物由小到大、由低级到高级、由旧质到新质的变化过程。在人类领域,好的发展应当也必然是有目标方向的,是量变和质变的辩证统一。于是,发展包含四个含义:发展是一种变化(变化有两种,质变和量变);发展体现为一个过程;发展有价值取向并且符合社会价值取向;发展需要目标并且朝向预期目标。显然,教育领域的文化发展,无可避免地要关涉教育发展战略问题;也是一个有关科学发展观及其内涵的问题。科学发展观是一种以人为本,全面、协调、可持续的发展观。

以往10年,中国最大的进步之一是科学发展观的提出和确立。胡锦涛同志在谈到文化建设的方向时曾指出:"我们必须把发展社会主义先进文化放到十分突出的位置,着眼于提高人的素质、促进人的全面发展,加强思想道德建设,发展教育科学文化,培育有理想、有道德、有文化、有纪律的社会主义公民。"2011年秋天,中共十七届六中全会通过了《中共中央关于深化文化体制改革、推动社会主义文化大发展大繁荣若干重大问题的决定》。文化作为中央全会议题由决策层集中探讨并上升为国家战略,其政治意义备受关注。

毋庸讳言,长期以来,我国文化事业包括教育事业发展跟不上经济改革步子(一些在经济领域早被认清的某些计划式思路,并未真正从文化领域退场),所需直面的首先是"体制问题":中国是一个行政权力本位的国家,很多时候,说千道万还不如行政部门一纸"决定"来得干脆和有效;即便是文化体制改革序幕，人们也还是习惯由行政力量出面拉开——这本身就折射着我国文化包括教育体制长期以来的制度病灶——在此基础上展开容易触及并寻到文化生发与再造的核心。文化改革究竟怎么改？就是要革除那些长期束缚文化事业大发展的制度羁绊，对陈旧的管理思路与管理方式进行剔除——十七届六中全会公报明确地表示要“加快构建有利于文化发展的体制和机制”，这从侧面说明，目前在文化领域运转的体制机制存在弊病。社会主义的文化建设坚持以邓小平理论、“三个代表”重要思想和科学发展观为指导，这就决定了社会主义的校园文化建设，必然以培养高素质的社会主义事业的合格建设者和接班人为根本出发点和落脚点。

文化因自由创造而繁荣，德育因真诚示导而有效。就一般情形而言，文化创新或创造是一种低社会化、低组织化的行为，是某种沉浸在对人生意义孤独追索中的自我超越。优秀的文化成果，大都是一种不经意的创造，被创造的文化，只能是一些文化的包装和鼓噪。而文化的“宣传观”，事实上把文化视为随意使用的工具，矮化了文化的创新或创造本质和基本价值取向。在文化的生成机理中，文化的第一需要，不是也不可能是权力的提携和资本的包装，而是心灵的自由和价值的深厚——人为把文化划成某种工具和设置文化的生成单位的思维，挤压的是心灵自由。唯有如此，才能使改革不再“空转”流于形式，减少因改革而造成的心理期待成本和资源耗散。

于学校文化包括教师文化的建设而言，究竟是该更多侧重人为建设，还是更多偏向自我的生发？这不是一个简单的模式问题。我们认为，只有主要是基于自由生发而产生出的文化，才有需求并具备顽强生命力(起码是有存在的价值)。人们在“建设”层面的努力，所能够给予的，必须限制在环境培育与土壤优化的范畴内，这是文化改革和管理思路讨论的题中之意。为什么要管？管什么，不管什么，以及管理方式，并不是简单的权限争夺，它还涉及文化发展的路径：要把文化体制改革置于社会管理创新的范畴中，在多元文化和自由发展的前提之下，告别行政权力主导的旧有格局，更多地把选择和辨别的权利交还给教师，并学会尊重这些选择和辨别的权利。

有远见的文化改革，一定包含着对新生事物的宽容，脸谱化地"唱盛"或"唱衰"，从来都无助于文化的有益发展。大刀阔斧地推开文化体制改革，就意味着不仅要补欠账，而且要有勇气推陈出新、先走一步，为其他领域改革的进一步深化探索路径、积累经验。正如十七届六中全会公报中所说，文化引领时代风气之先，是最需要创新的领域。因此，尤需在文化领域倡导并建立"宽厚、宽容和宽松"的管理思路，充分发挥社会需求在其间的基础配置作用。从文化古国到文化大国，再到文化强国，我们还有很多的路要走。

二、本书关于"教师文化"概念的界定

定义规定着研究的方法论取向，是研究不可或缺的逻辑前提。因为，人们一般是通过定义来表征其本质的。对于教师文化究竟是什么，不同的学者有不同的回答。国内论者大多对教师文化按照文化含义的狭义、广义进行定义。

文化首先是一种观念存在。哈贝马斯从哲学的角度把文化视为"个人关于他们自己和他们周围世界所抱有的一整套主观意义"，"文化"描述的是某一群体所固有的性质或特性，它是一套相当稳定的、为人们所共有的、理所当然的假设，它是人们行动背后的信念、意义和价值观念。文化还是一种生活方式。克鲁克洪认为，文化是"某个人类群体独特的生活方式，他们整套的生存样式"，是社会成员通过学习从生活上获得的传统和生活方式，包括已成为模式的、重复的思想方法、感情和动作（即行为）。

根据经典文化人类学观点，本书将"文化"分为依次缩小的三个层次——三个层次的文化概念，各有其优越性和适用范围：整体性的文化概念适合研究部落、民族等整体生活方式，在此基础上考查其文化形成的原因；以意义符号作为文化的概念，适合研究价值规范等观念层面的事物对人生活的意义；第三个层面的文化概念，将作为社会规范价值体系的观念分离出去，只保留了主体价值规范体系。这一概念适合研究在社会与个体或群体价值规范体系发生冲突时，主体是如何进行价值选择或价值改造的，因此，这一概念更关注个体或群体在观念层面的主体力量。总的来

说,我国学者们在对教师文化讨论时,一致认为其核心是精神文化。为此,本书将教师文化主要定义在"主体价值体系"这一微观层面,适当讨论教师群体中所存在的意义符号。

我们关于"教师文化"的概念,初步界定如下:

所谓教师文化,就是教师作为特定社会职业群体所具有的价值观念和行为方式。价值观念主要体现在教师"身份"文化中,行为方式则主要表现在教师"形象"文化、交往文化中。作为教师群体的文化积淀和生成,教师文化是教师群体生存状态及生活方式的观念抽象,它通过有关教师的教育教学、学习培训、组织管理、人际交往,构建和传达教师文化的内容和个性。

教师文化具体表现在教师的价值取向(角色认同、职业意识、知识体系、教育理念与信念)、思维定势(职业习惯的思维方式)、情感倾向(体现职业态度)和行为方式(人际关系、行为作风)等方面(可视为四个"指标"),是支配教师思想行为的整体性因素。其中,价值取向和思维定势内隐于人心,无影无踪,居于核心地位,属于深层隐性文化,而情感倾向与行为方式发于外表,可观察可描述,属于表层显性文化。

对教师文化这样的界定和说明,既可以突出研究教师主体的价值选择或改造,又可以适当涉及教育观念对教师职业生活的意义;既可以突出教师文化的创建,又可以适当彰显教师群体的文化性格。而理解教师文化的概念,把握教师文化的内涵,要注意从多视角多层面进行。第一,注意从文化的结构性要素的角度理解教师文化;第二,注意从文化的内容与形式的角度理解教师文化;第三,注意从与社会文化互动的角度理解教师文化;第四,注意从主体价值及其选择的角度理解教师文化;第五,注意从与上下游文化比较中理解教师文化①。

思考题:

1. 什么是文化(文明)? 什么是学校文化(校园文化)? 理解"文化"概念的复杂性,分析比较各种不同的文化概念及其各自对文化理论与实

① 葛金国,吴玲. 教师文化通论[M]. 合肥:安徽大学出版社,2012:30-33.

践的影响。

2. 如何理解“教师”的涵义和实质？

3. 教师的文化性格体现在哪些方面？为什么说教师是“经验生成”与“文而化之”的产物？为什么说教师是一定社会（阶级或阶层）文化的代言人？怎样理解教师有基于“无限责任”的专业主义的文化倾向？

4. 国内外关于教师文化研究的概况如何？为什么说教师文化研究是应运而生？理解教师文化研究的背景和意义。

5.“文化视野”的本质和特征是什么？教育改革为何需要“文化视野”？从文化的建设与管理角度论证教师发展需要文化视野，尤其需要为教师文化发展创造宽松的体制环境的重要性。

参考文献：

1. 郑金洲. 教育文化学[M]. 北京：人民教育出版社，2000.

2. 赵中建. 学校文化[M]. 上海：华东师范大学出版社，2004.

3. 叶澜，等. 教师角色与教师发展新探[M]. 北京：教育科学出版社，2001.

4. 朱永新. 我的教育理想[M]. 桂林：漓江出版社，2009.

5. 葛金国. 校园文化建设导论[M]. 合肥：安徽大学出版社，2003.

6. 吴玲，周元宽. 当代教师文化使命[M]. 合肥：安徽人民出版社，2006.

7. 林崇德. 教育的智慧——写给中小学教师[M]. 北京：开明出版社，1999.

第二章 教师文化的要素形态

人是一种文化的存在，不仅生存于文化之中，创造着文化，同时也为文化所塑造。教师文化生态作为人类文化生态总体中的一部分，因其属人特性和生存形态，既有共相，又有自相——既具有人类文化生存的一般形貌，在本体的文化生存上具有适应性，又具有超越性的追求，体现了特定群体文化的生存个性。本章"教师文化形式论"，我们力图在教师文化要素分析的基础上，通过对教师文化的形态与质态、样式与类型等层面的考察呈现研究的思路，揭示教师群体的文化生存共相。

第一节 教师文化的要素分析

也许人们会发现，文化学者总是孜孜以求地划分文化结构。这是因为，他们希望通过探寻文化所蕴含的要素，并以此进行文化的解释与重建。事实上，对于文化这么复杂的对象来说，任何一种划分都难免遗漏和交叉，因而在划分文化结构同时，也需要以一种反向的视角——通过要素分析来把握文化。所谓教师文化的要素，就是教师文化实现不可或缺的因素，是产生教师文化"结构性问题"的内在的"基因"。深刻认识教师文化要素，是概括教师文化的特征、功能，进而进行教师文化建设的基础。

一、教师文化的主体

什么是主体？主体在哲学上就是指活动者。作为教师文化的直接继承者、建设者、创造者和反映者，教师文化主体问题，关涉"何人为师"与"何人是师"，直接影响到教师文化的性质和功能。

谁是教师文化的主体？这实际上关涉教师文化主体的范围。对此，

过去，还没有人清晰地提出这个问题。但事实上这个问题一直存在某种分歧。有人主张，教师文化就是学校中以教学为职责的“教员”文化，只有教员才是教师文化的主体；有人主张，教师是学校教职员工的统称，因此，教师文化的主体是所有的教育工作者；有人主张，教师文化就是教风，因而只有教师才是教师文化的主体。以上主张各有道理，之所以有此分歧，主要在于“教师”的广义和狭义。应该说，其中任何一种理解，都有其适用的时空和情境，只要不要用错了时空和情境就行了，而在理论上保持逻辑连贯性和自洽就够了。

在教师文化活动基本要素中，主体作为其中的能动因素，其素质和有机构成直接决定着教师文化的性质、水平以及活动方式的选择，他们是推动教师文化传播、变迁和整合的直接动力。教师文化主体同时也是教师文化客体的组成部分之一：当他们在教师文化建设过程中发挥积极主动作用时，他们是主体；当他们成为教师文化结构中特定的研究和作用对象时，他们是客体。在特定意义上，教师文化主体是教师文化客体中具有主观能动性的组成部分。但是，各种教师文化主体由于其自身条件的不同，他们带来影响的方式和程度是有区别的。教员即专职教学人员，是教师中的最大群体、最重要群体和核心。作为专职教学人员，他们的基本任务是教书育人，他们闻道在先、术有专攻，社会要求以及教育对社会文化的检释主要并具体地由教学人员来落实，他们在教师文化活动中具有指标意义。

从社会层面上说，教师文化主体还是各级各类教师组成的集合体。由于这些教师具有不同的年龄、学历、专业、阅历，来自不同阶层，因而他们在文化倾向上有一定差异。因此，要建设满足各方面需求和适应时代要求的教师文化，必须从改善教师队伍结构、提升教师自身素质入手。

此外，与教师群体具有各种直接间接关系的群体，如学校领导者、学校职员、后勤职工，家长甚至学生等，都对教师文化产生着不同程度的影响。那些给教师及其工作以各方面直接关心的群体或个人——如校外辅导员、捐资捐书者、家长委员会、社区委员会、协作单位等，也给教师文化以不同程度的影响。在日益市场化、信息化和开放化的今天，对这些影响教师文化的主体，应当给以更多的关注。这一情况在个人捐资、私人办学、特意命名的学校表现尤为突出。这表明了当代教师文化的开放性。

当教师的五个理由

理由一:价值重要声誉高(国家、社会、家庭都需要,职业声誉历来较高,战时乱时可能例外);

理由二:福利待遇有保障(已接近以至达到社会中等收入水平,职业风险小,劳动安全有保障);

理由三:工作安定自由多(环境相对安定,有工作处置权,假期假日固定,体育锻炼,半值班,能闲暇安排);

理由四:知识为伍感童真(方便丰富知识和自我修为,为人处世求真、为善、趋美,常积德,身心和谐);

理由五:教子优越学成高(自我发展较多自主和自控,能亲自辅导子女或亲友,有利于他们的教育,桃李遍布,容易感受幸福)。

与社会中其他职业,尤其是与"三师一员"(即医师、律师、工程师、公务员)比较,教师是最为和谐健康的职业,教师职业与积极的人生体验和自我修为相一致。当然,教师也需要努力修为、体悟和提升。

二、教师文化活动的环境

环境是主体实践活动的各种背景条件的总和。教师文化活动也有自己的环境,它主要包括校园物质环境、人际关系环境、制度规范环境和文化历史环境。关涉"何境为师"即何时何地为师的问题。

物质环境用中国术语表达,属于"器物"层次,如教师文化活动的主要场所、手段,主要反映教师与自然物质的关系性质和水平(如是否和谐相处)。教师人际关系环境是相关主体相互交往作用而形成的,它是一种动态的场环境。教师人际关系既简单又复杂:说其简单,是说教师与纯真的学生为伍,是说与具有较高素质的"文化人"为同事;说其复杂,是说教师与最为复杂的"人"打交道,是说教育工作的复杂性和创新性。教师的人际关系，主要发生在与学校领导、教师之间、师生之间。在开放的社会环境下，教师人际关系实际上已超越校园的空间制约（如校园网和其他虚拟空间）。人际交往接触，对于教师身心状况和积极性的发挥有着重要的影响。

制度规范环境是指各种影响教师文化活动的法规和习俗的存在。教师的思想行为同样有着某种"路径依赖"。教师文化历史环境主要是指某一国家、地区和学校历史文化传统的积淀及其对教师文化活动的影响。对于教师文化环境的诸环境因素，本书有关部分将展开阐述。

三、教师文化活动的手段、方法和途径

教师文化活动的手段、方法和途径密切联系，关涉"何以为师"的问题。

教师文化活动手段，是指文化活动的技术性方式。它大体可分为物质性技术手段和非物质性技术手段。前者是指各种教学科研的材料和设备，后者则是指非物质的语言、情感等。文化手段是文化活动得以进行的基本条件，始终处于不断更新过程中。不同时代、不同国度、不同民族、不同场域的教师在文化活动手段上存在很大差异：从简单的口耳相传到"全副武装"，从直面的传统课堂教学到网络的多媒体教学，不一而足。

教师文化活动方法是各种技术手段的组合方式。它可以分为实验的和非实验的方法。前者主要是物质技术手段与非物质技术手段的有机结合，如教师制作教具、教师服饰等；后者则主要是非物质技术手段的组合，如教师教育教学、人际交往等。

教师文化活动在手段和方法上，较之于社会文化系统以及其他亚文化系统，具有极大的便利和优势。因为，学校毕竟是文化之所，人文荟萃，有专业的人员。但从我国现阶段教师文化活动开展的实际看，在我国教育投入还相对不足的社会背景下，在物质条件受到很大限制的中小学，尤其是广大普通学校、农村学校，应当强调非物质性手段和非实验方法的运用。事实上，教师文化作为一种文化创造和反映过程，是两种手段和两种方法综合起作用的，在文化活动过程中，教师可以根据具体活动的性质和条件而有所侧重。"大学者，非有大楼之谓也，有大师之谓也。"显然，物

质与精神在教师主观能动性下，是可以有效组合并在一定条件下相互转化的。

教师文化活动的途径，是教师与教师文化活动手段、方法在特定环境下的结合。由于教师具体教育教学任务的不同，决定了教师文化活动途径的选择受到一定限制。各种组合的结果，使教师文化的基本途径主要有：课堂教学、课外活动指导、班主任工作、教科研活动、同仁共事、研究学习以及对外人际交往、文体娱乐以及校外交流（家校、社区等）等方面，其关系见图2－1“教师文化活动途径示意图”。

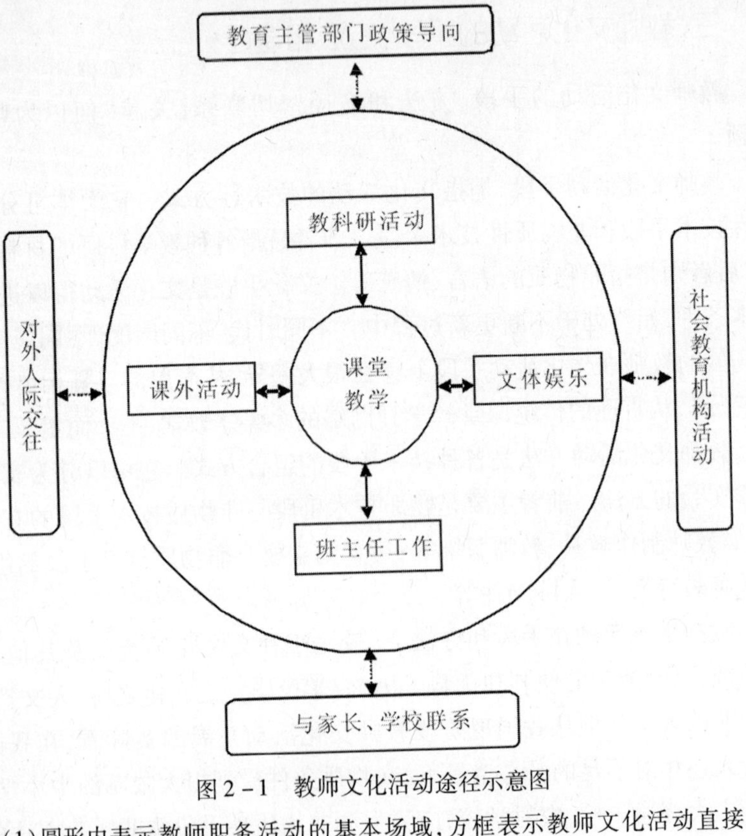

图2－1 教师文化活动途径示意图

（1）圆形内表示教师职务活动的基本场域，方框表示教师文化活动直接所达区域。

（2）箭头表示教师文化行为所向，其中“教育教学”职务的履行是合法中介。

（3）实线、虚线表示相互间的关系性质和作用强度。

需要指出，以上各种途径都有发挥自身功能的特定方式。其中，圆形内各种途径，尤其是课堂教学途径，是教师文化赖以存在并区别于其他亚文化（如专职班主任、辅导员、科研员、教工、领导等）的主要方面，在此领域进行的文化活动，构成整个教师的基本职责和文化活动的"双核心"。对此别人也许有不同观点，但那主要是对教师涵义理解带来的。我们如此强调，并非在此为专业从事教学的教师摆功论要，更没有简单认为课堂教学唯一的意思，而是强调从事直接教学工作对教师文化的重要性，是从教师文化的历史现实和运行规律而言的。否则，就会淡化教师文化特质——可能使教师文化滑向行政（校长）文化、职工文化、学生文化、政治文化等其他亚文化系统。

"大楼"、"大师"与"明师"、"高徒"

"大楼"与"大师"之说，语出已故清华大学校长梅贻琦1931年的就职演说。其中说："一个大学之所以为大学，全在于有没有好教授。孟子说：所谓故国者，非谓有乔木之谓也，有世臣之谓也。我现在可以仿照说：所谓大学者，非谓有大楼之谓也，有大师之谓也。"

梅先生此语，正中时弊，即使到今天，也不失为警钟。时下，由于教育管理（行政指令、计划指标）以及评价机制等方面因素，在不少人，包括教师、校长和社会公众眼中，所谓"名校"，一是看"名头"是不是响亮，如是不是"985"、"211"或"×级示范校"、"×星级学校"；二是看"生源"来自何处，如"提前批次"、"一本、二本……"、"省重线"；三是"大楼"是不是高大气派，如有多少设施设备、全封闭管理、24小时热水；四是看"广告"是不是上层次够烈度，如获得了"×赛"奖励、某媒体报道了某校，等等。就是很少有人问，××学校有什么教师，这些教师有什么特色和建树（即使讲到教师，也是说有多少硕士、博士、教授、高级、特级教师）。

为此，我们似乎也可以仿照说，"所谓名师者，非谓有大名之谓也，有大爱（智慧）之谓也。"同样，"所谓'名师出高徒'应该改为'明师出高徒',非谓有名气之名也,明白之明也。"

欲出高徒,要有大师;名师要明,植根智慧。

欲达如此境界,需要教育智慧提升和教师文化的熏陶,从价值观、制度和物质等层面多管齐下。

四、教师文化活动的对象和成果

对于文化来说,它的活动的对象和成果,常常是合二为一的。这对于以人为主要对象的工作,更是如此。教师文化活动的对象是学生,成果还是学生(包括毕业生),是多质性与多层次性的统一:昨天的学生是没有学过某种知识技能的学生,今天的学生是已经学过某种知识技能的学生;昨天的学生是知之不多的学生,今天的学生是知之较多的学生;昨天的学生是知识能力分离的学生,今天的学生是知识能力结合并能够运用的学生;昨天的学生是一年级的学生,今天的学生是二年级的学生……教师工作的绩效,往往就是在这样的对象成果合一中实现的。

具体而言,教师文化活动的对象和成果,可以大体分为对象性文化和主体性文化两个方面。前者主要是物质形态的文化,后者主要是主体素质文化。从性质上,教师文化活动对象和成果,主要体现为智力文化、价值文化和个性文化等三种文化样式(教师文化活动的结果,也可从载体上体现,其中包括文化活动的主体教师本身的改变,也包括教师文化活动客体学生、社会文化的改变)。所谓智力文化,是与知识掌握、智力发展有关的教学科研等文化活动及其成果。智力文化活动是教师文化活动的基础和重要特色。所谓价值文化,是与教师文化主体思想品质形成有关的教育(传道、解惑等)、自我教育活动及其成果。价值文化活动决定着教师文化活动的性质和方向。所谓个性文化,是与形成教师文化主体人格有关的文化活动及其成果。个性的和谐发展是教师文化活动所追求的核心目标之一。从文化样态上,教师文化表现为器物表征、制度规范和精神意象三个层面。正是因为教师文化的多质性和多层次性,才使得教师文化如此丰富多彩,才使得校园恰如一块磁石,吸引万千青年来这里求学,才使得无数教师甘于清贫,"蜡烛成灰泪始干","献了今生献来生"。

显然,对于教育普及时代的每个个体来说,拥有一段美好的校园生活，是难忘的；碰到一个好老师，是幸福的。而对于以育人为职责的每个教师来说，我们每天从事教学，是必需的；碰到一个好学生，是快乐的；碰到一个好同事，是愉悦的；身处一个好学校，是幸运的——因为，它们作为教师文化，是我们永远的“社会印记”。

“文化永远是某种整体”，“文化动一发而系全身”。多质态文化之间，是相互联系、相互渗透、相互贯通的。作为一个整体，一种质态文化的改变，必然或多或少地受到其他质态文化的制约并反作用于其他质态文化以至教师文化的整体。这是我们关于“教师文化结构性要素分析”的基本观点。

第二节　教师文化的形态

学界基本形成共识，文化从状态和性质上，表现为物质文化、制度文化和精神文化（简称形态或质态论）。教师文化通过物质表征、制度载体、精神意象，从社会发展和个体需要出发，使人获得理性、情感和诗性的发展，最终成为既能认识自然、社会，又能尊重他人、创造生活，善于实现自我的完善个体。我们认为，教师文化的形态是从形态和行为方面研究文化。教师行为文化，作为一种职业性群体文化的外在化，是相对于校园其他文化主体（如学生行为文化等）而言的。作为教师文化的显性表征，教师行为文化是教师文化中显性的活的文化，具有示范性、纯正性、清高性、自控性等特点①。

一、教师文化的形态

（一）教师文化的器物表征

“器物”是一个中国哲学范畴，它表现了具象的物质，是教师文化的物质性表征。物质是不依赖于人的意识并能为人的意识所反映的客观实在。所谓教师文化的物质性表征，它是教师文化主体曾经和正在作用于

① 葛金国. 校园文化：理论意蕴与实务运作[M]. 合肥：安徽大学出版社，2006：138.

其上的一切物质对象,是人们通过感官可以感受的一切物质性对象的总和。主要指作为教师工作载体、对象和成果的校园的“人化自然”、设施、设备、仪器、教具、自编教材、教师服饰等,它们提供了广大教师生存发展的可能性。以最有教师文化物质性表征性质的教具为例。教具是教学时用来讲解说明某事物的模型、实物(戒尺、教鞭、黑板、粉笔等)、图表、幻灯等。教具作为教学活动不可缺少的器材,可分为实物教具和复制品教具。具体有,来自自然界的标本或样品:如,用于科技教育活动中的生物标本、矿物标本、化石、岩石及珍稀动物样品等。还有标本的仿制品和模型:有些标本十分珍贵(如北京猿人头盖骨化石),不宜到处传播,于是人们制作了各种仿制品以及模型,用以传播科技信息。又如,人体解剖模型,航、海、车的模型等。教具还可以分成演示用和实习操作用的两种。教具具有直观性、典型性和教学研究性的特点。

与制度载体、精神意象比较,物质表征是一个与“文明”尤其是与“物质文明”密切联系的概念,具有物质性、基础性和直感性的特点。物质表征作为物化的教师文化形态和外壳,既是学校物质文明建设的基础和成果,又是学校精神文明建设的载体和反映,体现着一定的价值目标、审美意向等,是富有内涵的环境。作为教师文化中的有形部分,器物是看得见、摸得着的文化形态。从教师文化诸形态的内部结构来看,物质性表征从最显在的意义上,映照着整个教师文化的历史积淀、时代特征和地域风格,折射着教师主体的价值倾向和审美意向,是教师文化的制度和精神意象存在的基础。依据不同的标准,可以将教师文化的物质表征进行不同分类。如根据其稳定性,可分为流动型和稳定型;根据其功能作用,可分为实用型、观赏型和激励型;根据其历史价值,可分为历史型和非历史型。物质表征整建的目标,就是要实现“此时无声胜有声”,成为流动的文化。

对教师文化的器物即物质性表征的研究,其根本目的是在充分认识物质文化的组成与功能的基础上,更好地创建优良的教师物质文化。但是,人们对于教师文化的物质性表征所具有的独特作用,还没有引起注意。甚至还有人以为,作为群体文化的教师文化是没有或无需讨论它的物质性表征的。我们认为,这至少是简单化的。可以从三个层面,来理解教师文化物质性表征的功能:一是,寄托标志功能。从深层来看,在环境知觉的导引下，人在特定空间进行实践活动，作为物质依托的物体与人慢慢发生一体化联系。如“教鞭”，它现在已不是旧时体罚学生的戒尺，只供教师讲课指示板书、图片之用，有时还指代教育教学工作，说某某教师接过某某教师手中的教鞭。又如有的老师，向别人自谦地介绍自己的工作，“我是吃粉笔灰的”，“我是孩子王”等，于是，这些具象性的物质，就成为某种“意义”的标志和精神依托。二是审美创造功能。某些教具作为物质文化，如，教师身着校服，就不仅是某种意义标志，还体现了一定时期大众的审美追求，是教师审美创造力的体现。三是“无意识”激励功能。“物质”虽不能用直接对话的方式向人们传递信息，但它却会以独特的方式展示它的作用，如幼儿园老师常用的“小红花”，又如教师佩戴校徽，不仅是一种自警提醒和身份标志，还体现了“教书育人”和“文以载道”的意涵。

教师文化的器物即物质性表征的创设，应集科学性、思想性和艺术性于一体，讲究夯实基础、注重品位和形成特色的思路，既有整体的统筹安排，又注重局部的精雕细刻，让每一处物质表征都起到潜移默化的熏陶作用。

(二)教师文化的制度载体

任何一种制度的产生，无论是自发的还是有意设计的，都可以认为是反映了某些文化的轨迹或需求。现代学校的组织管理，主要是以马克斯·韦伯科层制管理为主导形式，规章制度表现出较强规约特征。教师文化的制度载体，就是教师们习以为常并在实际运行的“文化”中体现出来的规范。教师职业生活中的传统、仪式和规章，是最基本和典型的教师文化的制度载体。① 作为教师文化系统中最具稳定性的因素，教师文化的制度载体是教师文化活动得以有效进行的保证，发挥着制度规训的作用，它集中体现在教学教研制度、师生关系制度、教师选任制度、教师评价制度、教师职业仪礼制度(如教师节、教师誓词)等方面。教师文化的制度建设的目标是，在人文关怀、规范操作等先进理念指导下，从规约与后

① 要适当加以说明的是所谓“制度”与“制度载体”。我们认为，二者的关系是“二而一”和“一而二”的关系：当你认为制度与制度的价值指向同一的时候，二者是合二为一的；当你认为制度仅仅是价值指向的形式(其实未见得等于这种价值)的时候，二者是各有分殊的。文化的灵魂始终是价值观。在一般情形下，人们无须执着于所谓“制度”与“制度载体”的分殊。

顾的管理模式转到激励与前瞻的方向上来，努力通过制度规范的完善，形成与我国社会倡导的相应的民主科学、积极创新、自由包容的新教师文化制度载体，构建激励广大教师终身学习、热爱学校，工作学习充分体现自觉性、研究性、创新性的有效运行机制。

"制度乃是文化分析的真正单元"。制度的实质是基于行为规范进而实现对行为的规范。不同的出发点，会有不同的规定，从而形成不同的规范。教师文化的制度载体受到政治、经济、文化传统、学校规模等多种因素的影响，是一个随时代变化的范畴。比如，近现代，西方学校在行为规定上比较尊重个性，强调灵活，认为自由的环境有利于师生的发展；而东方学校中则提倡群体主义，比较强调管束，认为"严师出高徒"，严格的环境更有利于师生的成长。这体现了东西方不同的价值取向和文化背景。当然，不同教师群体，如班主任与科任教师的制度载体，所关涉的领域及其重点是有所不同的。从根本上说，它是教师职业活动的产物，其作用在于调整教师群体的内外部人员的关系，目的是使职业活动有序运行，高效低耗。

教师文化的制度载体，可从不同角度分类。根据正式程度可划分为正式的制度载体和非正式的制度载体；根据注重激励还是约束可分为开放型和内敛型制度载体；按照来源划分有来自群体外部和内部两个方面。一般来说，来自权力机关的，如《教师法》、《中小学班主任工作条例》等，具有普遍性、强制性；教师群体自行制定的，如教师工会的规定、倡议等，更多的是依据实际状况而制定，具有较强针对性；大量的非正式制度则以填补正式制度的空白点、弥补正式制度的不足、甚至代替一些正式制度的方式而发挥着正式制度不可替代的作用。随着社会文化发展和教育体制改革，教师文化的制度载体的来源也在发生变化。一方面，教师文化更具开放性，要顺应社会压力，即法制和道德规范的变化要求；另一方面，教师文化更具自主性，教师自身专业组织将发挥更大作用，要反映教师本身的各方面诉求。

与物质表征、精神意象比较，制度载体具有鲜明特性，主要体现为定型化、普遍性和持续性。教师文化制度载体大多是群体价值观的体现，覆盖面较大，一旦形成，本身具有惯性，人的心理就会产生预期，产生持续影响。否则，教师思想就会产生混乱，行为无所适从。那些为实践活动所证明的优秀制度载体，往往不因时空转换、人员变动而废除。

有游戏，就要有游戏规则，有游戏规则，就必然有某种强制性。教师文化的制度载体的功能，也可以从不同角度进行分类。我们从其作用性质角度探讨，认为教师文化的制度载体具有表征进而具有导向、约束、激励、整合、教育和社会化功能。需要特别指出的是，教师文化的制度载体同样可能产生某种负面功能。大量的、繁琐的制度往往是建立在约束、抑制文化主体基础上的。制度本身蕴含丰富的教育意义，好的制度是重要的教育资源，可以增强教师权利意识、自主意识、责任意识，从而提高发展人的层次，塑造健康和谐的教师人格。相反，坏的制度是教师身心发展的牢笼，使人的批判意识、独立意识、探究精神受到压制，摧残创造性。教师文化的制度载体功能的大小和性质，取决于它合理性、合目的性的程度，它不能仅仅从群众中自发产生，也需要有目的有意识地去进行整体设计——需要富有善性、智慧，有意识地进行设计和培育。学校是培养人的地方，我们在设计和实施教师文化的制度载体时，也理应把"以人为本"和教育性作为指导思想，并把它作为我们发现、界定、思考与解决学校一切问题的出发点，综合考虑发展性、民主性、可行性和开放性的诉求。其中的焦点，是教师与教师之间的关系，这一关系的主体是教师"自己"。

教师文化的制度载体，不是一朝一夕形成的，同样，它也不宜瞬间推倒重来。这是由教师文化的制度载体本身的地位和特性所决定的。教师文化制度再造是一个创新过程：教师文化的制度载体发展的过去、现在和未来是密切相连的，制度载体的历史决定了未来创新的可能性。对此，1993年诺贝尔经济学奖得主道格拉斯·C·诺斯所发展和完善的"路径依赖"理论，对我们研究教师文化的制度载体再造，颇有启发意义。例如，"建立中国教师誓词"的倡议及其引发的讨论，已经引起了广泛关注。我们认为，教师誓词应揭示教师劳动的主体性价值，现在应当讨论的问题不是要不要的问题，而是建立什么样的誓词（包括从业宣誓仪式）的问题。

（三）教师文化的精神意象

识者周知，文化的实质，是特定群体所共有共享的价值和意义体系，而精神意象是文化的灵魂。真正影响我们生活的,并不是器物、行为规则本身,而是器物、规则背后的价值和意义。教师文化的精神意象的核心是价值观,主要体现为教师文化的传统、校风、人际关系、心理氛围等。学校物质环境、器物表征、教师群体的组织制度和行为方式,都在一定程度上反映了教师文化的精神意象;而精神意象又通过教师主体,影响着学校其他文化的建设。与器物表征相比,精神意象的内容和发挥其功用的方式均是精神的;而器物表征、制度载体、行为文化等,实质上都是在以不同形式体现人的思想和精神创造。精神意象是深层的,内在的,是教师文化的灵魂。学校精神是教师文化精神意象的依据,校风是教师文化精神意象的外在反映。教师文化的理想状态,是建设和实现具有个体性、合作性、生命性与发展性的精神意象,从而形成和谐向上、崇尚一流的精神氛围,最大程度地调动全体教师的积极性①。

与教师文化器物表征、制度载体相比,教师文化的精神意象有三方面特点。一是积沉性。教师文化的精神意象是教师在长期的职业发展中逐渐形成的,代代相传,不断地丰富发展,成为教师群体共同的价值观和行为准则,并逐渐维系、巩固和规范。教师文化的精神意象的积沉性,植根于人类文化的继承性,植根于精神意象变迁的相对稳定性。它悄然沉积于文化共同体的集体无意识之中,进入人们的精神—心理结构,“水滴石穿”、“随风潜入夜”,具有化民成俗的品格。二是隐渗性。教师文化的精神意象所创设的那种潜伏的、弥漫于整个教师群体并凸现风范的精神氛围,使置身其中的人无需繁琐说教,便会自然感到心灵的净化和情感的熏陶。这种渗透性影响具有“桃李不言,下自成蹊”之妙:整洁的地面比“禁止吐痰”的警示牌有效得多;幽静的阅览室比“禁止喧哗”的规则有效得多……浓郁的学习氛围,整齐的学校环境无不在传递一个信息、一个规则,以劝喻、示范的方式作用于受教育者的方方面面,默默发挥着它的巨大的规范功能。与此同时,学校人文景观则犹如一种无形的精神感召——静置于厦大校园内的鲁迅塑像,表现了伟大学者心系国家天下事

① 李清臣.教师精神文化:涵义、价值取向与建设策略[J].河北师范大学学报:教育科学版,2010(2).

的浩然正气，也在大学生心中树立了振奋民族精神的丰碑；矗立于安徽师大教学楼前的陶行知塑像，跃然于师生心中的是“捧着一颗心来，不带半根草去”的人民教育家的伟大师魂……教师文化的精神意象的传统，以其特有的内在潜力激发着后人们奋发前行，有的甚至成了一个学校的精神支柱。三是持久性。文化发展具有明显的继承性。人的价值观的形成和转变需要经历一个过程和长期不懈的努力，其中，正确的价值观一旦形成，又往往会持续稳定地对人的思想行为产生积极影响。同样，教师文化的精神意象作为教师团体的精神，体现着一种高尚的“品位”，它以一种潜移默化的形式，对教师精神世界产生久远影响，这种影响或许是缓慢的、不经意的，但却能均匀地影响教师的精神世界；它一旦形成，就会持久地存续下去。

教师文化的精神意象，可以从多方面进行分类。我们认为，从学校主体素质的角度，教师文化的精神意象大体可分为，智能型知识文化、素质型心理文化、情感型审美文化和意识型观念文化四大类，集中体现为教师信念，凝聚和表现为教师职业的思维定势。从文化哲学的层面来看，教师的思维理应属于非日常思维而具有理性、自为性、开放性等特性。由于受传统文化的制约、作为普通人与作为教师的内在冲突等各方面的原因，教师的思维，很容易由非日常思维异化为日常思维。实现教师思维的超越，内在方面要通过教师自身的文化反思，外在方面则要对教师进行文化启蒙与加强制度规范①。

纵观各大名校，各有不同的教师文化特质，而这不同的教师文化特质，恰恰就是他们推进学校发展的关键因素和制胜武器。作为一般学校及其管理者，我们手中拥有的资源相对有限，但“干什么，像什么”，是教师职业精神的基本要求。这意味着营造切实、可行、有利于教师可持续发展的精神文化，是摆在每个文化管理者面前的重要课题。

二、教师学习文化：作为“学人”的教师学习行为

教师的学习是一个既古老又新鲜的话题。直到近前，在常人以常态

---

① 谌安荣. 论教师思维的异化及其超越路径——文化哲学视角[J]. 教师教育研究，2009(3).

逻辑看来,教师的基本职责和生存方式是教,而不是学。与其他社会成员一样,教师行为也包括学习行为、工作行为(即教育教学行为)、情爱行为和日常生活行为等。教师的成人角色,决定了他们的情爱行为、生活行为与社会其他成员的相关行为较少差异,又由于教育学科对教师工作行为已有了深入研究,因此,本书主要就过往较少注意、较具特色的学习行为进行讨论。重点探讨教师的学习行为,还因为当今时代已走入知识经济和终身学习时代,教师继续教育和终身学习的重要性前所未有地凸显出来。

古代的教师学习,主要以“自育”、“自修”和“自我成熟”为特征,而近代的教师学习,开始转向以“他育”即制度化培训为主。尽管受到激烈批判,国内外师范教育(教师教育),都不同程度存在着重职前轻职后的问题。而在职前职后教师教育中,教师日常自主学习也没有得到重视。由于只将正式教育视为学习,职场中教师也将自己当做教育者而不是学习者。职前师范教育以储备式学习为特征,职后继续教育以培训为主,实质是储备式学习的补充(俗称“充电”),真正学习意义上的教师学习隐没在教师教育培训中。

近年来,人们对教师作为一个专业人员已形成共识,而优秀教师称为“专家”似乎是理所当然的。其实,专家是指“对某一门类有专门研究的人或擅长某项技术的人”,教师所教,无论是作为小学教师还是作为大学教师,除了极少数的例外,都很难说专于“某一门”,也很难说擅长某项可衡量或可量化的“技术”,更多的似乎是“存乎一心”的艺术,因此,我们在角色上把教师定位成“学人”①。

---

① 这里的学人,就是广义的“学者”,指以自修自励为职守的言教身教相统一的专于教学的人。教师日常学习在当代重新兴起是时代的呼唤:这意味着教师将真正拥有学习日常化和工作学习化的态度;意味着教师的日常学习是自主性的学习——即从传统教师教育“要我学”转向“我要学”并落实到“我在学”;这意味着教师学习还是根据教学需要选择信息的过程。华东师范大学丁钢教授主编的《中国中小学教师专业发展状况调查与政策分析报告》中调查发现,教师工作之余有着丰富多彩的业余文化生活,其中以读书看报为教师最喜爱的休闲方式。教师在课余对人文社会的广泛关注有助于教师开阔眼界,培养人文关怀,对教育质量的提高和教育品位的提升具有深远的意义。参见丁钢.中国中小学教师专业发展状况调查与政策分析报告[M].上海:华东师范大学出版社,2010.

作为“学人”,教师的学习行为,主要应当表现在三个层面。一是宏观的“修学”(治身),如培德励志、修身养性、学术研究——学、问、思、辨、行。在儒家所开启和主导的中国思想传统看来,学、问、思、辨、行是包含着行的统一的过程,无行,学问思辨就不可能取得成效,也就无以达成“修齐治平”的目标。这部分最体现教师的“学人”气质。优秀的教师具有广博的学识,他们的学术研究视野广阔,注重人文,格调清纯。二是“治学”(治业),如明确目标、理解教材、钻研教法,进行行动研究等。前述所言之“专业化”的社会期望和职业要求主要体现于此。三是“行学”(治教),如课堂教学、课后辅导、批改作业、课外活动等。这是“学然后行”,教师是人类文化的使者,其“修治行教”水平如何,直接关系到教学质量的高低和学生的终身发展。从教师的学习行为看,“修学”是宏观的高屋建瓴,安人先修己;“治学”是中观的承上启下,未雨绸缪;“行学”是微观的格物致知,实事求是。

教师职业行为动机,以主体角色需要的达成为核心。教学是教师的特有行为,其工作成绩,主要是通过教学这个环节,以学生成绩的优劣来体现的。因此,教师的学习行为首先是以完成本职工作的需要为内驱力的。进一步分析,教师学习行为的动力源,是由多方面需要所组成,包括了自下而上的多层次需要。其中突出的是,求知的需要和自我实现的需要。多种需要交织在一起,从而导致了教师学习行为的发生。

与学生尤其是与大学生的学习行为相比,教师的学习行为表现出明显的特点。一是学习的自主性。在教学活动中,教师一般处于主动地位,由此决定了教师在治学和组织教学两环节上自主性都很强。二是治学能力较强。教师这个角色规定了他们相对于学生的主导地位,这就要求教学不但要传授学生一定的知识,而且要担负起培养学生自学能力的责任。对教师自身来说,学习能力的要求也就更高。三是学习富于创造性。教师不但是知识的传授者,而且是人类知识的开拓与创造者。只有不断开拓与创新,人类才能获得新知识,不断进步,学生也才能得到新知识。四是“教学相长”和“教学合一”。作为“天然”的学习型组织中的工作者,教学是当代教师的基本生存方式。它表明,教师的学习是一个边教边学伴随教学工作乃至职业生涯始终的过程。①

当今社会,科技进步,社会发展,价值多元。信息技术、教育普及和学术的平民化,使知识增长速率空前加大增快,时代的脚步总是飞奔向前,各种新的变化接踵而至,改革已经成为时代背景,这给教师学习提出了新挑战和更高要求。单纯的职前师范教育的储备远远不够,职后继续教育也难以满足需要,唯有日常学习成为教师基本生存方式,才能适应。教师不仅要以新方式对待学生的学习,更要以新方式对待自己的学习——这不仅是教师能否更新知识满足学生知识需求问题,还是教师能否给学生提供学习示范的问题。我们常常发现,教师所以有不同教学效果,未必取决于教师学问大小,甚至也不取决于他们是否讲深讲透,而在很大程度上与他们自身的学习相关,与他们对教学生活的兴趣和态度相关。教师自身兴趣广泛、爱学习、讲究教学艺术,这对学生的影响远超过学问本身。这正是教师必须继续接受再教育、必须形成终身学习、自主学习的生活方式的依据。

以中小学为例。我国基础教育由于"普九"和城乡义务教育免费,校舍更漂亮了,设施更现代化了,连教师的学历、职称也在迅猛提升。然而,令人困惑的是:当我们的老师夹着课本或背着"笔记本"走进课堂时,他们是不是做得出要求学生必须会做的题目?他们是不是能运用要求学生必须掌握的技术?诸如此类问题的产生,来自校长们的苦恼:还真有身为语文教师答不出我国第一部诗歌总集是什么,还真有身为英语老师写一篇百余字英语作文却错误连连,至于身为理科老师做不出教材或考卷上题目的现象屡见不鲜。"一轮优于一轮的教改蓝图、一年多于一年的政府教育投入,怎么结果还会有'做不出题目'的老师?""答案无非有三:一是个别老师自身业务不精、不思进取;二是有的教材或试卷上出的题目太偏

① 关于"教学相长",早在《学记》(是故学然后知不足,教然后知困。知不足然后能自反也,知困然后能自强也。故曰教学相长也。)就明确提出。"教学相长"通常有两个涵义:一是指师生之间互相学习,共同提高;二是指教师自身通过"教"和"学",使"教"和"学"两方面相互促进。这不仅是教学的崇高理想,也是师生关系的最高境界。参见陈桂生. 师道实话[M]. 上海:华东师范大学出版社,2004:199. 张强,郭孝文. 浅谈《学记》教师观[J]. 中国教师,2012(8):79-80.

太怪太难;三是上级教育部门对教师的业务培训没有抓到点子上。三者必有其一。"①

我们认为,教育改革对教师职场日常学习,提出了更高的要求。教师学习文化的创建任重而道远,其核心是重新认真体悟"教学相长"的意蕴和智慧。与此相应,人们对于教师发展的关注,应当由"教"教师转向教师的学习。套用《西游记》中"天上一天,地上一年"的话说,即"古代一年,现在一天";"三天不学习,赶不上少年"。古有"要做先生,先做学生"之说,现在仅此已不够了,是"要做先生,必做学生","一旦为师,终身学习"。身为教师,要体会圣贤"没有远虑,必有近忧"的教诲,增强"危机意识",自觉反思、自学图强。从而实现"学为人师,行为世范"的职业理想和社会期望。

三、教师的人际关系

"人之生,不能无群"。在人类社会中,人们依靠血缘、阶层、职业、年龄等归属于不同的群体。这些群体"既是一种社会现象,又是一种文化现象。"②其相互区别的依据之一就是,各自所属的文化结构及所具有的特征。所谓人际关系,是指社会成员之间通过交往而形成的感情关系,维系这种关系格局纽带的是双方感情,这种关系的最大特点是自由性和私人性③。人际交往作为人际关系的动态形式,是人们在一定态度的支配下,为了彼此传递思想、交换意见、表达情感等目的,运用语言、符号而实现相互沟通的活动。交往的实现是交往者、交往信息与载体、交往环境三要素相互作用的结果,具有信息传递、组织协同、个体保健和相互认知等功能。中国人尤其重视人际关系,重视人情关系即"面子"。在中国,一个人要想成大事,先要学会"做人"。而"做人",在中国人观念中是同人际关系联系的,人际关系好坏,往往决定他"做人"的好坏。

作为生活在现实社会中的人,教师必然会产生必要的人际交往。教

---

① 王蔚.教育质检先"检"谁?[N].新民晚报,2008-08-31(A2).转引自陈永明.教师社会地位:虚像还是实像[J].集美大学学报(教育科学版),2010(3).

② 司马云杰.文化社会学[M].济南:山东人民出版社.1987:297.

③ 乐国安.当前中国人际关系研究[M].天津:南开大学出版社.2002:47.

师人际交往的范围极其广泛，包括教师之间、教师与领导干部之间、师生之间、教师与职员之间、教师与家长之间、教师与其他相关人员之间等等。教师人际关系具有规范性、稳定性、散淡性和封闭性的特点。教师在人际交往中体现出来的价值观念，个人修养，交往技巧等构成了教师的交往文化。良好的人际关系，有利于调动教师工作学习积极性，有利于教师健康心态的形成，有利于巩固发展学校组织，有利于教育教学质量的提高。①

教师作为拥有广泛社会影响和信誉的职业，教师的人际关系引人关注，往往成为人们效仿议论的对象，这对于教师的自律和师表提出了高要求。目前，在我国中小学，教师之间人际关系的主要问题是疏离、淡漠：教师与领导干部之间人际关系的主要问题，是相互利用或敬而远之；教师与职员之间的主要问题，是"老死不相往来"；教师与家长之间人际关系的主要问题，是缺乏信任配合；教师与其他相关人员之间人际关系，还有待开拓。"君子之交淡如水"，教师要努力拥有积极健康而符合群体特征的人际关系文化：要反对那种相互利用的庸俗人际关系；反对那种尔虞我诈的官僚人际关系；反对那种文人相轻的士阶层人际关系；反对那种脱离现实坐井观天的狭隘人际关系。

师生关系是教师与学生以"传道、授业、解惑"等职责完成为中介而形成的人际关系。师生关系虽然可能不是教师人际关系的最重要方面，但它居于教师人际关系的核心地位。师生关系具有一般人际关系的共性，又有不同点。一是师生关系具有相对稳定性，中国古话甚至有"一日为师，终身为父"之说；二是师生关系具有较强的社会规定性，交往角色是由社会文化甚至法律预先规定的；三是师生关系具有教育性，由此决定了师生关系的"纯洁性"和高品位。良好的师生关系，是有效开展教学活动、完成教学任务的必要条件，有利于调动师生双方的积极性，形成生动活泼的教学气氛，提高教学信息传输的效率和速度，促进师生身心的健康发展。

在我国传统社会，曾经将教师与"天地君亲"并列。② 孔子被冠以"圣

① 我们认为，教师人际交往的对象广而不杂，目的相对单纯，特点鲜明。对于教师人际关系的复杂性，还需要进一步探讨。

② 《荀子·礼论》："天地者，生之本也；先祖者，类之本也；君师者，治之本也。无天地，恶出？无先祖，恶出？无君师，恶治？"

人”和“万世师表”的称号，表现了中国文化对教师价值的尊崇。“尊师重教”文化以普遍的社会心理，进而制度性导向，奠定了教师的权威地位。然而，这种“圣贤文化”为基础的教师权威，一旦内化为教师的主体人格，无疑进一步促进了教师心理的权威认同。假如这种权威被非理性利用，它可能呈现为他者的屈从或我者的张狂：在一些教师那里，他们把控制学生视为教育的前提，不少人心中以“学生怕我”而洋洋自得。这就使师生关系出现了异化。目前，我国教育实践尤其是中小学师生关系中，普遍存在着教师权威不当使用即宽严失当的问题（也有教师权威不足即威信扫地的问题），应当引起相关主体的高度重视。教育者应当有博大的胸襟。

怎样在与同事、亲属、朋友交往过程中，体现出良好修养——正直，热忱，高雅的形象，是教师文化研究中的一个常研常新的课题。近来，我们认为，从对教师职业幸福的影响来说，在教师人际关系中，教师与教师之间的人际关系最为重要。由此，也决定了教师人际关系文化的性质和形式。前者是就人际关系的作用是否发挥积极效果而言的，后者是指在该文化成员间的相互关系的类型和联系方式。加拿大学者哈格里夫斯，把教师文化的形式划分为个人主义文化、派别主义文化、人为合作文化和自然合作文化等四种类型，显然是基于教师之间的人际关系。我们认为，教师间人际关系改进的要义和理想目标是，由“文人相轻”转为“文人相助”，进而实现“文人相亲”。此一问题，我们在有关部分将进一步讨论。

“一日为师，终身为师”

中国历来就有“一日为师，终身为父”之说。此语虽然为人师所知，或者说过或者听过，或者既听过又说过，但不甚了解的，还真不少。似乎还有误读和误会（其中，就有人以为是为师者虚荣和爱占便宜）。

“一日为师，终身为父”，其语出于《太公家教》：“弟子事师，敬同于父，习其道也，学其言语。……忠臣无境外之交，弟子有束修之好。一日为师，终身为父。”学生侍奉老师，应像对待父亲一样恭敬，要践行老师所持之道德，还要学习老师说话方式……忠臣不应有境外私交，学生应有主动束修以上的敬意。

哪怕只当了你一天的老师,也要终身作为父亲那样敬重。引文从姜太公的《太公家教》节录,引自《鸣沙石室佚书·太公家教》。《太公家教》共收录580句,计2610字。全书以四言为主,始终贯穿"忠孝、仁爱、修身、勤学"的训诫。

传统上,人们常常以为,"一日为师,终身为父"只是表述教师地位之高,高到与"天、地、君、亲"并排——这种理解固然不错,也是《太公家教》的初始义。但是,这仅仅是其中涵义之一,并且更多的是表层涵义。现在,我把《礼记》的话("师也者,教之以事而喻诸德也")、韩愈的话("师者,所以传道授业解惑也")、夸美纽斯的话("教师是太阳底下最光辉的职业")和亚当斯的话("教师的影响是永恒的;无法估计他的影响会有多深远。"——A teacher affects eternity;he can never tell where his influence stops)放在一起,却开始体会到它的另一层意蕴,这是一层更深的意蕴。

习惯决定行为,性格决定命运。在我看来,"一日为师,终身为父",与其说它指称的是教师的地位之高,应当敬同于父,不如说它强调的是教师对人影响的深远,应防止误人子弟。因为,在中国文化中,父亲的社会角色是塑造子女的性格,而性格对子女影响是极为深远甚至是终生的。这种影响不仅是因为它有生物基因的留传,更重要的它是社会遗传即文化塑造对子女人格的持久影响。更为重要的是,这种比喻契合现代社会心理学对"父亲"的最新研究结论——父亲塑造性格,母亲涵养性情。

现代人要接受义务教育,不管你愿意不愿意,你都无法摆脱教师的影响。而不同的影响,在一定程度上说决定了受教育者的不同未来:一个人一生,如果能遇到一两位好老师,他就会学有所成,人生有着落;一个人一生,如果能遇到三、五位好老师——能欣赏他、点播他,他就会成为精英、领袖甚至伟人。这就是传说中的"贵人相助"!显然,这样的老师定是"智、仁、勇"兼备,是有教无类的"明师"。教师使命的根本价值应体现在,为每个学生一生的幸福，奠定基础，做好准备。教师应该和能给学生的是，他们走出校园多年后乃至一生，仍然保留着你在他身上塑造的深入骨髓的习惯和性格。

由此，关于"一日为师，终身为父"，我以为，其中的敬师如父的涵义，更适合于由学生及其家长解读和把握，其中的影响终身的涵义更适合于由教师及其群体铭记和体悟。不过，从教师影响长远的角度看，我还是愿意提出以"一日为师，终身为师"来替代"一日为师，终身为父"。事实上，"一日为师，终身为师"，也更为平等、平和、贴切、现代和合乎逻辑。

第三节　教师的"文化生存"：以中小学为例

这些年来，有关教师的研究不可谓不多。新课程改革以后，有关教师的论述文章更多，但普遍关注的是教师的专业发展。与此同时，在各种报纸杂志尤其是网上调查、论坛讨论中，有关教师生存状态的讨论则很热烈。这说明，教育理论，包括理论工作者对教师的生存状态了解不够，倒是一些媒体十分敏感。而一些教师自身，也有意无意地反映了这方面问题。这关系到教师"生存状态"与"文化生存"的体味的问题。

什么是生存状态？如何把握教师真实的生存状态？改善教师生存状态的文化策略何在？"生存状态"是一个习见的词汇，大意是人或事物保存生命时表现出来的样子。我们需要注意的是，在实际运用中，"生存"的涵义，已超出"保存生命"的初始义，诸如人们常说的"适者生存"、"生存空间"、"学会生存"、"数字化生存"等词语，"生存"的含义被大大拓展。

过去，"生存状态"是文化人类学研究的关注点，教育学很少关注，新近这种情况有所变化。据我们掌握的不完全资料，已有数十篇硕士、博士论文关注这一方面。在以往相关调查研究或主题讨论中，人们侧重从工作条件、经济待遇、健康状况、社会地位、生活内容等方面探讨教师的生存状态，似乎更重视物的层面。从文化视野来看，这固然是必要的，但仅仅如此又是不够的。我们希望拓展对"生存状态"的理解，期望更多从精神或价值层面进行探讨,不仅有从外部人看到的"社会形象",更有内部自己人进行的"自画像"。具体来说,我们这里主要是从教师自身对职业的自我评价,更进一步地说,是从教师在课堂教学中、日常规制中、校本教研中、网络发言中所表现出的"生存状态",探讨教师的文化生存。

需要指出,尽管关于教师生存状态的研究有限,但关于教师劳动的价值和特性探讨,不可谓不多。我们也在其中。现在想来,理论的概括和惯常的推理是需要的,但如果停留在那儿,事实还真就不是那么回事。教师的使命是培养人,是通过改变学生的人生状态,造就新人。教师是学校的主体,而要改变学生,首先要改变教师:如果教师没有一个积极的人生,又何谈教师的专业发展,何谈培养出有独立人格、能合作又富有创新精神的新人?要改变学生,首先要从基础上也是根本上改变教师的生存状态。这正是我们关注与研究"教师生存状态"并进行"纵向层级"文化考察的缘起。①

一、小学老师的文化生存

"小学"作为人类最古老的制度化教育组织之一,有着悠久的历史。教育史研究表明,尽管各文明古国情况有所不同,名称各异,但是,"小学"与"大学"是出现最早的两种专业教育组织层次,却是共同的。进入近代,由于各国普及义务教育的实施,小学作为基础教育的主体,事实上的全部初等教育,其地位被提升到前所未有的程度。曾几何时,上小学,接受初等教育成为"接受教育"的同义语。此前,虽然小学教师事实上早就存在,但其从业者大多是兼职的——在中国科举时代,不少是由主要从事"举业"的考生即生员兼任的,他们基本上不存在身份和价值困惑。初等教育进入制度化阶段后,小学教师也开始有了"文化生存"的

① 我国近代学制历经100余年。其中,奠定现行学制框架的是1922年学制(中国大陆1951年学制改革后几无变化)。我们把教育组织"纵向层级"分为初等教育、中等教育、高等教育三个层次。其中,幼儿教育划入初等教育,研究生教育划入高等教育。每个层次又分为两级。所谓"纵向层级"文化生态,是以制度化下教育组织本身的纵向层次为依凭,讨论各层级教师文化生态——幼儿教师、小学教师、初中教师、高中教师、大学教师、研究生导师的文化生存状况。其中,幼儿教师和研究生导师(某种意义上也包括初中教师和高职高专教师)的文化身份具有过渡性、双重性。本书主要讨论中小学教师的文化生存,以普通中小学教师为代表。

问题。

根据我们的历时性考察,小学教师的文化身份,大致经历了“启蒙师”、“养成师”、“专业人”等几个阶段。对应上述阶段遭遇的不同文化境遇,小学教师表现出或质疑、或固化、或适应的文化生存策略。

“启蒙师”角色,是小学教师“文化生存”的初始阶段。制度化初等教育和小学教师,是由西方发达国家先行开启的,而中国制度化的小学教师始于1903年的“癸卯学制”。庚子之变后,清政府在内外形势压迫下开始实行“新政”。其中,学制改革是一项重要内容。1902年,在管学大臣张百熙的支持下,拟定了一系列学制系统文件,统称为《钦定学堂章程》。因该年为壬寅年,又称“壬寅学制”。这是中国近代第一个以中央政府名义制定的全国性学制系统。由于不够完备,所以只是公布没有实行。很快被“癸卯学制”所取代。1905年,清政府决定“废科举、兴学校”,终于使学校教育摆脱科举制的长期束缚。此事虽属初创,但“启蒙师”教师角色的社会文化期待与中国古代蒙童教育阶段的“蒙师”有很多类似之处。除极少的大城市、开放口岸少量引进外籍教师之外(多为教会学校),其他小学大多是先办起来再说,这也符合1901年清政府“兴学诏书”中关于“除京师已设大学堂应切实整顿外,对各省所有书院,于省城均设大学堂,各府厅直隶州均设中学堂,各州县均设小学堂。并多设蒙养学堂”的指令,童蒙养正。于是,先前之生员和落第者们担当着习以为常的“蒙师”角色,与以前发生了不同,过去承担“蒙师”者多是兼职,现在他们由于断了“举业”而专职化了。由于这些初为“启蒙师”的小学教师,对新教育与旧教育的价值观的根本差异还没有自觉认识,所以,初始阶段的小学教师们,还基本体验不到真正意义上的小学教师的文化生存的困惑,他们念念不忘的大多还是生不逢时,读书人没有了晋升之路。

“养成师”角色,是小学教师“文化生存”的第二个阶段。随着国外教育理论影响,尤其是中国古代传统教育中德育职能的复兴,原有的“启蒙师”角色已经难以满足社会文化期待,于是“养成师”的角色诉求随之而出。于是,小学教师不仅有“启蒙”之责,而且要承担“养成”之责。需要指出的是,随着“双基”(基本知识、基本技能)重要性被“行为主义心理学”的论证,不断强化的训练式“养成”在小学教师的工作中的比重越来越大,而“养成师”角色逐渐超越“启蒙师”角色成为小学教师的文化身份并占有越来越重要的地位——小学教师不仅要有“启蒙师”的爱心、耐心和呵护,更要有“养成师”的严格、严肃和督促。不言而喻,“养成师”角色下的“文化场”与“启蒙师”角色下的“文化场”已有了很大不同,小学教师开始遭遇来自儿童文化、家长文化、社会氛围和制度文化等方面的挑战,他们较为主动地和顺利地实现了这一“文化适应”。文化适应的结果是,小学教师进一步强化了制度所赋予的“权威”的身份,小学教师与儿童之间建构起越来越理性化、制度化的工具性关系,情感性角色在“养成师”的身份视野中,被无形中淡化了。①

“专业人”角色,是小学教师“文化生存”的第三个阶段。不少人认为,与幼儿教师类似,在这场初步展开的新的文化领域中,小学教师文化将在与“专家文化”的遭遇中不断地丰盈,不断地被唤醒。与原有的“启蒙师”和“养成师”文化样态中的小学教师相比,“专业人”期待下的小学教师,无疑增强了制度下专业化工作的广度和深度。我国小学教师队伍是一支年轻而充满活力的队伍。目前,小学教师在积极追求发展的同时,又存在明显的困惑和压力。通过对问卷调查的分析,小学教师面临的困惑和压力,主要表现在课堂管理、教学设计以及自身创新意识与想象力缺乏等问题上,有 64.2% 的教师感觉工作压力很大,31.86% 认为压力较大②。小学教师的文化走向何处?怎样既合乎专业化的潮流,又与其他教师群体的专业化有所不同?这是未来小学教师文化建设的核心问题。

综合当代小学教师的实际使命,我们认为,小学教师面临着在充实自身文化内涵的同时如何凸显其主要文化身份的问题。后来的文化角色是替代先前的文化角色?还是包涵先前的文化角色?这对于小学教师文化建设来说,可能不仅是一个理论观念问题,还是一个实务操作问题。就我国小学教师的整体判断,小学教师的“专业人”文化生存还属“初级阶段”,需要思考和探索的问题还很多,还仅仅是开始。

---

① 其显著标志是,小学教师在心中,不断自觉区别“师爱”、“母爱”,强化管理控制意识。

② 罗晓,施若谷. 当前小学教师教学困惑与压力分析[J]. 课程 · 教材 · 教法,2003(12):54-58.

二、初中教师的文化生存

“初中教育”作为制度化教育的组织和层次，时间最短。它主要是上下游双向“挤压”的结果，即普及义务教育自然延伸与中等教育分层分化的结果。制度化初中教育和初中教师，是由西方国家先行开启的，而中国制度化的初中教师要晚得多。1903 年的“癸卯学制”中，第二段为中等教育，设中学堂 5 年，不分级。民国元年(1912 年)，南京临时政府教育部颁布一系列法规，史称“壬子癸丑学制”。此学制主要通过学习日本，体现了欧洲大陆教育制度的影响，中等教育设中学校 4 年，不分级。由于民国初年学制中存在诸多问题以及美国影响的扩大，1922 年民国政府又制定和实行新学制，这就是 1922 年的“新学制”，或称“壬戌学制”，由于采用的是美国式的六三三分段——小学六年、初中三年、高中三年，又称“六三三学制”。新学制增加了职业教育、师范教育的分量，更加注重中等教育和儿童身心发展规律。中国初中教育的相对独立地位，就是由此奠定的。

不同演变由来的初中，在社会期望和教师角色上是有巨大分别的。初中教育进入制度化阶段后，初中教师开始有了“文化生存”的问题。但是，由于初中教育教育对象、课程设置倾向(综合与分科)不定及其产生的特殊历史背景，给初中教师带来尴尬地位。有初中教师在博客中写道：“小学生乃祖国的‘花朵’，家庭中可爱的‘小公主’、‘小皇帝’，无论社会、家庭都相当关注儿童的成长，教育方面投入的精力物力可想而知；高中是决定学生命运的阶段，除了社会、家庭，教育局更是关注教育的‘出口质量’，学生自身也有了相当的紧迫感、危机感。初中孩子处在想自立又不够自立的叛逆、懵懂时期。初中老师成了一个被遗忘的部落，辛苦的初中教师，费力不讨好的初中教师。”①

根据我们的历时性考察和比较研究，初中教师的文化身份，与小学教师和高中教师有巨大的重合，主要经历了和承担着“养成师”、“教练师”(教练)、“专业人”等三个文化身份和阶段。这与我国学制变迁，初中教师的来源有很大关系。我国近现代教育史上经历了几次大的发展。初中

① http://bbs.ruiwen.com/cgi-bin/topic.cgi?forum=4&topic=1923

教育的时期,其教师主要来源,要么"拔高"来自小学,要么"低就"来自高中,而前者居多。一个不容回避的事实是,与小学教师、高中教师等同样作为基础教育师资的教师比较,我国初中教师不仅学历"达标率"最低,而且流动性最大、最不稳定。对应着社会期待和不同的文化境遇,包括小学教师与高中教师文化角色的挤压,初中教师表现出或质疑或适应的文化生存策略。还是上面这位初中语文教师写道:"站在初中语文教学一线,我认为多数的初中老师是很上进的,在教材教法的研讨上也是严肃认真的。初中语文的教学既要关注教法,又要挖掘文本、深入教材,必须做到'两手抓,两手都要硬'。他们为了提高自己想寻找机会参加各种培训,想多作观摩学习,想多读理论书籍……"于是很多老师上网来到"中学语文教学资源网"的论坛,希望在那里有"新鲜空气",带给他们活力,使他们的课堂注入新鲜血液,减少盲目性,随意性。无奈他们发现自己的疑问难以得到解答,自己想要的,想学的,确实太少(主要体现在"教研"和"课例"方面),讨论更难以深入。

作为一个相对独立的教育阶段,初中教师应当有自己明确的角色意识和文化身份。但是,由小学"升格"、"提升"来的学校和它的初中教师,与高中"降格"、"屈就"来的学校和它的初中教师有很大的不同。这给我们考察初中教师的文化生存带来复杂性。我们发现,部分初中教师,在某种程度上还在充任"启蒙师"的角色。与此同时,也有部分初中教师自觉和主动扮演着"专业人"的角色。那些短期任教初中的教师们常常深深体会到身份差异,却基本体验不到真正意义上的初中教师文化生存的困惑,他们感叹的常常是"高不成,低不就"。这无形中影响着整个初中教师的文化生存状态。

随着"双基"(基本知识、基本技能)重要性被"行为主义心理学"的论证,不断强化的训练式"养成"在初中教师工作中的比重越来越大,而分科设置课程,突出了初中教师"训练师"角色逐渐超越"启蒙师"角色成为初中教师的文化身份并占有越来越重要的地位。与此同时,"专业人"角色的取得的重要性,随着新课程改革进一步被凸显。初中教师不仅要有"启蒙师"(心理按摩师)的爱心呵护,更要有"训练师"的严格督促,还要有"专业人"的合作探究。不言而喻,"专业人"角色下的文化场与"养成师”、“训练师”角色下的文化场是大不相同的。初中教师遭遇着来自青春文化、学生文化、家长文化、社区文化和制度文化等多方面的挑战，心理压力巨大，但他们大多被动地适应着“文化身份”的变动不居。结果是，初中教师被进一步强化了制度诉求，自身的文化困惑却总是存在着。初中教师面临着在进一步明确文化身份的同时，凸显其主要文化角色的问题。

三、高中教师的文化生存

“中等教育”作为明确的教育层次，在西方教育史可谓古已有之，并且首先和主要是通过高中教育体现的。同样，近现代制度化高中教育和教师，是由西方国家先行开启的，而中国制度化的高中教师要晚得多。1903 年“癸卯学制”和 1912 年“壬子癸丑学制”，均有中等教育层次（5 年或 4 年），不分级。1922 年，民国政府又制定和实行新学制，由于采用的是美国式的六三三分段，所以又称“六三三学制”：其中中等教育层次 6 年，初中教育和高中教育各 3 年。新的相对独立的高中教育由此而来。高中教育进入制度化阶段后，高中教师也就开始有了“文化生存”的问题。

根据历时性考察和比较研究，我们觉得，高中教师的文化身份与初中教师和大学教师有一定的重合度。这与我国学制变迁，高中教师的来源有很大关系。在我国，近现代高中教育是高等教育和义务教育发展“两面夹攻”的结果。首先是高等教育的合格新生的需要——在某种意义上说，高中是作为大学的“预科”而成立的（1903 年“癸卯学制”中就有与中学堂同列的“本科预科”）。迄今为止，欧洲大陆系的国家（如德国）的“完全中学”还都有浓厚的“预科”性质。另一方面是普及义务教育的自然延伸，这种压力最早开始于英美海洋系的国家中。从前者来说，高中教育（至少是普通高中）在某种程度上说是依附性的，它要以高等教育的需要为依归；从后者来说，高中教育是终结性的——在一些小学教师和初中教师看来，它是“摘桃子”的。来自两个方面的诉求，集中通过高考来表达。

一个不容回避的事实是，在与小学教师、初中教师和大学教师比较，我国高中教师不仅学历“达标率”较高，而且较为稳定。作为一个相对独立的教育阶段,对应着特定的社会期待和文化境遇,我国的高中教师有较为明确的角色意识和文化身份。他们经历了和承担了"教练师"(教练)、"专业人"和"制片人"(出品人)等三个文化身份和阶段。高中教师文化生存的困惑,主要在于教育专业工作者与教育产品包装出品人的矛盾。两个角色和身份矛盾,需要在教育教学实践中处理。他们感叹的常常是"素质教育轰轰烈烈,应试教育扎扎实实"。这无形中影响着整个高中教师的自我角色(责任)认同和文化生存状态。

随着基础教育新课程改革的推进,不断暴露了"教练师"(教练)、"专业人"和"制片人"(出品人)等三个文化身份的矛盾。一方面,"专业人"角色随着新课程改革进一步被凸显,高中教师要有"专业人"的反思探究精神;另一方面,由于预科性质,高考还是"硬道理",对高中教师思想行为的影响是"决定性"的。高中教师不仅要使"过程精彩",更要让人对"结果满意"。不言而喻,"制片人"(出品人)角色下的文化场与"训练师"、"专业人"角色下的文化场是大不相同的;高中教师也面临着在进一步明确文化身份的同时,凸显其主要文化角色的问题。

在我国,高中教师遭遇着来自青春文化、学生文化、家长文化、社区文化、制度文化、大学文化和社会思潮等多方面的挑战,他们大多自觉意识到自己角色并适应着"文化身份"的多种撞击。结果是,高中教师总是把文化困惑自我消化并适度遮掩起来,社会思潮和诉求也在这个过程或放逐或肆虐。

表 2-1 "郭孝文教师文化生态图表示意"(本表之教师从广义)

生态 普特 层级	普通教育教师	职业教育教师	常态教育教师	偏态边缘教育教师	备注(关注焦点)
幼儿教师	教师与保育员;文化类教师与艺术特长类教师;管理责任教师与业务责任教师;男性教师与女性教师;老中青教师等	无此阶段职业教师;相关者为"手工"教师	有编在园教师	民办园教师;无编临用教师;家庭聘用教师	一般教师优秀教师

续表

生态　普特 层级	普通教育教师	职业教育教师	常态教育教师	偏态边缘教育教师	备注（关注焦点）
小学教师	班主任教师与任课教师；主科教师与副科教师；文化教师与艺体特长教师；领导责任教师与业务责任教师；老中青教师；男性教师与女性教师等	无此阶段职业教师，相关者为“手工与劳动”教师	公办有编在校教师	公立校无编临用教师；民办校教师；家庭聘用教师	一般教师优秀教师
初中教师	领导责任教师与业务责任教师；主科教师与副科教师；班主任教师与任课教师；文科教师与理科教师；老中青教师等	目前我国初中除特教学校中已无职教任务	公办有编在校教师	公立校无编临用教师；民办校教师；家庭聘用教师	一般教师优秀教师
高中教师（包括此层级各类教师）	主科教师与副科教师；领导责任教师与业务责任教师；班主任教师与任课教师；文科教师、理科教师与艺体特长教师；老中青教师等	双师型教师；技能实践课教师；基础文化课教师；	公办有编在校教师	公立校无编临用教师；民办学校教师；家庭聘用教师	一般教师优秀教师品牌教师
大学教师	行政管理责任教师、学术业务责任教师与双肩挑教师；基础课教师、专业课教师、公共课教师；文科教师、理科教师、艺体教师；理论型教师、技术实验教师、各类特长教师；教学型教师与研究型教师；老中青教师等；男性教师与女性教师；编内基本教师与外聘兼职教师等	双师型教师；技能课教师；基础文化课教师；实验实践指导教师；	公办有编在校教师（包括各类在编人员和退休人员）	公立校无编临用教师；民办高校教师；校外聘用教师；家庭聘用教师	一般教师与优秀教师；专任教师与双肩挑教师；品牌教师与非全日聘用教师

思考题：

1. 教师文化的要素形态分析有何意义？如何认识教师文化的要素？如何认识教师文化的基本形态？如何认识教师的文化生存状态？

2. 教师文化的要素包括哪些基本方面？理解教师文化的主体的交互渗透性，教师文化活动的环境的复杂深刻性，教师文化活动的手段、方法和途径的多样灵活性，教师文化活动的对象和成果的统整性。

3. 教师文化的形态包括哪些基本方面？理解教师文化的器物表征的物质性、基础性和直感性的特点，理解教师文化活动的制度载体的定型化、普遍性和持续性的特点，理解教师文化活动的精神意象的积沉性、隐渗性、持久性的特点。

4. 为什么说学习是教师重要的职业行为？体会作为"学人"的教师学习行为有哪些特点。

5. 教师的人际关系有哪些重要方面？师生人际关系有什么特点？体会教师人际关系中存在的问题及其出路。

6. 如何理解教师的文化生存？分析比较并体会小学老师、初中教师、高中教师的文化生存的特点。

参考文献：

1. 郑金洲. 教育文化学[M]. 北京：人民教育出版社，2000.

2. 阮成武. 主体性教师学[M]. 合肥：安徽大学出版社，2005.

3. 黄书光，等. 中国基础教育改革的文化使命[M]. 北京：教育科学出版社，2001.

4. 林崇德. 教育的智慧——写给中小学教师[M]. 北京：开明出版社，1999.

5. 吴玲，周元宽. 当代教师文化使命[M]. 合肥：安徽人民出版社，2006.

6. 叶澜，等. 教师角色与教师发展新探[M]. 北京：教育科学出版社，2001.

7. 葛金国. 校园文化：理论意蕴与实务运作[M]. 合肥：安徽大学出版社，2006.

8. 钟祖荣. 现代教师学导论[M]. 北京：中国广播电视大学出版社，2001.

拓展参考文献：

2-1. 葛金国，吴玲. 教师文化通论[M]. 合肥：安徽大学出版社，2012.

2-2. 万伟. 课程变革中的教师文化[M]. 南京：南京师范大学出版社，2010.

第三章　教师文化的精神特质

作为一个大写的人,人生最有价值的东西,一个是生命,一个是精神。但是,身临物质时代,不少人的价值取向,都可能扭曲。学者周国平提醒大家,“物质时代”,人生取向不能跑偏。文化的内在本质正是价值取向:一个群体的精神维度,决定着它所能达到的广度、深度和高度。一支粉笔,积淀千秋智慧;三尺讲台,寄托百姓文化。教师是社会主流文化的代表者,教师文化具有主流文化、理性文化、高雅文化的“性格”,是教师精神力量的源泉。作为教师,我们常常需要提醒自己和告诫学生,不能把生命中的物质和精神的关系颠倒了,要把自己变成一个精神丰富的人。但是,如何理解这些“内涵”,如何把握教师文化的个性倾向、内在特质和精神品格,还需要我们具体入微的分析——需要我们在多维度的考察中,体会教师文化的特性。

第一节　教师文化特质分析的多种维度

在汉语中,“特性”、“特点”和“特征”三个词的含义,是相近的。对教师文化特点(特征、特性)的研究,主要有以下一些说法:教师文化具有内隐性、潜移性、可塑性、稳定性四种基本特征;教师文化有精神性、融合性、可塑性的特点;教师文化具有独特性、导向性、可变性的特点。教师文化具有多样性和多层性;教师文化是基于学校与课堂而生成的人际关系;教师文化是个传承与再生产过程;教师文化不仅是一种群体文化,而且也是一种职业性的文化、规范性的文化、精制性的文化;教师文化具有历史性、稳定性、民族性、可塑性的特征;教师文化作为一种群体文化,其核心部分是它的精神层面,因此教师文化具有独特性、精神性、融合性和可变性的特点。古翠凤根据霍夫斯坦特的文化四纬度理论，认为教师文化具有低权力距离的特征，高不确定性的特征，高个人主义的特征，女性度的特征。[①]

与此相关，“教师的文化特性”与“教师文化的特性”，也是一对容易产生混淆的概念。前者常常是就教师工作性质来说的，后者常常是就教师群体文化来说的。在这里，讨论“教师文化的特性”，就是立足于教师职业特点和群体特性，探讨教师群体的价值取向和思维方式等内在的文化特征。把握教师文化的内在特性，既是进行教师群体文化建设的前提要求，也是寻求教师群体文化形象塑造之内在依据的必然需要。[②]

一、从界定内涵和限定外延出发的分析

“文化”既是一种观念的存在，又是一种生活方式。作为观念的存在，“文化”描述的是某一群体所固有的性质或特性，它是人们行动背后的信念、意义和价值观念。作为一种生活方式，“文化”是社会成员通过学习从生活上获得的传统和生活方式，包括已成为模式的、重复的思想方法、感情和动作（行为）。所谓教师文化，就是教师作为特定社会职业群体所具有的价值观念和行为方式。

教师文化具体表现在教师的价值取向（角色认同、职业意识、知识体系、教育理念）、思维定势（职业习惯的思维方式）、情感倾向（体现职业态度）和行为方式（人际关系、行为作风）等方面（可视为四个“指标”），是支配教师思想行为的整体性因素。其中，价值取向和思维定势内隐于人心，无影无踪，居于核心地位，属于深层隐性文化；而情感倾向与行为方式形发于外表，可观察可描述，属于表层显性文化。从界定内涵出发分析教

---

① 王德寿. 新世纪以来的我国教师文化研究[J]. 安徽广播电视大学学报，2008(4).

② “教师文化的特性”与“教师的文化特性”，容易产生混淆。作为教师文化的专门研究，我们不能含糊其辞。所谓“教师的文化特性”，是指教师作为“文化人”的属文化性，主要是就教师工作对象、性质和内容的文化色彩而言的，它的比较对象是作为个体的工人、干部等的工作对象、性质和内容，常常是就教师个体来说的；所谓“教师文化的特性”，主要是就教师群体较之于其他群体的文化特性而言的，它的比较对象有内部的如学生文化、管理者文化、职工文化等，外部的如工程师、律师、公务员等群体文化的个性。在本章，我们还是倾向于用“教师文化的特质”的表述——似乎这样更为具有精神性。

师文化的基本特征，其根本点就是抓住文化作为价值观和行为方式这样两个基本点（价值观念主要体现在教师“身份”文化中，行为方式则主要表现在教师“形象”文化、交往文化中），具体梳理教师文化在价值取向、情感态度、思维方式、行为方式等方面表现出来的文化特征。基于对教师文化内涵的基本认识，我们将在第二节进一步展开讨论。

如前所述，作为教师群体的文化积淀和生成，教师文化是教师群体生存状态及生活方式的观念抽象，它通过有关教师的教育教学、学习培训、组织管理、人际交往，构建和传达教师文化的内容和个性。本书的教师文化外延，与“教师”的界定有关——我们主要以基础教育一线的教师为讨论重点。

中小学教师文化作为教师文化的一种类型，显然不同程度地具有以上学者们概括出来的主要特征，但因其学校环境、工作内容、工作方式、教育对象等因素与幼儿园和高校的不同，中小学教师文化的特征与其他阶段的教师文化相比又有一定不同。考察中小学教师群体的价值观念、职业状态、行为方式等方面的具体情况，我们认为中小学教师文化具有它自身的一些基本特征。本章我们以中小学教师为例，进行尝试性讨论。

二、古今中外：从精神状态和形式角度的比较分析

张诗亚教授以《论“师”》为题，讨论到中西方文化中的“师”的演化发展[①]。要了解关于中西方文化中“师”的概念及其涵义的演进，就要洞察它的文化背景，理清其文化发展的大致脉络。

比如，西方文化中“师”的起源，是指与人的学习密切联系的活动。而学习尤其是符号的学习是具有一定规范和规律的——人与动物最大的区别，就是人类有符号系统，用抽象的符号表达和学习（卡西尔认为人是符号的动物）。人类文化的传承，由于有了被创造的符号，相传的过程中不再受时空的局限，人类文明进而不断发展。教育就是以符号为中介进行的活动，学生学的也是符号，最后形成了符号系统；这个庞大系统要很好地传承，就需要专门的人制定规范、讲述规律，这个人就是“师”。因

① 张诗亚．论“师”［J］．当代教育与文化，2012（3）．

此,教育活动的前提,“师”存在的前提需要搞清楚——教师就是制定规范、讲述规律的人。“师”是从事“教”这一行为的人,“teach”这个词加上后缀“er”,教师的职业由此产生,后来在西方的大学就泛化为所谓的“专业”。西方文化中所讲的“professional”(专业)一词,其原意是只有经过大学专门学习才能从事的职业。这个传统来自西方的大学。西方最早的大学中,最古老、最高的学科是神学(神学的神圣使命是研究神创造的一切)。中世纪的大学,是基于开设这样的专业对人进行教育的,有些是关于人的灵魂的教育,有些是关于人与事物关系的教育。于是有了神学(哲学)、法学、医学、艺术学(常常包含文法、修辞、辩证法)等,这样就构成了中世纪大学的四门主要学科,相应地形成一些专门的职业,教师这个职业也就应运而生了,并成了这些行当的“第一”,这就是今天所讲的“教授”。教师教育专业是在大学里若干个专业中必须开设的专业。又比如,中国古代文字中“师”的演化发展。中国古代“师”有两个基本义项即军队和教学的人。“师”字写法,左边甲骨文为“师”,是指“高地”的意思。如果将这样形状平放上,则是“屁股的形状”,下面一横可以解读为屁股坐在干的地方(即高地)。而如果所有的屁股都坐在高地上,就可以解释为“军队”,其实这便是“师”的第一个涵义(高地、军队)。第二个涵义是教学的人,也是与其初始义联系着的,观其形状就是“围绕着坐”的意思(古时上课时围着老师席地而坐)。后世引申为按照一定的规矩办事,蕴含文武之道兼顾(这就形成了我们今天的教师文化的原初涵义)。中西方“师”的涵义的演进的比较后,我们不难发现,不管是哪种理解,都有文化基因在里面,而且其中有一定的辩证关系。

自觉塑造良好的教师文化,是当代教师完成使命的重要途径。这不仅因为全球信息化和终生学习理念推行向教师提出了转变角色、自主创新、促进学生自主学习的新要求,更在于教师生命内蕴涵着的创造冲动,需要经历从自在到自为的转换才能唤醒和激发。与此相关,时下诸多危机,都与不重视文化联系。文化大繁荣、大发展,最根本的是“师”。教师劳动的本质,是思想的交流,心灵的碰撞,人格的示范。老师的观念影响后世,只有刚健,才能强大。形而上的精神,被形而下的东西衡量,只能归于荒唐和肤浅。“谢本师”是我们中国学术史上一段佳话。但当“师”被当成某种职业后，等而下之的东西必然泛滥，造成“两不粘”式的断裂。“师之成焉，道之成焉”。“师”的内涵，需要回归本真；需要所有“师”的共同努力。

独立自由、自我决定和主动创造是当代人的自主性的基本特征。我国正逢“国将兴，必贵师而重傅”的战略机遇期，当代中国教师应坚守群体文化自主建设者的角色。我们将从精神状态和形式角度分析，在中西教师文化比较中凸显中国教师文化的历史传统和精神风范。

第二节 从内涵界定出发的特征分析

一、价值取向的主流性和正统性

“主流”之寓，源自河流的主流与支流之分，是指事物发展的主要的代表趋势的方面。“正统”之说，源自儒家经典《春秋》，又称法统、道统、礼仪之统，首先是指王朝的合法继承。由此延伸，“正统”在后来也指称学派、门派、党派等一脉相传的嫡系。在中国传统文化背景下，“主流”代表着多数人的需要和选择，“正统”则代表着方向的正确性。价值观既是个人精神世界的某种内化，也是群体性文化因素的选择性积淀。教师作为社会主流文化的代表者，必然在价值取向上表现出主流性、正统性。

价值取向是教师文化的灵魂和风向标，它体现在职业意识、角色认同、知识体系、教育信念等层面，决定了教师的教育教学实践行为。一个学校教师文化的核心价值和价值取向，直接影响到每位教师的工作态度、工作作风和工作绩效，也构成每位教师专业成长的环境。先以职业意识（专业精神）为例，职业意识（专业精神）是教师基于自我期许而表现出来的职业信念、热情和不懈追求的风范，是教师发展的支柱和行为动力。再以教育信念为例，共同的教育信念是教师个体成长和群体专业发展的基础。“教师文化的一个成熟表现就是教师群体拥有一种共同的教育信念。”[①]教育信念作为一种文化，一种教师群体的价值取向，它是教师群体

① 陈永明，等. 教师教育研究[M]. 上海：华东师范大学出版社，2003：256.

自我发展的行为动力。有无教育信念、有何种教育信念,不仅直接影响教师自身成长和教育质量,而且直接左右着学生有无和有什么样的思想信念。而以教育观、人才观、教学观等价值观念系统为核心的教师观念文化是学校精神文化的根基。

在我们看来,人最有价值的东西有两个,一个是生命,一个是精神。但是,身临物质时代,不少人的价值取向因为利欲熏心而可能扭曲。作为教师,面对社会面对历史,不仅是“看客”和“过客”,还是“主人”和“司仪”,面对层出不穷、瞬息万变的各种诱惑,有着不可推卸的责任和使命。我们常常需要提醒自己和告诫学生,千万不能把生命和物质的关系颠倒了,要把自己变成一个精神丰富的人。师爱的良知,职业的操守,法定的义务,进一步强化了教师在价值取向上的主流性、正统性。

“主流”与“正统”的纠结与选择

“主流”,源自河流的主流(干流)与支流之分,顾名思义是指事物发展的主要的本质的或代表趋势的方面。

“正统”之说,源自儒家经典《春秋》,又称法统、道统、礼仪之统,首先是指王朝的合法继承。孔子的《春秋》是儒家至高的经典:正统的法理基础源于春秋,分为“居正”和“一统”两个层面。以儒家经义为本,“正统”即儒家“道统”。在儒家正统观看来,当“以宗周为正,尊先王法五帝,为天下一统”(宗周包括血统上的嫡长子继承制以及文化上的华夷之辨),而周礼和春秋大义是衡量正统的标准。由此延伸,“正统”在后来也指称学派、党派等一脉相传的嫡派。

在中国传统文化背景下,“主流”代表多数人的需要和选择,“正统”则代表“政治正确”——方向的正确性。值得指出的是,这种情况,在“后现代主义”语境下,有了很大甚至根本性改变。

无数历史表明,当“主流”与正统发生矛盾的时候,多数教师或教师在多数情形下常常背弃“正统”而倾向于“主流”。

二、情感态度的清纯性

“情感”是人对客观事物是否满足自己的需要而产生的态度体验。作为人的态度的一部分，情感与态度中的内向感受、意向具有协调一致性，是态度在生理上一种较复杂而又稳定的生理评价和体验。“态度”是人们在自身道德观和价值观基础上对事物的评价和行为倾向，由表现于对外界事物的内在感受——道德观和价值观，情感——即喜恶、爱恨等，意向——谋虑、企图等三方面的因素构成（“意向性”是教育心理学的一个基本概念，也是胡塞尔现象学中的一个不可或缺的概念）。激发态度中的上述任何一个表现要素，都会引发另两个要素的相应反应，这也就是感受、情感和意向三要素的协调一致性。情感因道德感和价值感具体表现为爱情、幸福、仇恨、厌恶、美感等等。一般认为，情绪和情感都是人对客观事物所持的态度体验，只是情绪更倾向于个体基本需求与欲望上的态度体验，而情感则更倾向于社会需求欲望上的态度体验（正是因为情感、态度的内在一致性，我们把它们并列而论，不作具体区分）。

教育是育人的事业，教师是育人的专门劳动者。对教职的态度，对学生的情感，是教师这一职业古今不断的话题。对它的思考衍生出一种崇高的教师职业道德——教育爱和一门教育学科——教育伦理学。人间最美师生情。古往今来，忠诚教育事业、深含教育爱作为崇高的师德，一直是教师职业所弘扬的。历史走进当代，伴随教育人思想的影响，忠诚和师爱日益成为教育改革和发展中所有教师应有的教育理念和行为规范。但是，人际关系“要亲密不要无间”，师生关系尤其如此——这也是“师爱”与“母爱”的不同表征之一。当然，情感态度的清纯性正在强化着广大教师职业自觉，这无疑是件好事情，但这并不意味着就能在现实中得到很好体现，因为它们与教师个体自身素养尤其是对“教育爱”是否有恰当的理解有关。但是，整体上说，教师由于教书育人的职业要求、工作环境的教育特质以及价值取向上的正统性，因而在情感态度上表现出深刻强烈的内在感受、清高纯正的情感体验和深谋远虑的忧患意识。

职业情感——教育爱

以职业情感——教育爱为例,中外教育发展史上,无数教育家和思想家,都强调过教师的首要职业素养和情感是"教育爱",即尊重关爱学生。

"教育爱"的理论与实践,主要包括对以下内容的探讨:一是对教育爱的解读,包括教育爱的内涵、特点及其伦理意义;二是可从感化、陶冶、激励、和谐关系等方面提示教育爱的育人价值;三是对教育爱的实践性把握问题,说明教育爱要获良好的教育效果,在实践上要坚持和体现教育爱的人道性、广泛性、理智性、纯洁性以及爱与严的结合性。

苏霍姆林斯基曾说过一句话:教师职业最重要的一个条件就是爱学生,如果你不关爱学生的话,我劝你最好不要从事这个职业。

这是为什么呢?其中当然不乏做好教育工作、取得良好效果的需要,但更重要的是,教育作为培养人的专门活动,尊重关爱学生这一自然要求,被赋予了社会伦理性和职业规范性。分析这种伦理性和规范性,有助于我们深刻认识爱学生为什么会成为教师的职业道德。

三、职业人际关系的"派别性"(学科性、年级性)

如何把握教师职业的人际关系?我国学校组织文化对教师文化有什么样的影响?如何理解"学术部落语境下的教师文化"?等等,这些问题的回答,对教师文化特质的认识至关重要。

教师在学校内的群体划分,常常从纵向上以学科(或学科群)为单位划分为学科教研组,从横向上以年级为单位划分为年级备课组。在校内,教师活动交往的范围,大多在本学科组或本年级组,与其他教师基本没有交流尤其是专业性交流。并且多数学校只是采用其中一种模式。因此,教师的人际关系也深受这种"体制性"活动范围的影响,具有了某种"派别性"。但是,一般说来,这种"派别性"并不具有持久性,也没有强烈的排他性。因为,目前我国中小学大多实行学科"主副兼职制"(所谓的"主课"、"副课"互兼)和年级制(有"大循环"和"小循环"),学科组尤其是年级组往往在一定时间后(一般为一届学生毕业)会进行重新组合(有的学校还实行"领导教师"或班主任"组阁制"),教师在新的年级组里,又会逐渐形成新的派别团体。多数学校的学科组相对稳定,但人数较多的"大学科组",其内部也会呈现派别性——主要由年龄相近或同一备课组教师形成小的派别团体,年龄差距较大或非同一备课组教师在一起交流的很少,因而也比较疏远。

教师文化同时具有可塑性和发展性。国内外研究者都有关注这方面的问题。基本的共识是,如何通过"互动合作"实现对派别主义教师文化的矫正。我们认为,教师职业人际关系的派别性的形成,既有教师群体的内在原因,又有现代学校制度化体制的背景。教师职业人际关系的派别性,与一般话语下的"拉帮结派"不能画等号。由于"体制原因",国外教师文化的学科性文化较强,国内教师的年级性较强,前者常常讨论"学术部落语境下的教师文化",后者更多关注"班级年级语境下的教师文化"。在多元文化碰撞、教育改革不断深化、学校管理变革的时代背景下,教师群体的价值观也在发生变化,这给教师文化创新提供了挖掘、引导,进而丰富、完善的契机。

这教案,该不该借?①

这种事情,天天在发生我们身边。有时,连当"领导"的你,也不能例外。如果你碰到这种"烦心事",你将怎么办?

故事缘由:

生为教师,"备课"写教案,是理所应当之事。而检查教案,似乎也是督促教师备课的不二"法宝"。但是,最近,Y 小学分管德育的张副校长,遇到了一件烦心事。

事情是这样的:

开学初,担任六年级毕业班数学教学的李老师找到张副校长,笑眯眯地说:"张老师,你看,去年你们带的那一届毕业班,

① 本案例及其分析,由南京市浦口区行知小学余庭玲校长供稿。

数学成绩考得那么好，真让我们羡慕啊！今年我教毕业班了，你要多多指教呀！”

张副校长和李老师年龄相仿，已是十多年的同事了，他也笑着说：“李老师，你也别谦虚呀，你的实力我还不知道？只要你稍稍发点‘威力’，超过上一届还不是小菜一碟？”

“哪里哪里，你别拿我开玩笑了。说真的，我正准备借你去年的教案好好学习学习呢，不知张老师愿不愿助人为乐？”

听到李老师提出这样的要求，张副校长一愣，随即手一挥，说：“没问题，明天就带给你，顺便帮我找找教案里的毛病哦！”

看着李老师离去的背影，张副校长脸上露出了欣慰的笑容。

转眼一个多月过去了，有一天，张副校长在办公室遇到李老师，就问：“李老师，我那教案你用好没有？有没有发现什么问题呀？”

李老师一愣，随手关上正在玩的电脑游戏屏幕，说：“不好意思，这段时间比较忙，您的教案还没来得及学习呢。”

张副校长心里一沉，说：“这几天，我正准备写一篇论文，要用那教案查找一下当年做的课后反思，那我就先拿回去了。”随手从李老师的办公桌上拿起落了一层灰尘的教案，拍了拍，转身就走了。

李老师一把抓住张副校长，笑着说：“你用完了，一定要再借给我哦！”张副校长不由自主地“嗯”了一声。

一星期后，教导处发下了通知，期中考试前，要对各个学科开展教学“五认真”检查，尤其是教案，更是检查的重点。

通知刚发下，李老师就来找张副校长，说：“张哥，马上就要教学检查了，你那教案赶紧借我抄抄。”

“啊呀，老弟，你那满肚子才华对付个教案还不简单，何苦抄我的呢？再说，我的教案今天也没带来呀！”

“张哥，帮帮忙，我就指着你的教案过这一关呢！明天一定要带来呀！”

就这样，张副校长为这教案是否要再借给李老师，着实有些

"烦心"。回想开学初,自己热心地把教案借给李老师,原以为他会借鉴自己的教学方法,好好研究毕业班的数学教学,谁知,教案却被束之高阁,落满灰尘!现在,面临教学检查,这教案又成了他应付检查的"救命稻草"。头痛的是,大家平时关系都不错,为了这事伤了和气,似乎不大好。而自己身为学校领导之一,明明知道这种"上有政策,下有对策"的方法不可取,视而不见已不太好,现在却要成为帮凶,这岂不是笑话?

张副校长把自己的烦恼说给了几个好朋友听,在"好心人"的劝说下,同时,也在李老师软磨硬泡下,张副校长最终还是把教案借给了李老师。

消息不胫而走,在全校教职工和临近学校中传为笑谈。

案例思考:

思考一:在这个案例中,面对是否要借教案给李老师,既是管理者又是教师的张副校长,其实面临的是学校管理制度和私人关系的选择。之所以他夹在中间,左右为难,是因为学校的教学管理制度遭遇了教师群体亚文化"潜规则"的抵制。由于学校的管理文化与教师群体的"亚文化"不一致,才会出现"上有政策,下有对策"的现象。在学校管理中,教师群体中的"亚文化"是一个不可忽视的因素。所谓"亚文化",是指在学校文化中,存在于教学管理主流文化之外的,在教师群体中自发存在的一种习性、习惯、思维与行为方式。当"亚文化"与学校管理文化一致时,各种管理理念和意识就能够统一,并执行到底;而当两者不统一甚至相悖时,就会出管理失控,流于形式的现象。因此,在学校管理中,如何引导教师"亚文化"与学校管理文化一致,显得尤为重要。因此,在学校制定管理策略时,就要以人为本,针对学校的实际情况,把对教师的尊重、感化和发展放在首位。第一,树立"教师发展学校"理念,让教师参与到教学管理的过程中来;第二,建立"教师自我发展"机制,提供多种平台,建立各种有效机制,把学校管教师变成教师管自己;第三,建立"教师共同体"的学校机制,围绕学校各方面的工作,把教师组成不同的联盟团体,一起研究教育问题,共同发展兴趣爱好。通过以上方法,把教师群体的"亚文化"与学校管理文化进行有效地融合,进一步促进学校各项管理的有效性。

思考二:在当前的学校教学管理中,很多学校对教师工作质量的考察,还只是流于形式——重结果,轻过程。甚至在有些学校,仅仅把"教学五认真"的检查和学生考试成绩作为考核教师的唯一标准,忽略了教师的日常教学状态,学生学习过程中教师的投入和创新。正如上文中无论是学校对"教学五认真"的检查,还是张副校长一厢情愿地想感化李老师,实际上对于老师专业精神的提升和专业化的发展并没有起到相应的作用。所以,这样的管理不仅得不到老师们的支持,反而成了学校管理的例行公事和"表面文章"。因此,积极引导教师提升师德修养,切实促进教师专业成长,才是教学管理的核心要务所在。第一,采取多种形式,激发教师爱岗敬业的师德心,找回职业自豪感,让每个教师都成为乐业者。第二,改变管理机制,调动多方面资源,促进教师的专业发展,让每个教师都成为精业者。第三,开发多种激励机制,鼓励教师自觉学习、科研提升,让每个教师成为思想者。

思考三:作为学校管理者之一的张副校长,之所以会遇到如此烦心的事情,究其根本原因,是因为对于"查教案"这件事,教师和管理者有不同认识:在教师看来,教案只是做做样子,应付检查的,与自己教学的实际需要关系不大,因此,借也好,抄也好,只要应付过关即可。而在管理者看来,教案应该是教师教学思考和记录的结晶,教案的撰写水平决定教学质量的高低,所以要作为重点来检查。教师的教案该不该查?怎么查?能不能作为衡量教师教学水平的依据?这些问题一直以来都在许多学校存在争议。笔者认为,教案作为教师实施教学的一个事先构想的方案,其必要性当然不言而喻。但是教案的形式可以多样:年轻教师须写详案,有经验的教师则可以写简案。教案可以写在教案本上,也可以把部分教学策略标注在教科书上。对于教案的检查,不一定要一刀切,可以分散在日常教学检查中,把对教案的检查与听课结合起来,效果一定更好。学生进行阶段测试后,进行测试结果分析时,把教案一并呈现,这样的检查一定更有针对性,同时也更能及时发现问题,调整下一阶段的教学策略。

四、思维方式的聚敛性与分析性

思维是人类高级的心理活动形式,是人的理性的根本标志。根据不同标准,我们可以将思维分为多种类型。如,按思维的历程与结果,可将思维分为复制性思维和创造性思维;按思维的运作方式,可将思维分为聚敛性思维和发散性思维;按思维依凭的对象和概念水平,将思维分为经验思维与理论思维;按思维者对其思维步骤的意识程度,可将思维分为直觉思维与分析思维。中国传统的思维方式,作为积淀而成的社会心理和民族性格,潜移默化地影响着我们的思维活动——我国传统思维方式在总体上呈现出厚古薄今、趋同求稳、重继承轻创新等特征。在此思维模式影响下,“心往一处想”、“不谋而合”、“英雄所见略同”等思维观念被许多人奉为思考问题的至高境界,根植于社会文化土壤之中。

教育实践是人们基于对教育的理解而展开的,而对教育的理解,又是以对教育的设问方式为前提的。思维方式是同人的观念、群体/社会心理等各种文化因素凝聚在一起的,属于教师文化的深层因素。自古以来,教育实践中存在着两种不同的教育思维方式,即本体论的思维方式和关系论的思维方式——前者是追问“何为教育”、“什么是教育”的本质性的哲学思维,后者则是认识和把握“教育何在”、“教育是什么”、“教育有哪些”的教育现象/事实的科学思维。就教育发展的事实考察,关系论的教育思维方式引入了教育的主体性原则,带来教育实践的根本变化。从文化哲学层面审视,教师思维属于非日常思维而具有理性、自为性、开放性等基本特性①。

① 李子华.教育思维方式的现代转向及其实践意蕴[J].高等教育研究,2009(2).;谌安荣.论教师思维的异化及其超越路径——文化哲学视角[J].教师教育研究,2009(5).

创造性成果的产生，是求同思维与求异思维以及各类思维方式交互作用的结果。由于教师代表社会主流、正统文化，主要是传承已有历史文化以及作为普通人与作为教师这一特殊群体存在内在冲突等方面的原因，所以从整体上说，教师群体尤其是中小学教师在思维方式上，体现出明显的目标聚敛性和逻辑分析性的特征。其思维很容易由非日常思维异化为日常思维。传统思维积淀成思维习惯，驱使教师在狭小的思维圈子里运动，教学一味追求合主流正统的“统一”，使教师失去了潜在的个体性、独立性，流于日常性思维，影响了创造性才能的发挥。这种思维方式重逻辑推理、轻差异创新，在教学活动中常常表现为强调思维的群体趋同性，而轻视思维的丰富多样性。我们认为，这种思维特征既是教师职业的外在要求，又以群体特征体现为教师的“职业病”——由此可见教师思维方式与科学家思维方式的根本差异所在。我们的教育改革，要致力于实现培养学生创新精神和实践能力的目标，而这与中小学教师思维方式的聚敛性与分析性，相比之下构成了巨大的落差。如何深入认识并解决其内在矛盾，扬长避短，长善救失，是一个不容回避的时代课题。实现教师思维的超越，内在方面要通过教师自身的文化反思和文化自觉来实现。

作为教师思维解读的人类思维背景分类

(1)按思维的历程与结果，可将思维分为复制性思维和创造性思维。复制性思维，也称常规性思维或再造性思维，是指人们运用已有知识经验，按现成的方案和程序，用惯常的方法、固定的模式来解决问题的思维方式，创造性思维是指以新异、独创方式来解决问题的思维方式。显然，创造性思维过程是人类思维的高级过程。

(2)按思维的运作方式，可将思维分为聚敛性思维和发散性思维。聚敛性思维指个人解决问题时总是根据已有知识经验，遵循逻辑规则去寻求答案，而不能抛开旧经验束缚从另外的观点看问题。发散性思维是指一种不依赖常规、寻求变异、从多方面探索答案的思维方式。

(3)按思维依凭的对象和概念水平，将思维分为经验思维与理论思维。经验思维是指凭日常概念即常识进行的思维方式，理论思维是指根据科学概念和论断进行的思维方式。

(4)按思维者对其思维步骤的意识程度，可将思维分为直觉思维与分析思维。直觉思维是一种非逻辑思维，它是人脑对于突然出现的新现象，能迅速理解并做出判断的思维方式；这是一种直接的体悟性的思维方式。分析思维，也就是逻辑思维，它严格遵循逻辑规则分析推导，最后得出合乎逻辑的答案或结论。

(5)按思维者在思维时是按照习惯的或者是逻辑的步骤进行，还是不完全按照一定的程序和步骤进行而以抄捷径的方式进行，可将思维分为定程式思维与捷径式思维。定程式思维就是根据科学原则的按部就班的思维过程。与定程式思维过程相对者就是捷径式思维。

[资料来源]：选编自李洪玉.思维策略[M].天津：百花文艺出版社，2001.葛文怡供稿。

五、行为方式的规范性与求同性(保守性)

与此相关，已有的教师成长过程表明，教师的成长主要依靠经验积累，而不是专业教育。一般教师与优秀教师的区别首先在于经验及其体悟，教师们常年重复着相同的教学内容，主要关注的是知识传授的方法并力求形成熟练技巧。因此，经验在教师文化中具有特殊的地位(甚至教育学也被称为经验的科学)，“经验主义”不仅是教师工作的鲜明特点，也逐渐为教师生涯所证实。教师不希望自己多年积累的丰富经验受到挑战，害怕由于变化而打乱原有的方向和程序性流程。由此发展，使教师在文化上显现出明显的保守性。同时，教师的工作环境，被一间间教室分隔成众多独立的教学场所，形成一个个相对封闭且自主的领域，教师们习惯在各自领地上靠个人的力量解决课堂教学中的种种问题，用心备课、上课，尽量教好本班的学生就算功德圆满。就教师与同事之间的关系来看，每个教师个体之间是相互独立的，他们分别接受社会委托和“行政指令”，而对于教学经验和技能多采取自给自足的方式，很少进行互相交流和合作。美国学者帕克·J·帕尔默将这种封闭性的工作方式称之为“关上门的教学”,“当我们走入这个名为教室的工作场所时,我们把同事关在门外。离开以后,我们很少去谈论发生过什么或接着会发生什么事,这是由于我们并不习惯讨论共同的经验。”①教师与教师之间也恪守“互不干涉”的原则,即使在学校组织的公开课、研讨课等教研活动中,同事之间也往往因顾及情面,不愿做实质性的交流和评论。这种保守的“专业个人主义”导致教师文化潜在地排斥开放与合作,使教师的教学行为陷于彼此孤立的境地。为此,有人说,我国中小学教师精神状态具有被动性和保守性。

教师行为方式的保守在职业背景下大多表现为求同性和规范性。人是环境的产物,同时又以自身意志反作用于环境,人就是在与环境的交互作用中生存和发展的。在共同的教育环境里,教师群体在长期的学习、工作和生活的交互作用中形成了群体心理定势以及由此而产生的外在化的群体行为倾向。具体说来,同一所学校的教师,在长期的教育教学生活中,形成一种共同遵守的“内隐规矩”——这就是这所学校教师文化的核心价值观和现实的价值取向,它往往制约着每一位教师,并规范着个体的行为——体现为外显的行为方式。因此,教师群体在行为方式上呈现鲜明的求同性和规范性的特征。主要表现在以下两个方面。一是教育教学行为符合学校组织文化的一致性。“一个组织的文化如何判断呢?一个组织中大多数人不约而同的做事方式以及‘对多发问题的一套标准化适应方式’即一致的内隐规矩和内隐概念就是这个组织的文化。”②如果学校价值取向鼓励苦干,大多数教师在教学上就趋向于多讲、勤练,以耗时来求取教学成绩;如果学校鼓励创新以提高效率,大多数教师在教学上就趋向于追求高效;如果学校在学生的管理上倡导严格监管,教师在行为方式上往往遵从控制原则,使学生服从管理;如果学校在学生的管理上倡导自主管理,教师在行为上往往会寻求调动学生自主性的方法,教会学生自我管理等等。我们发现,任何一所学校的教师的行为方式往往不自觉地遵循着学校的某种约定俗成的传统或风气,而不是写成条文、挂在办公室

① [美]帕克·帕尔默.教学勇气——漫步教师心灵[M].吴国珍,等译.上海:华东师范大学出版社,2005:142.

② 季苹.学校文化自我诊断[M].北京:教育科学出版社,2004:13.

墙上的“制度”。二是教学技能上向经验丰富的教师看齐。教师的在职教育主要体现在教学技能培训上，年轻教师往往以学习模仿有经验教师作为提高教学技能的主要途径。一些学校以“师徒结对”来培养青年教师，其实遵循的也是适应、保守和求同的思维倾向。如何在继承中创新，进而更好地促进教师成长和成熟，需要拓宽思维、拓宽路径。

第三节 天生的精神贵族：中国教师及其文化的精神气质

如何从“文化生存”和“精神状态”的角度审视教师的特点是我们近年来的讨论焦点。

中小学教师所在的工作环境——长期以来实行的是行政管理体制，学校各项工作大体是按照：校长室决策，教导处等中层部门布置和检查，教师执行的行政程序来运转。教师的教育教学或其他工作基本上都是由教导处事先分配任务，并由教导处来检查教师的工作完成情况，教师只是行政命令的执行者。如此一来，教师将自己定位于这种科层管理机器上的操作工，只是遵循既有的课程计划和预设的实施程序落实和执行。教师对课程、教材、所授班级基本上没有自主选择的自由，其主要任务，就是不折不扣地完成预先分配的工作。近年来，一些中小学为了追求管理高效率，不断强化行政权力。如，一些中学在年级组（或年级部）设立一套行政管理机构，加强对教师教育教学工作的日常检查等；实行教师教育教学工作的量化考核制度，将备课笔记、听课笔记、作业批改量、课外辅导次数等进行量化考核；教师的工作评价标准倾向于学生业绩或考试分数，对各班级制定升学率指标等等。这使得中小学教师尤其是中学教师长期处于被控制的职业状态，在精神状态上渐渐习惯了听从指令，习惯了按部就班，主动性创造性也逐渐丧失。很多教师在教学上对所授知识不置疑，唯书是从，甚至照搬参考书；在学生管理和学校其他活动上，惟上级指令马首是瞻，不追问工作的价值和意义；在自身的生命价值上，满足于“工具人”的使用价值，缺乏“目的人”的价值追求。我们的教育日益背离求真、向善、尚美的核心价值，这是令人忧虑的。但是，人总是要有点精神的。

当下中国的教育,需要回归本真,"从原点再出发"。作为"文化富翁"和"精神贵族"的教师理应有所想象,有所追求。

没有精神价值的生活,是没有人生意义的生存,它只是生存着,而不是生活着。人是需要精神家园的,作为精神贵族的教师更是如此,至少要在梦中,"常回家看看"。在我们看来,那些总是被人们记起并且不断被赋予新内涵的价值或话题,是不可等闲视之的。比如,真、善、美,比如,知识、道德、品位,比如,器物、规范、精神,等等。"物质时代",社会呼唤伟大的"精神导师",也需要无数的平凡的"精神助教"!

教师及其文化的独特气质不仅体现在总是"有所追求",还体现在价值取向和行为方式的"独特风格"。西方哲人说过,未经理性审查的生活,是没有意义的生活,而中国教师是天生的精神贵族(参见本书有关部分的讨论)。以下表述,是我们在古今中外尤其是中西教师文化比较中概括出的当代中国教师应有的精神特质和文化传统。

一、崇道尚德、追求理想人格——教师的文化境界

道德是人类崇高精神的历史积淀,正如康德所言,理性的终极目的就是道德,如果说知识是用理性之光为自然立法的话,那么道德则是实践智慧的自我立法。所谓境界,是对人生追求和品位的一种"描述"。教师文化建设应当彰显理想人格,其离不开"师德",更应当有"境界"的追求。如果说把伦理性培育视为教育的根本,那么,崇道尚德就是教师及其文化的基本起点和品质前提,是教师文化作为社会亚文化形态设计的历史必然与现实依据。因此,教师文化的构建,首先要考察其价值及其倾向,即要对教师文化的价值基础和方向做出解读,而教师个体则要努力把个人道德修养与社会普遍伦理统合一体。

崇道尚德、关注生命是中国传统文化的品格,它警示教师应当追求理想人格,也是解读当代中国教师文化内在特性与品格追求的钥匙。中国传统文化这种对人性及其道德丰富性的关注,使得中国人的生活向着理想目标进发,所谓人性提升,则是人的潜能在现实中从有限性趋向无限性的道德提升过程。"如果从伦理道德的意义上诠释,生命的过程,在消极意义上是自我约束、自我规范,由此显现出人的特点和人的尊严的过程;

在积极意义上就是自我造就、自我提升,实现生命的意义和价值的过程”。[①] 显然,中国文化传统中对人之存在意义和价值的思考,对理解教师文化建设的目标和境界是有启示的。在中国文化传统中,寻求人之存在的意义和价值,不是把它置于梦幻的彼岸世界、超验世界,而是立足在现实的生活世界和现实生命中。中国文化设定了“人人皆可以为尧舜”的人生理想。而如何为尧舜,不是像西方中世纪那样的对上帝的忏悔,也不是像近代的自然科学研究的依赖实验证明证伪,而是通过自我反省并在日常生活中实现。这样,一方面,它提供了人发展的目标与境界——内圣外王的理想人格;另一方面,又指出了实现的途径与方法——天、地、人三者相参互补[②]。也就是说,我们要注意到文化传统关注生命的基本特点,以此为基点,寻求文化传统中的合理因素,促进教师文化的发展。

崇道尚德、关注生命的品格特征自然体现在教育中。何谓人?何谓人之师?如何为人之师?崇道尚德、关注生命为“教师是什么”、“教师为什么”、“教师做什么”的考量提供了渊源,而这些恰恰也是建构教师文化境界的根基。对个体来说,它是教师的良心良知,对社会来说,它是教师的自觉责任。于是,追求理想人格成为教师的文化境界,也是教师文化的品格风范。这意味着,我们的教育,要关注有生命的人,而实质是如何使人成为有道德的生命。“教师文化就是以伦理道德作为教师个体性生命的引导和生物性生命的规范……使教师的存现状态与人生追求符合人性价值的目的与伦理道德的原则。”“教师文化所关心的不仅仅是知识的传播,更要为人格的形成、品格的获得进行一次‘施洗’……伦理道德是对教师行为、形象的设计与权度,是构成教师文化的标尺和维度,是教师文化的精神底色和形象前提。”[③]正如,孔子说的“弟子入则孝,出则悌,主忠信,泛爱众而亲仁”,韩愈所说的“师者,传道、授业、解惑”,就是在出入应对的日常生活中,追求和践履理想人格。

民族文化传统给教师文化构建提供了依据,同时也是教师文化的意义本源。它的现代启示是,立足于现实生命呵护的维度,去理解教师生命

---

① 樊浩.道德理性与生命智慧[J].人文杂志,1998(5).

② 舒志定.文化传统与教师专业化的实现[J].教育研究,2002(12).

③ 张华.教师文化的逻辑视角[J].内蒙古师范大学学报 2006(2):97-101.

的意义及其群体文化建设。这样的设计和追求，开辟了教师自我成长的道路，不仅有助于教师关注自身——促使教师注重自我修养，反思职业生命的意义，使知情意行和谐发展，健全教师的人格，并建立起对社会的责任感、使命感，更有助于教师"推己及人"——即从关注生命角度理解学生，理解学生的生命，培植有道德有智慧的生命。这在根本意义上，也有利于我们回归生命的意义和教育的本真，平衡科学主义嚣张、人文主义式微的状况，避免把师生理解为张扬科学力量的工具。套用圣人之言："慎终追远，崇道尚德，师德归厚矣"！

二、自尊、清高——教师的精神特质

教师文化以其本身的人本性、崇高性和奉献性，把社会对教师职业的道德期望，内化为教师主体的职业良心和志趣，使教师文化主体的个性和理想融为一体，达成真、善、美的价值和知、情、意、行的教育的契合。我们认为，自尊、清高、示范性、规范性等是教师群体所拥有的较具代表性的文化特质，而自尊、清高是教师群体文化的主要的、典型的内在精神气质（特质）。这是把追求理想人格作为教师文化日标和意义的必然①。

所谓"自尊"，即自我尊重，指的是个体尊重自己并不容他人歧视和侮辱的自我意识。"自尊是一种自我认识、自我评价的心理，表现为承认和重视自我在社会中存在的价值，喜欢和热爱自我的情绪以及接受自我的意向。"②自尊，本是人之为人的所应有之意识，是个体健全人格的基础，但它作为教师群体的文化特质具有特别涵义，这是因为，每个教师都有着与教职相伴相生的强烈的"自我尊严感"。教师在充分肯定自我价值的基础上，将藏于内心的自我意识形诸于外，表现在教师与人交往过程的始终。

所谓"清高"，即清正高雅，清者，意即不同流合污，高者，意即不低眉附俗。"清高"是教师在自尊基础上形成的群体道德操守的行为表征。

① 葛金国，吴玲，周元宽. 课程改革与学校文化重建［M］. 合肥：安徽教育出版社：2007：233.

② 何昭红. 试论以树立自尊和责任感为基础的教师职业道德教育［J］. 广西师范大学学报，2000（4）：65.

追溯中国“师道”传统中教师自尊、清高气质形成的文化根源，它既是教师追求理想人格的必然，又是建立在教师自我认知和自我期许基础上的——教师自认为应当或已经是“有知之人”、“有德之人”和“有品之人”。

职业的特殊性，几乎使每一位教师，不可避免地在工作和生活中保持着一种与教职俱来的“自尊感”和“清高感”。并且，这种教师群体思想行为特质，以“日习而不知”的方式渗透在教师的一言一行、一举一动当中，表现于教师日常工作和生活的各个方面。如，教师常常使用社会中心式的自我称谓，教师与人尤其是学生、家长交往中的权威感，教师诲人不倦的社会形象等①。这种自尊、清高的精神特质，既是对自己、自己职业的自尊自爱，也是对自己及职业所属——小至学校、教育对象、教育内容，大到民族、国家等的自爱自怜。这种自尊清高的精神特质，更是对教师自己的精神所属——文化母体（集中体现为民族文化传统、教育文化使命）、精神家园的自尊自爱的永远的守望。

有一副长联，是对教师职业生涯的真实而生动的写照：

一支粉笔两袖清风，三尺讲台四季晴雨，加上五脏六腑七嘴八舌九思十想，教必有方滴滴汗水诚滋桃李满天下；

十卷诗赋九章勾股，八索文思七纬地理，连同六艺五经四书三字两雅一心，诲而不倦点点心血勤育英才泽神州。

显然，教师作为学生之“先生”，必备一种执鞭任教的使命感，具有甘受清贫的高尚品格，才能堪为师表②。

概括教师文化的特质，这是在终极意义上理解教师生命，这使教师文化建设超越知识技能而达到完善。

三、基于忧患意识的自省自克——教师文化发展的内在动力

理想人格的追求，从意识转化为树立形象、完善素质的自觉行为，还

① 翟莉，王守恒. 专业化背景下教师自尊文化的寻根与重建[J]. 现代大学教育，2009(5).

② 陈永明. 教师社会地位：虚像还是实像[J]. 集美大学学报（教育科学版），2010(3).

需要内在动力。这种内在动力是来自主体自身：它是主体自身需要的意识化，并提升为责任感，升华为使命感。而“自省自克”是一个整体，其中，自省是基础，自克是结果，同时，二者又互为条件和结果，体现为一个互动共生过程。

教师最深刻的需要是自尊、清高的需要，教师最宏大的使命是传塑文化的使命。但是，“业精于勤，荒于嬉；行成于思，毁于随”。如何才能实现有意识和升华？这就要求教师做到如古人所说的“吾日三省吾身”，包括职业的“反思性教学”。教师要形成善于反省的文化品格。这种反省——反躬自省，是教师不断检视自身思想行为而进行自我建构自我提升的活动，它帮助教师走出故步自封、因循守旧的泥沼，不断修正自己完善自己。实质上是提倡人不为物役，不为利累，争取内心的自由，完成身体锻炼和心性修养。更为重要的是，反省不只是教师应对教改的权宜之举，而要融入自身的品格，成为文化更新、推动自身发展的内部机制。如果以这样的思维来理解教师职业活动，教职也成了生命的一部分，即教师职业不仅是谋生和“建功立业”的，更应是教师实现生命意义和人生价值的场所，是个人生命力勃发与价值实现的载体。

这种自省不是空穴来风，而是基于实现自身生命价值的忧虑与危机感，即忧患意识。忧患意识在本质上是人类的一种精神自觉，是人意识到自身力量并开始对事物发生责任感的表现[①]。中华民族先民素有忧患意识，其中早期的忧患意识作为素朴的人文精神，构成了民族文化产生的原动力。孔子常说君子要“忧道不忧贫”，要与天道贯通，“己欲立而立人，己欲达而达人”。这种对生命的忧虑使人的生命价值得到提升，成为人不断进取的动力。所谓“生于忧患，死于安乐”，就是这种经典论断。忧患意识与中华民族的“自强厚德”精神是密切联系的，在今天，这一文化品质，又与时俱进地转化为人的主体精神并呈现出新时代特征。建筑在忧患意识基础上的自省自克，构成当代中国教师文化发展的内在动力。

教师实现自省自克，首先，要深刻意识到，人何以要成圣成贤，是否能成圣成贤，取决于自身的责任感和使命感。教师的“学”和“习”，源自于

① 徐复观. 中国人性论史 · 先秦篇[M]. 上海：三联书店，2001：19.

不断的自我反省,是自我体知与不断觉悟的结果。其次,教师的自省自克,是批判性、有价值倾向性的。教师不仅要不断地"学而时习",获得自身素质的提升,更要"学以致用",坚持知识分子的"社会良心",批判性地服务社会。再次,教师的行为动力,是内在的持久的。所谓"苟志仁矣,无恶也",只要心向往之,境界和品位问题自然解决。"仁"之所以能够贯穿人的一切思想行为,在于它能帮助人自觉塑造一种超越具体思想行为的情理结构。通过这种情理结构,人能通过自我努力达到完美境界,而这种自我努力基于的是意志的力量。所谓何以要成圣成贤,是否能成圣成贤,皆备于我也,尽在乎我也。

四、"尊德性、道问学","经师"、"人师"统——教师的文化形象

在中国文化传统中,常常把求知与德性结合起来,并以此提出求知的基本路向。论语中多次提到"古之学者为己,今之学者为人",故中国知识人最看重的是"为己之学"、"为己之教"。①

《大学》提出了三纲八目(三纲是:明明德,亲民,止于至善;八目是:格物、致知、诚意、正心、修身、齐家、治国、平天下)的求学目标和路径。司马光在《资治通鉴》中说,"经师易遇,人师难遭":经师教学问,人师教做人;经师重能力,人师重品行。与此同时,中国传统文化总是认为,学问是人的和人做的,做学问,要先做人。因此,研究学问必须首先研究人,不能离开人来谈论学术,更不主张为学术而学术。相反,学术活动应该做到如孟子所言的"尽心知性,尽性知天":如果离心、离己,就谈不上是人的学问;学问之道无他,"求其放心而已"。由此,形成了中国文化人的"尊德性、道问学"的传统。正是据此传统,钱穆先生把中国传统学问及其做派,分析成三大系统或类型,即人统、事统和学统。②

显而易见,中国文化传统中最重视的是"人统",这与西方注重知识

---

① "为己之学"、"为己之教",对应的是"为人之学"、"为人之教"。这是出发点或指导思想的问题,切不可以现代汉语而望文生义。

② 所谓"人统",是讲如何做人,即为人处世;所谓"事统",讲如何做事,即学以致用;所谓"学统",是讲如何做学问,即"为学问而学问"。

探索有根本性的或路径性的区别(当然这样说并非否定西方教育重知识的传统的意义)。在中国文化传统的语境下,教师的成长,不能仅仅依赖于自然科学知识的掌握,更需要德性之智、体验之慧,也即是以成人成才为宗旨,以养成“正人”、“君子”为目的。由此来思考教师文化,揭示了以生命为基础融合科学人文两大文化的新视野,解决了教师文化构建的理论基础,为教师文化建设指明了方向性思路。

这个方向性思路,体现在四个方面。一是爱人如己,增强社会责任感。中国文化,尤其是其体现者知识分子,素有“先天下之忧而忧,后天下之乐而乐”、“天下兴亡,匹夫有责”的胸襟和抱负。这种爱人如己的高尚恕道,注重整个社会和谐发展的群体意识,是今天教师文化建设的宝贵资源。教师要努力把个体素质提高、群体文化完善与社会、群体的进步、发展结合起来。二是立足生活,重在生成。尊德性、道问学,现实地指出了教师能够成就学问的路径,即在其日常生活世界中完成。教师要学会合作、学会关心,努力超越自我中心,自觉地协调与他人、社会乃至自然的关系,克服自卑、虚荣和忌妒等不健康心理。三是强调好学敏求。中国文化传统中的“知”是对生命的反思——反思个体,反思个体的有限性,反思与周围人事的关系,反思人与世界共存、“天人合一”的关系。所有这一切,在于涵养人生的态度和境界。对知本身的觉悟,是人的德性。四是注重言行一致。学问的人统、事统和学统内在关联着,要求人从人统向事统、学统的渗透,只有做好人,才能做好事;不仅要知,更要行;而好的学问,应该与服务社会相联系。带动人类发展和社会进步的人和学问,才是好人、好学问。重视自我修养和身体力行之教,对教师文化建设是有根本意义的。

从另外一个角度来理解,教师文化的构建,要努力实现“事实特性”与“价值特性”的统一。就事实特性而言,教师文化建设,要伴随教师文化素质的提高,有一定物质的或具象的指标,这是理解教师文化建设的必要基础。所谓“闻道在先,术有专攻”,成为“经师”,这是职业的前提性要求。就价值特性来说,教师文化建设,要有一定价值方向,即把教师职业作为一种境界加以追求,如孟子所言:“得天下英才而教育之,三乐也”,所谓“为人师表”,这是“人师”,是职业的信念性要求。与此相关,德国教育家赫尔巴特提出的“教学的教育性”，苏联教育学提出的“在教养的基础上进行教育”，也说明知识教学与品德塑造的内在联系，蕴含有“经师”与“人师”统一的思想。这意味着，当代中国教师在对“技术专家”身份扬弃过程中获得“知识分子”的文化品性，并在与“技术专家”角色区分中获得身份的自明性。这意味着，当代中国教师的文化形象应是集“经师”、“人师”于一身，言传身教、树德立人、教书育人。教师不仅仅要传知、拓能——不仅担当“经师”角色，更要以身作则、全面关心受教育者的健康和持续发展，更要担当“人师”角色，让经师与人师协调统一。教师不仅应具有广博的知识能力、高明的教育智慧，更要有崇高的人格和深厚人文精神，是能够为人类创造幸福生活的人。智仁兼备、德艺双馨，在教师身上有特殊的意义。

可以相信，在这样的文化特性把握和价值信念引领下，将更有利于教师自觉地关注生命，关注现实，知情意行统一，超越世俗功利，真正做到尽职展能——言传身教，因材施教，实现职业生命的完满。①

综上所述，我们认为，肩负神圣使命的当代中国教师，一个重要前提就是反求诸己，真正认识自我，立足于时代背景，以民族文化为基色，打造良好的教师文化——具有鲜明中国特色的当代教师文化。崇道尚德、追求理想人格，是教师文化设计应予期待的境界；关注生命、自尊清高，应是当代中国教师文化所追求和着力打造的基本品格。这种品格在文化形象上具有深厚民族文化传统的特质，以基于忧患意识的自省自克作为内在动力。与此同时，教师的职业特点和群体特性，也决定着这种品格不仅属于中国特色，也在一定程度上具有可通约性，即普世性。

打造教师文化名片

教师文化是校园文化的核心。作为教师，要想以文化魅力润泽学生，就要积极打造属于自己的文化名片。

打造教师文化名片，不仅能够推动教师专业发展，促进学生

① 关于教师的文化形象，我们思考很久，思来想去，不知如何表述为好。初稿时还是“经师”与“人师”的统一。当下，我们还是觉得“学者”好些，取其“修学完善的人”之意：教师不但是一个教他人的人，更应是一个修学的人。不管他此时此刻是否在教，但他必须无时无刻在学。

健康成长,还能够打造出魅力校园,让校园充盈诗意和温馨。教师要想打造出自己的文化名片,需要从几个方面着手。

努力汲取文化营养,做学者型教师。满足已有,不知充实,终有一天会掏空自己,在教学中捉襟见肘。勤奋学习,用丰厚的文化武装头脑;博采众长,用诗性的文化浸润灵魂;主动反思,用理性的文化规范行为。由此,我们就能形成如学者一样渊博的知识体系,拥有哲人一样深厚的道德修养,具有长者一样宽厚的行为风范。

倾力铸造人文精神,做亲情型教师。作为人文精神的核心,超越"情商"范畴的"仁爱"理应成为每个教师的自觉行动。囿于传统束缚和诸多因素困扰,过往不少教师常常将爱局限在狭小范围。对于学生,求全责备;对于同事,缺乏必要敬重;对于自己,甚至也苛刻得令人难以置信。因此,以人文精神重树亲情型教师形象,成为必然选择——爱学生,不分成绩优劣,不凭个人喜恶;爱同事,不分远近亲疏,不凭主观臆断;爱自己,既不放任也不苛刻,既不小"富"即安,也不贪大求全。付出的是爱与亲情,回报的自然是亲情和爱。

应和时代变化,做进取型教师。时代要求教师能够应和时代气息,锐意创新,积极参与校园文化建设。在新的条件中。教师应努力适应创建和谐校园的要求,将对成绩的关注,回归为对"人"的关注;将以授业为中心的课堂,变为师生和谐成长的阵地。让单纯、单向的师生关系变得丰富和谐起来。

凭借精心打造的文化名片,我们将让学生体验到教育的温暖,感受到教师的温情,并让同行刮目相看。

[资料来源]:冷学宝. 打造教师文化名片[N]. 教师报,2007-3-18.

思考题:

1. 教师文化精神特质的指向是什么?体会教师文化精神特质分析的多种维度。

2. 认识并体会教师文化在价值取向上的主流性和正统性；认识并体会教师文化在情感态度上的清纯性；认识并体会教师文化在人际关系上的派别性（学科性、年级性）；认识并体会教师文化在思维方式上的聚敛性与分析性；认识并体会教师文化在行为方式上的规范性与求同性（保守性）。

3. 什么是自尊、清高？为什么说自尊、清高构成了教师最为显著的精神特质？为什么说教师在文化境界上应当崇道尚德、追求理想人格？

4. 何为忧患意识？什么是自省自克？为什么说基于忧患意识的自省自克构成教师文化发展的内在动力？

5. 什么是“尊德性、道问学”？什么是“经师”、“人师”？为什么说“尊德性、道问学”，“经师”、“人师”统一是教师群体的文化形象？

参考文献：

1. 陈永明. 现代教师论[M]. 上海：上海教育出版社，1999.

2. 申继亮. 新世纪教师角色重塑[M]. 北京：北京师范大学出版社，2006.

3. 陶志琼. 教师的境界与教育[M]. 北京：北京师范大学出版社，2006.

4. 吴玲，周元宽. 当代教师文化使命[M]. 合肥：安徽人民出版社，2006.

5. 葛金国，吴玲. 教师文化通论[M]. 合肥：安徽大学出版社，2012.

6. 王枬. 智慧型教师的诞生[M]. 北京：教育科学出版社，2006.

7. 瞿葆奎. 教育学文集 · 教师[M]. 北京：人民教育出版社，1991.

拓展参考文献：

3－1. 郑金洲. 教育文化学[M]. 北京：人民教育出版社，2000.

3－2. 车丽娜. 教师文化的嬗变与重建[D]. 山东师范大学，2007.

第四章 教师文化的功能发挥

人是一个目的性动物，而其中的多数人，首先或主要为功利性的目的生存。因此，"功能研究"成为文化研究的"抓手"，因为，在一个自利的充满欲望的人面前，一个没有功用的事物是无意义的，不少人太习惯于问"＊＊有什么用?"之类的问题了。教师文化功能的研究也不例外：它既是教师文化建设中的基本课题，也是理论研究与实践探索的中介。目前，对于教师文化功能的讨论还不多，或许有人不以为意，或许有人以为不言而喻。我们认为，尽管教师文化"温文尔雅"，但并非"弱不禁风"，它应该经得住这样的"拷问"(走进文化研究的场域以来，我们就常常被问及"文化是什么？有什么用?"之类的问题)。全面深入阐述这一问题，无论对于人们提高对教师文化的认识，还是改善教师文化建设，都具有重大意义。本书把"教师文化功能"放在重要地位，说明我们已认可了这种思维方式和多数人学以致用的需要。①

第一节 关于"功能"及其有关问题解读

在我国传统教师观念中，"师者，所以传道授业解惑也"被视为教师的天职，也可以说是人们对教师功能的"共识"。其实，如何表达教师职责与教师文化的功能有着密切联系。

一、教师文化：一般功能与对象性功能两个维度

知易行难。要兼顾品位追求与大众情怀体味的和谐统一，使功能

① 在我们看来，功能研究，也是教师文化研究的"抓手"。它是文化研究至高品位追求与大众情怀体味达成兼容兼顾的最好中介和桥梁。

研究成为教师文化研究的"抓手",还需要我们做出具体而深入的努力。

学术研究的基本常识是首先对所要讨论的概念进行界定。但是,在人们习惯性理解中,"功能"与"效能"、"职能"、"价值"、"意义"、"作用"等六个词的含义,是相近甚至一致的。对于教师文化功能的研究,尽管有许多说法,其实,如果仔细拷问,似乎又不能把它们简单地等同(尽管它们其中有些的含义是接近甚至是同一的)。所谓"功能",在现代汉语中,它首先是一物理学术语,表明事物(或方法)所发挥的能量或有利作用(经济学上可视为"使用价值")。功能一词,运用到社会科学领域,最接近的语义解读是"效能"或"影响作用",如功能齐全,效能显著。

教师文化功能的研究,要以教师文化内在要素和外在影响因素的认识为基础,既有静态的一般功能的理性思考,又有动态而具体的对象性功能的实证考察(举证)。本书我们对此进行尝试。①

与"功能"相关概念的含义梳理

与"功能"相关的概念,主要有"效能"、"职能"、"价值"、"意义"、"作用"等。

所谓"效能",最基本的解释是达到系统目标的程度。运用到社会科学领域,最接近的语义是"功效"("功能"、"效用"),如效能巨大,效率高(管理学上可视为"绩效")。

所谓"职能",基本含义是事物、机构本身具有的功能或应起的作用。运用到社会科学领域,最适宜表述某事物由于社会分工所应发挥的社会作用。在管理学上,可视为基于"职责"和社会角色扮演所应发挥的"作用":从人的职能角度讲,是指一定职位的人完成其职务的应有能力,而机构的职能中一般包括机构所承担的职权、作用等内容。

所谓"价值",最基本、最简单的解释也是哲学的表述是:人类一切实践中具有的对于自我的维持及发展所具有的效用

① 在这里,我们对"效能"、"职能"、"价值"、"意义"、"作用"等概念的含义略加梳理。

性——人作为价值的根本也是唯一的对象,人创造自我世界的一切发展即有价值;价值的本质就是自由的实现,就是对于主体的"效用性"。价值广泛运用于社会科学领域,在很多领域有特定的形态,如"社会价值"、"个人价值"、"经济学价值"、"法律价值"等(此类价值可单独定义为名义价值),但都是因为人即与主体的关系而发生的。价值包含人的意识与生命的双重发展,人的行为即价值源泉,人的发展是为价值结果,是人内在自我创造与外在自然创造的统一。价值最接近的解读是"积极的有效作用"。

所谓"意义",在现代汉语中,它是一个多义词,包括语言文字或其他信号所表示的内容,事物所包含的思想和道理,事物所具有的价值和作用等。运用到社会科学和学术研究领域,最接近的语义是"积极的价值或作用"。如常常有"理论意义与实践意义"之诉求。

所谓"作用",在现代汉语中,它是一个常用词,基本解释是对事物产生的影响、效果,衍生的语义有作为、努力、用意、施行法术等。运用到社会科学,最接近的语义是"影响力"。与此相关,追求作用是学术研究功利性的体现。

二、教师文化的影响因素及其分析

任何事物都处在一定条件之下,其产生发展是内外部因素共同作用的结果,教师文化也不例外(本书第二章我们已经对教师文化的要素进行了分析)。在这里,我们探讨职业地位、文化传统、组织管理等外部因素对教师文化的影响,并以此作为探讨教师文化功能的基础[①]。

(一)职业地位对教师价值观的影响

所谓"职业地位",就是人们从事的某种职业在经济收入、社会地位和社会声望等方面的总体状况和相对位置。人是社会的动物,所以,每个

① 蒋良富.论几种社会因素对教师文化的影响[J].教育探索,2003(7).

个体都可归类于某一社会阶层,而"个体所处的地位和他们的行为经常受到评定与分类"。这表明,阶层作为一个变动的实体,是个体被评定分类的结果,其地位是以人们的评价及社会赋予相应的报酬来衡量的。职业地位反映了人们对职业的认识和态度,反映了一定时空人们的职业价值观。教师职业价值观作为教师文化的核心因素,反映了教师对职业的认识。国外对职业社会地位的排列,主要依据声望、财富、权威等三个标准。显然,社会对待教师职业的风气,表征着职业的声望;教师工资待遇和福利状况,是教师财富的指标;人们即时的择业取向,折射着教师职业的影响力。这三个标准,对从业者价值观产生直接影响,而不同价值观导致主体的不同反应。

显然,教师实际社会地位是"教师职业在社会成员的择业取向中所处的位置"。[①] 择业取向和所处位置反射了人们对教师职业的价值判断,使有关的人们思考教师职业的意义、环境、待遇等各种因素——当教职处于择业热点时,高素质人才大量加入,教师感受到劳动的被认可和工作的被期待,感受到职业价值的实现和职业自信。应该说,"重教"在我国教师职业有史以来中一直居于主流,"科教兴国"更是显示了国家对教育的高度重视。但是,"重教"未必"尊师",政治口号并不必然使教师获得相应社会地位,更不见得提高公众从教的积极性。因为,除了社会风气因素外,经济待遇和职业影响力也是重要因素。待遇优劣不仅体现社会对职业地位的认可,而且体现出社会对职业的需求与价值判断,对个体职业的归属感有直接影响。职业归属感是职业吸引力的指标,归属感强的个体会自觉遵守职业规范,恪尽职守,反之亦然。自从现代学校制度创立以来,中国社会经历了多次教师流失潮,流失潮冲击了教师队伍的稳定和建设。近前,我国中小学教师实行了绩效工资制,正常增资和补贴制度逐渐完善。在职业竞争激烈和金融危机背景下,我国教师队伍表现出前所未有的稳定,教师职业的吸引力显著增强。

---

① 吴康宁.教育社会学[M].北京:人民教育出版社 1998:198.

（二）文化传统对教师思维方式的影响

如前所述，文化传统作为一个重要的文化范畴，渗透于人们的思想观念，积淀为特定的思维方式。中国文化有“求大同，存小异”的传统。特定的文化传统，不仅使教师个体在“控制”学生群体时所表现出“求同”与“统一”的思维方式，还影响着教师个体对教师群体的归属状况。“求同”与“统一”的思维方式倾向于从全体考虑问题，忽视个体差异，如，对班级的理解，往往倾向于将它赋予“集体”这个凝聚力极强的称谓，多以校纪班规为理由限制个性，强化学生的集体归属感和荣誉感。“求同”与“统一”的思维方式倾向在教育评价中表现最为突出，如，考试时“标准答案”的指定，学习上“学习标兵”的设定，行为规范上“三好学生”的选定等。

所有这些，充分表现了我国教师求同思维突出、求异思维欠缺的事实，形成了不少教师习惯于以“集体”为“个体”掩体的从众思维定势。在一些人看来，为人处世，成功固然可贵，亦恐嫉妒招致流言蜚语；失败唯恐避之不及，但更惧嘲笑招来飞短流长；改革创新事大，“失体”、“失序”更险，可能招致孤立、疏离和排斥。这种思想意识和思维定势，在我国可谓根深蒂固。

（三）组织管理对教师态度和行为方式的影响

这里的“组织管理”，是指特定职业的社会组织和管理方式——在西方政治学和社会学译著中，大多表述为“职业控制方式”。职业是社会分工的结果和社会组织的有机构成。为了稳定而有效发展，社会对职业活动及成员进行组织管理以保证社会有序运行，是理所应当的。体现社会权力意志的教师职业控制方式，直接影响对教师的态度倾向与行为方式。

教师职业控制方式的划分，因教师社会化阶段（可分为意向从教阶段、师范教育阶段和在岗从业阶段三个阶段）、管理层级（可分国家、地方和学校三级控制体系）、结构模式（可分为有形强控制与无形软约束两种模式）而异。应该说，特定职业的社会组织和管理方式，对教师群体的态度倾向与行为方式影响重大。

可见,从教师文化影响因素的分析入手,有利于我们认识教师文化功能的外在制约因素,进而在把握规律基础上有效创建教师文化,发挥其积极的影响。

三、传塑:教师文化功能的本质

校园是教育的圣地,教书育人是教师的天职。雅斯贝尔斯指出:"所谓教育,不过是人与人的主体间灵肉交流活动(尤其是老一代对年轻一代),包括知识内容的传授、生命内涵的领悟、意志行为的规范、并通过文化传递功能,将文化遗产教给年轻一代,使他们自由地生成,并启迪其自由天性。因此教育的原则,是通过现存世界的全部文化导向人的灵魂觉醒之本源和根基,而不是导向由原初派生出来的东西和平庸的知识(当然,作为教育基础的能力、语言、记忆内容除外)。"①在这个意义上说,教书育人/育人为本的内涵和外延,已经注入了时代的内容,延伸到生命深处。作为教育文化功能的集中体现,教师文化承担了更为崇高的历史使命。

教育是借助一定文化的象征符号系统,促进年轻一代个体社会化即实现"文而化之"的过程。韩萌最近撰文讨论大学多元文化的育人功能。她认为,大学多元文化倡导和谐共存,主张对话与沟通,实现互利合作共同发展,秉持自身主流文化。大学多元文化既有积极因素,也不乏消极影响。理性选择学校文化育人功能的有效策略之一是重构教师文化②。如果说,学校是汇聚、传递文化的教育文化体,那么,教师则是这个文化体中相关要素的连接器。文化研究泰斗泰勒最早揭示出文化的教育潜能:"文化是人类以社会成员的身份习得的复杂性整体,包括知识、信仰、艺术、道德、法律、风格和其他一切能力和习惯。"③正是文化以教育为中转站并通过教师劳动,把富有潜能的自然人化为具有现实素质的社会人,于是"传道、授业、解惑"成为教师职责的基本概括:一方面,人类借助教育为母体,以教师为中介传递、交流已有的文化;另一方面,社会又借助文化成果,通

① 雅斯贝尔斯.什么是教育[M].邹进,译.北京:生活·读书·新知三联书店,1991:3.

② 韩萌.大学多元文化育人功能的思考[J].教育研究,2010(8).

③ 泰勒.原始文化[M].北京:商务印书馆,1995:1.

过教师为转化器塑造年轻一代,创造新文化。这就是文化传塑——教师文化功能的本质。文化传塑,历史而又现实地构成了教师文化的核心功能,其文化意义在于文化的传播、创造与发展,其教育意义在于高素质的师生双向共构的培养、创造与发展。

显然,文化传塑,既是教师文化功能的直接阐发,又是教师文化功能的真实传达。教师文化在横切面上以价值观、组织制度、教风等因素表征自身在学校文化中的脉络,在纵剖面上表现为继往开来的活力。如果说,文化传承更多局限于知识技能的内容,那么,文化塑造则更多指向如何做人。教师对人的价值的塑造,既是显性又是隐性的:这是教师以"自己为文化"对学生进行知识"言传"和品格"身教"的过程;是教师把自己已有并经理解的知识技能不断传递,又将教师求真、创美、行善等思想品格无声无息熏陶的过程。在这里,教师本身就是文化,他们对教育信念的理解,对教学方法的选择,对经典文本的解读,对现实生活的态度……示范着不可或缺的意义。

教师文化的传塑意蕴,构成了教师文化的核心。"净化人的心灵,美化人的品格,善化人的精神,教师的施教行为和育人的性善实践,旨在为人的生命个体夯筑一道最基本的道德长城,这也是对教师文化最神圣的价值规定、功能界定和职业限定"。"教师文化应当承担对人的发展和完善的终极关怀的任务,更要注重参与他们精神上的内省和人性的养成、人格的发展……使其具有对真善美的永恒追求以及对终极意义的人文关怀"。[①] 教师文化以博大精深的社会文化为知识背景、以源远流长的民族文化为人格土壤、以全面丰富的教育生活为展示平台,成为社会发展的晴雨表之一。教师文化的超越性渗透,逐渐形成人们的教育共识并积淀为具有更新意义的教育文化。

教师文化在教育文化乃至社会文化的传塑上,比之其他文化行为更具基础性、系统性、本质性,其实践直接促进了人的个性发展和"文化化"。如果说,传承是教师文化传塑功能的立足点,那么,塑造则是教师文化传塑功能的生长点。

---

① 张华.教师文化的逻辑视角[J].内蒙古师大学报,2006(2):97-101.

全球信息化是当代教师职业生活的背景条件，远程教育和网络文化模式形成对教师文化模式的挑战。但是，教学本质上是教与学、师与生双边——生命与生命的相互影响，心灵与心灵的精神对话，是生命性的、个性的，网络可以完成知识传播，却永远无法取代教师。因为，“学高为师”的教育智慧，“身正为范”的高尚人格，“诲人不倦”的精神境界，使教师不仅成为人类文化不可替代的独特风景，也使教师成为人性安抚的心灵鸡汤。

第二节　教师文化功能的静态解读

如何表述和解读教师文化的功能，是教师文化创设的前提问题之一。有论者认为“优秀的教师文化不仅具有人格塑造功能，还具有社会区隔功能、团体凝聚功能、学校民主管理功能和社会伦理发展功能”，其中的价值倾向十分明显。在这里，我们将从教师文化的“诠释功能”、“化育功能”、“规训功能”和“涵养功能”等方面展开讨论，力求更多展示思考的“文化学色彩”。

一、教师文化的诠释功能

所谓“诠释”，就是解说、解释、阐明，它是对事物的一种基本的感受方式（与此相关的是，用心和用动作感受的方式）。教师文化的诠释功能，是指教师文化赖以生存的基本素材来源于历史和现存文化，而其现实发展则是对历史和现存文化进行重新解释的结果。借助于诠释功能，历史的教师文化的嬗传过程，成为教师有意识的可控的文化发展过程，而现实的教师文化，则从相对自发无序变为教师引领下的自觉有序。

教师文化诠释功能的实现，从性质上，以教育文化的“检储”为前提。教育是优秀文化传承的重要载体和思想文化创新的重要源泉。所谓“检储”，从信息论的角度看，是文化信息的“检索、编码、登记、储存”过程；从认识论角度看，是文化嬗传历程中的去粗取精、去伪存真、去芜求纯、去乱求序、由此及彼、由表及里的过程。通常认为，“检储”需要用“真实”、“善意”、“重要”这三个筛子来过滤（参见本节专栏“三个筛子”）。借助于这种检储过程,社会文化被纳入教师文化主体的实践领域。①

解释学大师伽达默尔认为:“人类生活的历史运动在于如下事实,即它绝不会完全束缚于任何一种观点,因此绝不可能有所谓真正封闭的视界。视界是我们悠游其间而又随我们而移动的东西。”理解者与他所要理解的对象都各自具有自己的视界——前者称为“原初的视界”,后者称为“现今的视界”,二者之间存在着各种差距,这种由时间间距和历史情景变化引起的差距,是任何理解者都不可能消除的。因此,人与人之间、文本与文本之间、文化与文化之间需要理解,需要“诠释”。伽达默尔主张,应在理解过程中将两种“视界”交融在一起达到“视界融合”,从而达到一个全新的视界——这个新视界,既包含了文本和理解者的视界又超越了这两个视界,给新的经验和新的理解提供了可能性。教师文化的本性决定了它能够对历史和现实文化作出适当的诠释,从而在文化的嬗传中汲取营养并实现对历史和自身的超越。教师文化的诠释功能意味着,教师文化活动,不仅对社会文化中的种种现象及关系进行澄清和评估,而且赋予它们以种种富有教师文化个性的内涵,为现实中教师文化的建设提供多种可供选择的文化模式。

我们赞同“兼容就是真理”、“真理就是去蔽”、“发展就是超越”的观点。社会发展的客观需要,是教师文化进行诠释的客观标准。因此,不同时代、不同国度以及不同级类的学校,教师文化诠释功能的性质和标准是不同的。教师文化在实现其诠释功能的过程中,常常受到政治的、经济的,尤其是不同级类教育目的的制约。比如,中国封建社会“太学”只能形成“仁、义、礼、智、信”为核心的“道德—伦理”模式,诠释的准则就必然是:崇古、崇师、唯书、唯上。当前,我国处于社会主义初级阶段,社会主义学校的教育目的则决定了它必然有自己的文化的诠释原则和方式。教师常常需要对已有的解释进行“再解释”。

由于人们实践领域的扩大和加深,当代文化信息呈现激增和多元一

① 应该说,教师文化不可能涵纳人类历史与现实文化的所有方面,只能有选择地承接其中的某些形态与内容,进而成为教师文化生活丰富的源泉。但是,学校是培养人的专业机构,教师的天职是育人。因此我们认为,“检储”不仅需要“真实”、“善意”、“重要”三个筛子,还要求教师根据学生特点,把握“适合”这第四个筛子,从而因材施教地实现文化“传塑”。

体态势，教师文化诠释功能面临新的挑战。教师文化在实现其诠释功能时，不仅要实现文化价值上的协调、平衡，还要完成自身技术手段和方法的更新。基础教育新课程改革中，提出了教师是课程建构者的理念。这些表明，教师文化的诠释功能不断扩大和更为重要了。

三个筛子

一个人急急忙忙地跑到一位哲人那儿，说："我有个消息要告诉你……"

"等一等"，哲人打断了他的话，"你要告诉我的消息，用三个筛子筛过吗?"

"三个筛子？哪三个筛子?"那个人不解地问。

"第一个叫真实。你要告诉我的消息是真实的吗?"

"不知道，我是街上听来的……"

"现在你再用第二个筛子去审查。你要告诉我的消息不是真实的，至少也应该是善意的。"

那个人踌躇地说："不，刚好相反……"

哲人又打断了他的话："那么我们再用第三个筛子。我再问你：使你如此激动的消息是重要的吗?"

"并不重要。"那个人不好意思地回答。

哲人说："既然你要告诉我的消息，既不真实，也非善意，更不是重要的，那就不要说了吧！如此，那个消息就不会困扰你我了。"

[资料来源]：刘墉. 三个筛子[J]. 大家参考，2002(9).

二、教师文化的化育功能

任何文化都或隐或现、或多或少地具有化育功能，教师文化也是如此。"教书育人"事实上是以教书为手段，以育人为目的的表达，而"一切为了学生，为了一切学生，为了学生一切"正是教师文化化育功能的生动写照。育人为本作为教师文化指向生命的终极关怀，它也是自身得以发展的支撑点和生长点。教师文化建设的宗旨，就是通过提升教师能力进而实现其育人使命。

教师文化化育功能的发挥,有明显的特点。一是自觉目的性。其他群体文化(如律师、医生、工程师以及家长、职工等)对青少年的影响作用,多数情况下带有某种偶然性、自发性。而教师文化活动,不用说课堂教学活动,即便是课外活动都有自觉的目的。比较而言,其他文化群体目的潜隐,侧重于"化",而教师文化则目的明确,"化"中有教,教化结合。二是影响协和性。教师文化的各种活动途径(如课堂教学、课外活动指导、班主任工作、教科研活动、同仁共事、研究学习、人际交往、生活娱乐等)在目标上经过内在协调,保持了高度的一致性,避免了社会文化、家庭文化影响中的目标冲突、作用抵消的现象。这种影响协和不仅体现在教师个体身上,还表现在教师群体身上。三是较强计划性。较强的计划性,不仅是指教师文化活动开展多有规划或预设,而且是指它包含了矛盾的协调措施。如果说自觉的目的性和目标的协调性是教师文化化育功能正常发挥必须遵循的基本原则,那么,较强的计划性则是这一功能得以实现的具体保证。所有这些,都是其他亚文化系统难以比拟的。为人师表,是教师职业的首要规范。即使是非职务行为,在社会各种群体对比中,教师也是最为行为自律的——远远超过其他职业的生活表现。

教师文化的化育功能,也不同于那种以单向灌输为特征的学科课堂教学的功能。毋庸讳言,传统的目前仍占主导地位的以班级授课制为主要形式的课堂教学,对学生来说是有相当程度"强制性"的。教师文化作为一种环境文化,主要宗旨在于创造一种氛围,在耳濡目染、潜移默化中感染和陶冶教师(师生)。例如,学术本位、教风学风严谨的高校,人们潜心于工作与学业,其师生自然服从真理、遵从理性,作风过硬,乐于从事学术业务。因此,有的学校培养出来的学生灵活善变,适应性强;有的学校培养出的学生扎实稳健,发展后劲足……当前,教师的文化生存状态堪忧。原因是多方面的,其中一个重要方面是,长期以来,我们在思想上,只重刚性管理,轻视以人为本;在方法上,只重晓之以理,轻视动之以情;在途径上,只抓课堂教学,轻视校园文化;在方法上,只重坐而论道,轻视行而践道;在主体上,只重专职政工人员,轻视专职教学人员,如此等等。一句话,没有遵循"以不教为教"这个千古不朽的至高的"教育行训"。① ——

① 陈桂生.话说"以不教为教"[J].教育学术月刊,2011(2).

没有充分利用一切有教育意义的因素,没有有效发挥教师文化的积极影响。

教师文化的化育机制,寓教于乐(生活娱乐)、寓教于情(人之常情)、寓教于境(具体情境),实现了教师自身进而通过教师对学生的“传塑”。目前,我国的教师文化建设,要关注教师职业幸福,努力开发学生亚文化群体的自我教育的课程,创造生态型的文化育人工程,提供活动化和审美化的化育环境。要在教与化的结合上,尤其是春风化雨上着力,使积极健康的教师文化犹如“无声润物的三春雨,有心护花的二月风”。

“仁义礼智信”:细节引领教师文化风采

细节是教师文化和师德的窗口,但有一个重要问题常常被忽略了,那就是教师的习惯,即教师文化建设问题。那么,如何才能让细节正确引领教师呢?对此,儒家教育思想,特别是其中的精髓,关于做人的“仁、义、礼、智、信”的要求,同样是现代教师的为师、为人的主要准则。

教师之“仁”:老师,你能笑对学生吗?

“仁者,爱人”。一名教师是否有爱心,最明显表现就是当你面对学生时,你的脸上是否带有发自内心的微笑。微笑有着无穷的教育魅力,教师微笑面对学生,能给学生一种宽松的师生交往人际环境,使学生感受到教师的理解、关心、宽容和激励。

教师之“义”:老师,你利用过学生吗?

师生之间的关系应该是世界上最纯洁的人际关系,正是因为教师从事着世间最高尚的工作,人们才把我们誉为“春蚕”、“蜡烛”、“园丁”,把我们说成是人类灵魂的工程师,从事的是太阳下最光辉的职业。所有的对学生无益的行为都应该杜绝,教师应当克制自己,不要只顾自己一时的便利,利用学生做任何对学生无益、只对自己有利的私事,否则就是不义。

教师之“礼”:老师,你会向学生问好吗?

有个奇怪的现象,越是低年级学生越会主动向老师问好。为此有教师大发感慨,“这些没良心的,越大越不懂事”。为何原本乐于问好老师的孩子,经多年辛苦教育后,见到你反而不愿打招呼呢？其实,责任不在学生而在老师自己。想一想,你对学生的主动问好遵守“问好”的礼节了吗？可能大多是,漠不在意点个头,敷衍了事地回应,甚至有的老师连个回应都没有。正是从你身上学生感到“礼”的多余,是你扼杀了孩子“有礼”的快乐,多了一分“礼”的尴尬。“来而无往非礼也”。要加强学生礼仪教育,教师先应做个有“礼”人。教师不应只等着学生向你问好,如果教师能主动向学生问好,哪怕只有一次,那当时没向你问好的学生会多么不好意思,他一定会记着自己下次该怎么办,我们身边的遗憾就不会发生。

教师之“智”:老师,你有创新意识吗?

作为人类文化的传塑者,教师的“智”,重在培养学生的创新意识、创造性品质,教会学生创造。要做一名创新的教师,必须积极参与教科研,不断学习教育理论,反思自己的教育行为。而一所学校要想创新,必须建设乐于创新的教师文化,让创新能力成为衡量教师教学素质的主要标准。

教师之“信”:老师,你会向学生请假吗?

“向学生请假,没这个必要吧!”“向学生请假,你不是头脑有病吧?”这是对老师有事,是否该向学生请假时的主流看法,很少有人赞成“老师有事该向学生请假”的。的确,自古以来没有哪一所学校规定教师应向学生请假,没有人考虑教师请假的原因该不该让学生知道,也没有人去深想这种做法会对学生产生什么样的影响。其实,严格来讲挂在教室墙上的“课程表”、“作息表”就是你与学生的“合约”,无论你是公事还是私事,当你某天不能按课表上课时,你就违背了合约,你就是失信于学生,你是要负违约责任的。我们的学生不追究你失信、违约的责任,但你起码应告诉学生你失约的原因,这是学生应享受的权利。因此,教师向学生请假不是做作姿态,是守信的具体表现。

蔡元培说:“教育是一个国家立国之本。”我们说:“教师文化是一所学校立校之魂。”只有以“仁、义、礼、智、信”的五伦为纲,赋予新意,从小事做起,从细节入手,建设好教师文化,让教师文化引领学生文化、主导学校文化,教师才会走上“人师”之路。学校也才会孕育先进思想,走上健康发展之路。

[资料来源]:李自天,陆启乐.“仁义礼智语”:细节引领教师文化风采[J].云南教育,2007(6).

三、教师文化的规训功能

所谓“规训”,就是规范、训诫、约束。文化既具有包容性,也具有排斥性,包容相同或相近的价值,排斥相反或异质的价值——规训就是文化的这种内在特性的体现。教师文化的规训功能,是指教师文化运用习俗、制度和舆论等手段与方式调整成员的行为,规约其不良行为的发生。

法国思想家米歇尔·福柯著有《规训与惩罚》一书,主要内容包括酷刑、惩罚、规训、监狱等。在该书中,“规训”用以指称一种特殊的权利技术,其目的不是为了增强肉体能力而是要建立一种关系,一种使能力增强与支配加剧的聚敛关系。福柯论述了关于现代灵魂与一种新的审判权力之间相互关系的历史,即现行的科学——法律综合体的系谱。在这种综合体中,惩罚权力获得了自身的基础、证明和规则,扩大了自己的效应,并且用这种综合体掩饰自己超常的独特性。书中还进行了历史考察,指出惩罚权力的历史包括三个阶段,即中世纪末和“旧制度”时期作为王权武器的酷刑;古典时期人道主义改革者的梦想;体现了现代规训权力技术的监狱和规范化监督。规训是一把“双刃剑”。现代社会在文明进步同时也使人陷入制度化理性的规约中,兴趣、经验、态度与价值越来越淡出人的生活。在教育现实中,“教育成为一种事先谋好的、科学地控制人们心智的技术,成为一种人们必须服从的机制。从一个人幼年的时候被强制地送到教育的工厂中开始,教育的规训就以一种权力的眼睛监视人的一言一行,以一种考试的技术算度人的现实和未来,用一种势利的身份诱惑方式生产着人的野心,用一种奖惩的技术迅速地培养着虚伪的道德。”①规训化的教育有可能轻视精神和个性——成于训练而失于操纵,教师在

① 金生鈜.规训与教化[M].北京:教育科学出版社,2004:31.

"全景敞式"教育中逐渐沦为规训的工具,教师感到自主发挥功能的空间越来越窄——他们往往被眼前单调而繁重的工作拖累,越来越体会不到日常教学的意义。他们在规训化教育中变得十分势利,正在失去教育的理想(即使有教师意识到,也常常感觉茫然无力)。同样,现代学校管理以科层制为主导形式,它的规章制度表现出较强的规约性,是教师文化规训功能的制度基础。①

教师劳动特点决定了教师文化具有较强的思想性、规范性要求。教师文化与教师角色、职业相伴相生,居于社会文化中的较高层次。就其包容性而言,教师文化能够吸纳各种反映社会进步的文化,以不断提高自己的文化品位。就其排斥性而言,其排斥性十分明显而强烈,表现为对不良的思想行为进行抑制,希望促进其向好的方向转变。教师文化运作既要实现其价值的宣传、实施工作,也要实现对有悖于其价值的思想行为的转变、抑制工作。前者表现为教师文化的向心力、凝聚力,后者则表现为教师文化的约束力、规范力。所谓"诲人不倦"。例如,近年来,"潜规则"盛行,有些教师甚至将学校一再强调的纪律,戏称为"兵不厌诈"。原因何在?有人称,问题在纪律不严;有人说,是制度上有漏洞,其实都不是,至少不仅仅是。问题的症结在于,制定和执行纪律的氛围,在于那些制定和执行纪律的人怎么"导向",事实上在干些什么。如果制度形同虚设或者就是为了虚设,那么,好人不香,坏人不臭,老实人难做,遵纪守法吃亏,就必然司空见惯。难怪有教师发出"此地无银"的感叹!可见,缺乏规训/导正功能的教师文化是无法发挥教育作用的。这里的"规",是实在运行着的有明确指向的"规";这里的"训",是实在运行着的有明确要求的"训"。

教师文化规训功能实现的内在机制,是教师群体活动中的同化与顺应。作为一种群体文化,教师文化不仅反映了社会对教师文化主体的期待,还不同程度上反映了教师文化主体的共同愿望。教师文化得以存在和发展的前提在于,它能不断地同化形形色色的个体文化,进而将其纳入

① 教师文化以自尊、清高为精神特质,其规训功能与学校制度的规约具有同构性。显然,学校制度适度的规约是必要的,是教师文化所欢迎的。当然,过度的规约,不仅限规了学生,也会导致教师劳动异化和精神枯竭。

自己的结构体系中去;同时,每个教师也只有顺应群体文化质态,不断调整自身思想行为,才能适应群体的文化环境,缩小个体目标与群体目标间的距离,顺利地在校园中生存和发展。

教师文化对人们行为的规训,主要采用有形和无形两种形式。有形的形式,主要是各项管理的规章制度;它可以抑制人们的错误行为,促其转变为正确的行为;正确的行为变成习惯后,外在的规范作用也就内化为自觉要求。有形的制度约束,是一种"硬约束"。无形的形式,主要是校园舆论。校园舆论是指以校刊、广播站、校园主页等所主导的公共舆论及校园主流评价。这种舆论通过有针对性的宣传教育,帮助人们分清是非,扬善抑恶,成为规范人们行为的重要力量。无形的约束,是一种"软约束"。我们认为,教师文化的规训功能,主要是通过"软约束"的形式进行的,"硬约束"主要是一种管理行为,是作为教师文化"软约束"的背景发挥作用的。在教师文化规训功能的发挥中,制度是"指示器",校园舆论是"调节器"。

教师文化规定的个体目标,在不同条件下物化为各种不同类型的文化活动,从而直接地有目的地有步骤地规训个体文化发展。在空间范畴上,不同类型的学校为其个体提供了不同的发展方向,即使是同为名牌大学的北大和清华,同为重点中学的芜湖一中和安师大附中,由于不同的教师文化的熏陶,其个体的思想、气质及行为方式也有很大差异。在发展水平上,不同水平的各级各类学校形成的教师文化氛围,对教师个体发展的作用更为关键。小学和中学、重点大学和非重点大学,普通学校和职业学校,给教师主体的生活导向和行为规训的影响是不言而喻的。

教师文化规训功能的实现,也是有条件的。因为,教师个体与群体文化间的同化、顺应是一个交互作用过程:群体文化不可能涵盖个体的方方面面,也不可能完成对个体的全部规训。教师文化要发挥导正的作用,必须提高教师评价素养和加强制度文化建设,完善各项规章制度,并落实到教师生活中。要坚持正确的舆论导向,努力创造有利于规训功能发挥的软环境。我国现阶段,中小学教师文化的规训功能,集中体现在教师文化要与教育宗旨和职业幸福相一致,凡是符合者就吸收到教师文化系统中来,否则,应被排斥和剔除。大学教师文化的规训功能,也有类似情况,但学术规范问题的规训更为突出。

随着法治社会的到来，现代学校事实上进入“规训”时代。规训成为教师文化最明显、最基本的功能。其中的规训何以产生，与化育的关系如何？怎样实现二者平衡，捡拾被冷落的化育理想？教师文化的现实处境，要求我们认真分析学校语境下的“规”（规训）、“教”（教导）、“育”（化育）的困境，明了三者的性质及其走向，探讨重建教育生活和教师职业理想的现实途径。在此问题上，制度主义经济学“路径依赖”的思想对我们大有启发。

四、教师文化的涵养功能

任何人都离不开一定文化的滋养。教师文化的涵养功能，是指教师文化能促使教师群体凝聚并形成一种柔性涵化、潜以养正的作用。

教师文化的涵养功能，主要体现在教师价值观上。价值观作为教师文化的核心，主导着教师文化发展的方向，规定着教师文化最本质的东西。一所学校与另一所学校的教师文化的区别，主要就是校园精神和教师价值观的差别，它对师生员工的精神状态、行为方式等起着涵化、养正的作用，具有无形的不可低估的感召力和凝聚力。认识并体验到彼此具有共同的理想、价值和行为规范，会使生存于同一学校的人们，彼此间产生认同，进而升华为群体归属感、责任感和荣誉感，从而把广大教师紧密地联结。

教师文化建设的一个理想目标，就是形成内求和谐、外求发展的精神氛围。良好的教师文化，使人身居校园时时处处感受集体温暖：大家互相尊重、互相关爱，相互协作、相互激励。这种氛围，怎么不使人心情舒畅、产生催人奋进的力量？将来走出校园，甚至离开校园，人们都会以曾经身为学校一员而自豪。

激励是教师涵养功能发挥的重要手段。教师群体根本利益的一致奠定了良好教师文化的基础，而教师文化能够在合理满足教师需要基础上，起到适时设置目标、诱发积极性的作用。由于教师文化的中介作用，使校园主体的各种个体需要联结融合起来，并与群体目标趋向一致。良好的目标本身就是巨大的鼓舞人心的凝聚力量。人总是希望通过努力去达到预想目标,如果目标适宜,通过努力能达到,就会树立信心产生强大内趋力;反之,如果目标可望而不可及或不费吹灰之力就可以达到,就无法鼓足干劲。教师文化中的目标因素很多,如教师发展愿景、人性化工作环境、和谐的同事间师生间关系、教师个体状态提升、科研目标达成,所教学生的达标率、合格率、优秀率等。一般来说,教师文化能够给个体提供众多的可操作可选择的目标。相对于其他文化群体,教师主体自尊、清高,他们在满足基本物质需要以后,对于精神需要的渴求更为强烈。这是教师文化建设应予正视的特点。否则,就会“门缝里瞧人”,把教师看扁了![①]

适时激发动机,能强化教师文化的涵养功能。动机植根于人的多层次多样化的需要之中,是推动行为的直接原因。多数情况下,动机常常是以几种动机综合而成的“动机系统”而引导人们行为的。教师文化在合理满足教师需要同时,能够形成各种文化环境诱因,促进他们产生并维持积极的行为动机。积极的管理制度、手段和舆论,是凝聚人心、形成教师积极动机的源泉。教师应当形成民主、和谐、清正和严谨的教风。良好的教师文化氛围作为持久深刻的凝聚力量,成为推动教师文化主体积极上进的动力。

名师造就名校

有这样一种说法:所谓名校,走进校门,就应该看到几棵擎天的大树,蓊蓊郁郁,遒劲苍凉,兀然撑起校园的一片蓝天,以它浓得化不开的繁枝绿叶荫庇莘莘学子,彰显着校园厚重的积淀与儒雅的风度。在我看来,这更多的是一种象征的言说,它昭示了学校应该具有的一种精神、一种气度。从这个意义上来说,作为校园文化的倡导者和引领者的教师,就应该长成一棵树,根深叶茂,伟岸挺拔,宽博豁达,映射着学校的一种文化品格和精神境界。

名师造就名校。名校要有气度,名师要有风度。

---

① 与此相关,我国中小学教师实行“绩效工资制”值得思考。

美国当代著名政治哲学家罗尔斯是举世公认的思想巨人。台湾学者吴咏慧在《哈佛琐记》中描述了他听大师上课的情形："罗尔斯讲到紧要处，适好阳光从窗外斜射进来，照在他身上，顿时万丈光芒，衬托出一幅圣者图像，十分炫眼。"讲完了最后一堂课，大师谦逊地说：课堂所谈全属个人偏见，希望大家独立思考。全体学生起立，长时间雷鸣般的掌声。吴博士的双手拍得生疼，问旁边的美国同学到底还要鼓掌多久？同学回答："让教授在遥远的地方还可以听到为止。"2002年罗尔斯走了，但大师洪钟大吕般的声音仍回荡在天地间："假如正义荡然无存，人类在这世界生存，又有什么价值？"在骄傲的哈佛学生的眼里，罗尔斯就是一棵树。

"想要学生成为站直了的人，教师就不能跪着教书。"南师大附中特级教师吴非，就是这样一位有着独立文化品格的教师。他对当前教育的现状忧心如焚：许多教师丧失了"精神追求"，以致精神严重"缺钙"，学生匍匐着读书，只会一味地听老师的话。优秀的学生也从没有"思想的苦恼"，在高中三年里竟然"从来没有向老师提过一个有价值的问题"。"我美丽，因为我有思想"，吴非向我们展示了一位名师应该具有的思想境界。在不愿做精神侏儒的师生眼里，吴非就是一棵树。

在古木参天、浓荫匝地的燕园，大师们兀兀穷年，孜孜以求，高举"科学与民主"的时代大旗，坚持"独立人格、自由思想"的精神操守，北大师生共同创造了曾经的辉煌。在北大人眼里——倡导"兼容并蓄，思想自由"的蔡元培是一棵树；坚守真理"直到战死为止"的马寅初是一棵树；品性耿介"匹夫不可夺志"的梁漱溟是一棵树。他们是北大精神的创造者与体现者，是一棵棵擎起北大天空的大树，北大独立的学术风气因他们而存在，北大自由的人文传统因他们而传承。

套用清华老校长梅贻琦的一句名言"大学者，有大师之谓也"——"名校者，有名师之谓也。"这名师，当然不仅指学养上的名师，更是人格上的名师。他们是真正的"人师"，是"明白"

之师。他们应该是一棵树。

然而,现在有着“名师”光环的名人,其中不少是“头重脚轻根底浅”的墙上芦苇。在他们身上我们领略不到无欲则刚的境界、有容乃大的气魄,更感受不到特立独行的气度,卓尔不群的风采。在某种意义上,一级教授和特级教师只代表了一种职业称号、工资级别、住房面积、奖金待遇等等。而本应彰显的学术水平、精神境界、人格魅力在某种程度上已所存不多。一些所谓的“知名专家”,实际上只是浮躁的“社会活动家”。他们整日为一些无聊的事情奔波着,有智商而没有智慧,有知识而没有思想,有性格而没有人格。当真正的大师寥若晨星的时候,校园的文化资源必然极度贫乏了。

苏霍姆林斯基在《给教师的建议》中说:“学校必须是一个‘精神王国’,而只有当学校出现了一个‘精神的王国’的时候,学校才能称其为学校。”在这个精神王国里,真正的国王不是名义上的校长,而应该是一群有独立精神、自由思想的教师和学生。

名师必有风度,名校必有气度。当学者不察言观色,教师不跪着教书,学生不趴着读书,大家都挺直了行走的时候,校园里就会滋长出一种精神气质,濡养成一种风度气度,像大树般的伟岸挺拔,卓尔不凡。这样的名师,才是名副其实的名师;这样的学校,才是名副其实的名校。

[资料来源]:沈春松.名师造就名校[N].中国教师报,2005-05-16.

第三节 教师文化功能的对象/具象性发挥

克利福德·格尔兹将人看做是悬挂在“由人自己编织的意义之网”上的动物,而文化即是这些意义之网①。文化是在人们的交往之中形成

① [美]克利福德·格尔兹.文化的解释[M].韩莉,译.南京:译林出版社,1999.13.

与发展的，同时又深刻影响人们的思想观念、情感倾向与行为方式。中学教师文化是学校重要的行为主体文化，它对学校的最主要的文化主体——教师和学生的发展有深刻的影响，同时对学校的管理及其变革也具有重要的影响。下面就从学校里教师自身，与学生、与学校等相互关系的角度，探讨中学教师文化的功能和作用。

一、基于主流文化示范和促进学生成长的功能

（一）基于主流文化示范的积极作用

教师文化的示范功能，是以教师文化的主流性、正统性为基础并由它基本决定的。正是这种主流性、正统性，教师文化在其发展过程中能够有意识地根据社会需要，以主流的社会文化代表的姿态，使历史的文化和现实的文化展现在教师文化主体的各种相互关联的文化活动之中，展现在整个教育文化系统的核心部位，展现在那些直接间接地与教师文化发生关联的亚文化系统面前，以潜移默化的方式感染教育每个有意无意地参与教育的主体。与此同时，教师主体通过自身的学习能够及时反映和总结时代最新文化成果以及进行文化活动的准则，这使得教师文化较多地继承了人类文化中的优秀成果，而少与其中的糟粕有缘，从而对整个学校文化起着一种鲜明示范作用。教师文化的示范功能体现在它对学生文化主体和其他亚文化的双重示范上。对于学生文化主体，教师文化是“闻道在先”的优秀成果，是主流价值观所提倡的教育目标，为主流的文化的发展而申说呐喊。对于其他亚文化主体（如家长和社区公众），教师文化呈现的是丰富和系统的文化，从而为其他亚文化群体提供文化的个性示范和自主消费选择。

（二）对学生成长的积极作用

教师是学生成长过程中重要的引领人，以价值观和行为方式为主要内容的教师文化对学生成长具有重要影响。第一，教师文化对学生行为习惯的养成具有渗透作用。所谓“身教重于言传”，在学校教育教学活动中，教师的行为方式往往在不经意间渗透到学生的意识中，成为学生行为

习惯养成的重要参照和模仿对象。教师的教育教学方式和日常行为习惯,对学生行为习惯的养成具有潜移默化的影响:很多学生崇拜自己的老师,是他的忠实"粉丝",把他作为学习榜样,模仿其态度、品行,乃至行为举止、板书笔迹等,并在教师的一言一行中受到感染和熏陶,在教师举手投足时得到鼓励。第二,教师文化对学生人格塑造发挥引领作用。中小学阶段是青少年价值观形成的重要时期,直接关系到学生未来人生的走向。中小学生大部分时间在校园里度过,他们的价值观虽说来源于社会,实际上是其成长过程中从所在群体中习得的,也是在校园里获得的。在学生的成长过程中,教师文化对学生的价值观的形成具有引导作用。教师的高尚师德、敬业精神、奉献意识及自尊清高的内在特性对学生的人格塑造具有深刻影响。有人拟出这样一副对联:"学校无小事,事事是教育;教师无小节,节节皆楷模。"现实生活中,学生真正在内心尊敬和热爱的教师,总是那些具有崇高道德情操的优秀教师,因为他们引领学生追求更高的精神境界和道德境界。第三,教师文化对良好学风的形成具有促进作用。在每一所学校,表征教师文化的一个重要方面是教师的教风。教师群体在共同的价值观和同一文化氛围影响下会形成特定学校共有的教风。所谓教风,"就是教师在长期的教育实践中形成的较为稳定的群体心理定势以及由此而产生的外在化的行为倾向。"①优良的教风主要体现在以下方面:敬业爱生,乐于奉献;严于律己,锐意创新;通力协作,互勉共进。学风指学生的学习风气,包括学习动机、学习态度和学习习惯。教师良好的教风会引导学生树立正确的学习目的,从而激发学生的学习动机;会激励学生端正学习态度,使学生勤奋认真、坚持不懈;会培养学生良好的学习习惯,自觉主动、善于合作。

文明只差一步

在一个阳光明媚的早晨,我高兴地走在上学的路上。早晨的空气特别的新鲜,天是那样的蓝,草是那样的绿,天空中不时

---

① 葛金国,吴玲,周元宽.课程改革与学校文化建设[M].合肥:安徽教育出版社,2007:196.

飞来几只小鸟，好像在说："今天真是美好的一天啊"。

我走着走着，忽然看到一个小男孩手里提着一个垃圾袋，更出人意料的是，他竟然把垃圾丢在垃圾筒旁边，连看也不看就走了。我心里想："这个小男孩怎么这么懒，一点也不讲文明。"我得和他讲讲道理。

我快步走上前去，"请你等一下"。小男孩说："你让我停下有事吗"。"你为什么不把垃圾扔在垃圾筒里呢？"小男孩不耐烦地说："你是谁呀？凭什么管我？"我心平气和地说："同学，如果大家都像你一样不把垃圾扔在垃圾筒里，你想这里会变成什么样？恐怕会变成一个垃圾场，蚊蝇到处乱飞，臭气熏天。21世纪的今天，我们每个青少年都要讲文明，做文明的小主人，不是吗？"小男孩羞愧地低下了头说："对不起，刚才的事是我不对。"说完，小男孩赶紧跑过去把垃圾扔在垃圾桶里。

我说："万一以后还有人把垃圾扔在外面该怎么办呢？"小男孩忽闪了一大眼睛，想出了一个好办法，他把上美术课要用的大纸拿出一张，取出笔，在纸上写了几个大字——文明只差一步。小男孩扶着纸，我用胶水把纸贴在垃圾筒上。小男孩笑着说："谢谢你对我的教育，我一定会做一个讲文明的小学生！"

"文明只差一步"，这几个字虽然简单，却含义深刻。

文明不过是举手之劳，文明的社会，和谐的家园，需要我们每个人的努力。如果一个国家人人都讲文明，那么她一定是个强盛和谐的国度。中华民族自古以来就有着讲文明、讲礼仪的优良传统，我们要继承和发扬下去。文明与我们每个人息息相关，21世纪的青少年人人都要做文明的小主人，让我们伸出双手共同创造美好的世界吧！

[资料来源]：整理自网上资料，作者不详。

二、基于教师自身发展和专业文化建设的功能

(一)基于教师个体发展的积极作用

人是一种社会动物，任何个体包括教师个体，也需要在一定的社会环

境中获取资源,获得发展的动力。文化人类学者兰德曼(Michael Landmann)认为,人是一种有创造力的生物,一方面为文化所决定,另一方面又在创造文化。人是文化的存在:人是文化的创造者,人又是文化的产物;人创造的是文化世界,反过来人又成为文化世界的产物,他在文化创造中形成自己的存在与本质。人为了获得自身的完善,总是在追求人生的意义、存在的价值;追求意义的过程,正是人不断获得意义和本质的过程。人类的发展意味着文化的发展,文化的发展意味着文化的积累,反过来,文化的积累标示着文化的发展和人的发展。作为社会文化代表者的教师的成长,更不是自然而然的过程。没有个体发展的环境,就谈不上群体发展,更谈不上专业发展;缺少教师文化,就意味着丧失教师特色,动摇教师个体进而瓦解群体发展的根基。也就是说,教师发展包括专业发展,离不开教师文化的发展,它能使教师有意识地把追求理想发展成为自觉行为,并始终保持自我更新的发展方向,为真正实现自身自主发展奠定基础。

(二)对教师群体专业发展的积极作用

教师专业发展是教师基于在职研修与培训提升专业素养的过程。教师专业从本质内涵上,主要包含教育信念、专业态度和动机、自我发展需要(意识)、知识结构、能力结构等,其中蕴涵着丰富的教师文化因素。因此,教师专业发展离不开教师文化的滋养。第一,共同的教育信念是教师专业发展的基础。教育信念作为一种文化,它是教师群体自我发展的动力。对教师职业生涯来说,教育信念是教师职业生活中的精神向导,它常常作为一种无意识或先验假设引领教师的教育行为,对教师自身成长以及专业发展有着重要作用。教师教育信念缺失或动摇,不仅会导致教师精神的失落,也会导致实践中的许多失误。第二,坚定的专业精神是教师专业发展的支柱。专业精神基于教师自我期许而表现出来的职业信念和不懈追求的状态,是教师专业发展的支柱和行为的动力系统,也是直接关系到教师"去留"的重要因素。教师富有专业精神、持续的积极性(体现为"高职业满意度")是教师文化的一个成熟表现。第三,创新的思维方式是教师专业发展的保证。制度化背景下的学校文化,使不少教师的传统思维中积淀了“求同思维”习惯,一味追求“标准化”,影响了创造性才能的发挥。创新思维方式就是要提供产生创造性思维的环境,保证教师的心理上的“安全自由”,激发教师的创造欲望,挖掘教师的各种思维能力,包括发散思维、直觉思维、形象思维等,不断促进教师专业素养的提升。

三、基于学校文化建设与辐射社区文化的功能

(一)基于学校文化建设的积极作用

学校文化是一种客观存在。“每所学校都有自己的文化,区别只是在于是先进的还是落后的、积极的还是消极的、低品位的还是高品位的。学校文化建设就是通过继承、创新和整合,使先进的、高品位的学校文化成为学校的强势文化、主导文化。”①作为学校文化的最重要部分之一,教师文化对学校文化建设至关重要。首先,教师的观念文化是学校精神文化的基础。因为,“铁打的营盘流水的兵”,教师作为学校主人翁,是学校文化建设的主体,是教育目标的具体实施者。教师共同的价值观是形成学校共同愿景的精神基础。一个好的愿景,能够唤起希望,激励士气,产生强大的驱动力。结合共同愿景,培育学校价值观是学校精神文化建设的核心任务,也是学校文化建设的本质所在。与此同时,教师的教育观、人才观、教学观等价值观念系统,直接影响教育教学行为乃至学校教育培养目标的实现。学校中教师全体共同的价值观是教师文化的灵魂,它决定了教师的教育教学实践行为。只有教师主体在时代精神观照下,不断检视群体的价值观,并改变自己行为以适应时代需求之后,学校文化的变革才可能发生,而其中教师的价值观在由冲突到融合的过程中形成的学校价值观,正是学校文化的灵魂和由冲突到融合的焦点。其次,教师的行为文化是学校行为文化的核心。教师行为方式是教师文化的显性表征,其中最重要的是教学行为方式。教学是教师职业特有的行为,如课堂教学、课后辅导、批改作业、课外活动等,它受教师精神文化支配,直接影响教学

① 康万栋. 文化管理:学校管理的新走向[N]. 中国教育报,2009-04-28.

质量和学生发展。在中小学,学校的中心工作是教学,而实施教学的主体是教师,教师构成教职工的绝大多数——教师的行为方式是学校行为文化的核心:学校管理者承担着为教学服务的职能,因此教师行为文化直接影响到管理者行为文化(当然,教师教学行为同时也受管理者文化制约)。第三,教师文化发展状况直接影响学校发展状况。如果在一所学校中,教师群体有一个乐业敬业、勤于钻研的文化氛围,那么,它必将激励每个教师努力创新教学方法,提高教学质量;反之,如果在一个得过且过的教师群体中,倘若有人想要钻研进取,往往会受到排挤、孤立。所以良好的教师文化对学校健康发展起到积极促进作用,而松散疏离的教师文化也会对整个学校发展产生不良的影响。

(二)对社区文化辐射的积极作用

学校不是与世隔绝的修道院,它与社会有着各种各样的关系;教师不是孤立独行的传教士,它与他人有着千丝万缕的联系。教师文化对社区文化的辐射作用,是基于教育对文化的选择性,以及教师在教职工群体中的主导地位决定的。教师文化对社区文化的辐射作用,体现在它对社会文化和其他亚文化系统的双重示范上。对于社会文化,教师文化清高纯正,呈现的是主流价值观;对于其他亚文化,教师文化呈现的是教育文化的个性和示范。它通过两种方式实现。一是“价值批判”。批判是文化“性格”、文化的精神,也是文化的过程、文化的方法。文化批判的标准是价值观,它需要在厘清某种价值标准的前提下,才能有序、有效地进行。而不同时代、不同国度、不同级类的学校,其教师文化进行价值批判的性质和标准是大不相同的——其中,社会发展和青少年身心发展的需要是不容置疑的“客观标准”。“道之不存,师之不存”。一旦丧失批判功能,教师文化也就丧失应有个性,其影响力必然降低。二是“形象塑造”。形象塑造已成为当代个人、群体和各种组织生存发展的重要环境和基本手段,是否拥有形象意识是素质高低的一个标志。而上述这一切,都离不开教师主体的主动参与与艰苦努力。我们可以也应当利用新媒体进行文化批判,可以也应当利用“CIS 理论”进行形象塑造,进而扩大教师文化对社区文化的积极辐射作用[①]。

思考题：

1. 什么是教师文化的功能发挥，为什么功能问题成为文化研究的永恒主题？

2. 影响教师文化的因素有哪些？认识和理解职业地位对教师价值观的影响，认识和理解文化传统对教师思维方式的影响，认识和理解组织管理对教师态度和行为方式的影响。

3. 什么是“传塑”？为什么说“传塑”是教师文化功能的本质？

4. 如何理解教师文化功能的静态解读？体会教师文化的诠释功能、化育功能、规训功能和涵养功能。

5. 如何理解教师功能的对象/具象性发挥？体会教师文化的基于主流文化示范和促进学生成长的功能，体会教师文化的基于教师自身发展和专业文化建设的功能，体会教师文化的基于学校文化建设与辐射社区文化的功能。

参考文献：

1. 黄书光，等. 中国基础教育改革的文化使命[M]. 北京：教育科学出版社，2001.

2. 陶志琼. 教师的境界与教育[M]. 北京：北京师范大学出版社，2006.

3. 钟祖荣. 现代教师学导论[M]. 北京：中国广播电视大学出版社，2001.

4. 葛金国，吴玲. 教师文化通论[M]. 合肥：安徽大学出版社，2012.

5. 吴玲，周元宽. 当代教师文化使命[M]. 合肥：安徽人民出版社，2006.

---

① 教师形象塑造是学校形象塑造的一部分。所谓学校形象塑造，是指运用科学理念规划学校发展，通过自觉设计创造使之独具特色，并借助宣传手段向外界展示的学校公共关系活动。学校形象塑造表现为密切联系的两个方面，一是形象展示，二是形象整合。葛金国，刘孝友. “校本”：背景 · 理念 · 途径[J]. 小学校长，2004(2).

6.［苏］苏霍姆林斯基. 给教师的建议［M］. 北京：教育科学出版社,1984.

7.［英］托尼·比彻,保罗·特罗勒尔. 学术部落及其领地：知识探索与学科文化［M］. 北京：北京大学出版社,2008.

拓展参考文献：

4－1. 弗兰克·M·弗拉纳根. 最伟大的教育家——从苏格拉底到杜威［M］. 卢立涛,等译. 上海：华东师范大学出版社,2009.

4－2. 葛金国. 校园文化：理论意蕴与实务运作［M］. 合肥：安徽大学出版社,2006.

第五章　教师文化的职业使命

“师者，所以传道授业解惑也”，这是任何“师说”或“师论”，都不能不说，不能不论的。因为，这可以说是人们对教师功能的“共识”，而教育是生命的社会传承机制，践履文化使命（传塑）是教师的天职。所谓“传道”，就是要明“天人之道”，传“立世之德”；所谓“授业”，就是要“讲知拓能”，授“谋事之才”；所谓“解惑”，就是要去“心智之蔽”，解“生活之惑”。这三者的结合，就是传统的教师责任。随着多元一体文化时代的到来，当代“师说”，应该有新的“说法”。

教育要实现人的全面发展，必须以人的“存在”为核心，以使人获得真善美为支点。教师的智慧，就是真、善、美的智慧。面对当今世界各种文化交锋激荡的新形势，以“教书育人”为天职的当代中国教师，该怎样面对、如何完成自己的使命呢？我们的教师应该向学生传塑些什么？能够向学生传塑些什么？实际向学生传塑了些什么？以及如何传塑等等，都在时时考量着我们每个教师。教师使命的根本价值应体现在，为人类的全面发展而努力，为每个学生一生的幸福作准备。教师应该和能给学生的是，他们走出校园多年乃至一生仍保留在身上的深入骨髓的良好习惯和性格。

教育的艺术在于，“运用之妙，存乎一心”。我们的关注，不仅在于教师人生意味着什么，在于其中如何表述及各种“表述”给教师职业生命质量的影响，更关注教师怎样由微而著实现职业生命的意义。本章正是基于这样的理念，从微观意义上审视教师文化使命的。这些使命包括传道、解惑、审美，传知、拓能、授业，健体、平心、和人等三个基本层面和九个工作要点①。这是当代中国教师义不容辞的责任,是时代赋予的神圣使命。

第一节 教师文化的"传道、解惑、审美"使命

陶行知先生说:"在教师手里操着幼年人的命运,便操着民族和人类的命运。"因此,"先生不应该专教书,他的责任是教人做人;学生不应该专读书,他的责任是学习人生之道。""教师的职务是'千教万教,教人求真';学生的职务是'千学万学,学做真人'。""传道、解惑、审美"是当代教师的首要使命。

一、承传(体悟)"天人"之道

人生在世,人之为人,总是要感知生存的环境——世界,体认生命的历程——人生,把握意义的尺度——价值。也就是说,人之为人,总是有着一定的世界观、人生观和价值观的。所谓世界观,就是人对世界的看法,根本的看法。它包括两方面内容:一方面,是关于世界面目的观点,即"世界是什么"的问题,属于真理观;另一方面,是关于世界的价值的观点,即"世界是怎么样"的问题,属于价值观。现在人们所以把"三观"(世界观、人生观、价值观)并提,主要是从教育角度说的,是根据当代社会需要,在强调世界观的同时,突出世界观中人生观的地位作用,以及世界观、人生观中价值观的地位作用。价值观是关于价值的一定信念、倾向、主张和态度的系统观点,起着行为取向、评价标准、评价原则和尺度的作用。受到主体所处的社会历史条件、社会地位、教育水平等诸多因素的影响,是具体的、历史的②。时下,人们更强调和更多使用"价值观"来讨论问题。

对于文化视野来说,价值观是文化的最深层内容,它解决"为什么

① 十年前,我们就专门探讨"教师文化使命"问题,当时的表述是"为学生传道解惑,向学生授业拓能,使学生强心健体,是当代中国教师义不容辞的责任,是时代赋予的神圣使命。"此次,我们作了若干完善,把工作要点由六个拓展到九个,简称"三个层面"和"九个要点"。参见吴玲,周元宽.当代教师文化使命[M].合肥:安徽人民出版社,2006:131-207.

② 辞海编辑委员会.辞海[M].上海:上海辞书出版社,1999:266.

做”，即人的活动取向问题——人的活动及其结果实质是其价值观的外在表现。所谓中西文化的不同，古今文化的不同，包括一切文化的不同，根本点就在于价值观的不同，而文化的社会作用，最主要的是价值观的作用。有人说要抵制西方文化的渗透，说到底就是要抵制西方价值观的影响。在多元一体的世界文化背景下，在各种文化相互激荡的形势下，确立正确的价值观十分重要。新世纪中国的文化建设，要与时俱进，有“胸怀祖国，放眼全球”的战略眼光，始终保持清醒头脑，充分体现民族精神，大力倡导一切有利于集体主义的思想和精神，一切有利于中华民族伟大复兴的思想和精神，一切有利于以诚实劳动争取美好生活的思想和精神，一切有利于社会和谐人民幸福的思想和精神。我们的教师，就是要“循理而求道”，培育学生正确的世界观，生成正确的人生观，塑造正确的价值观。

文化价值观的基本内容

文化价值观念内涵十分丰富，从关涉层面和影响深度上说，至少包括九个方面：

- 有关人们的地位和“天赋”权利方面的观念；
- 有关人与人、组织与组织关系方面的观念；
- 有关对待知识、科学及教育方面的观念；
- 有关政治、工商地位及政企关系方面的观念；
- 有关金钱、财产及其获取手段方面的观念；
- 有关人才和用人准则方面的观念；
- 有关官民、雇佣关系方面的观念；
- 有关宗教或社会理想方面的观念；
- 有关人类生活的基本命题——诸如逻辑、时间、效率、生命、变革等方面的观念。

[资料来源]：葛金国. 学校管理学[M]. 合肥：中国科学技术大学出版社，1996：42.

“道之所存，师之所存”。自古以来，传道便是教师的文化使命。“古之学者必有师。”在人文之初，文化资源极其有限、文化载体极为简单和昂贵,在不少情形下,为师者就是文化本身,因而人们学问的获得,很难离开教师的教诲。韩愈通过总结历史经验,得出了这个结论。《学记》认为,“建国君民,教学为先”,“化民成俗,其必由学”,治理国家、教化百姓,都要通过教师工作来实现。

在先秦时代,“道德”是诸子百家的共同话题,但对“什么是道德”实际理解却并不完全一致。《老子》开篇即言:“道,可道,非常道”;周易则明确“形而之上谓之道,形而之下谓之器。”(《周易·象辞下》)自从汉武帝采纳董仲舒“推明孔氏,罢黜百家”的建议,儒家思想就成为中国古代占据主导地位的“意识形态”,基本没有动摇过。一般认为,“传道”,是传授儒家“修齐治平”的仁义道德;“授业”,是讲授儒家的“六艺”经传,如诗、书、礼、乐、易、春秋等内容;“解惑”是解答学生在习“道”与学“业”过程中提出的疑问。在儒家思想看来,“传道”、“授业”、“解惑”三项任务中,最重要的是“传道”,而“授业”和“解惑”,都是为“传道”服务的——“授业”以载道,“解惑”以明道。学者从师,自然是为了获得知识、明白事理。教师能够讲明道理,系统传授知识,并解答学生的疑难问题,则是履行了教师职责。教育实践证明,自古以来教师的任务主要就是这三方面。《师说》的此说,成为教师使命的“经典注释”。

当然,社会在发展,时代在变化,“道”之内容也会不断变化。但是,教师传道之文化使命没有变也不会变。“善歌者使人继其声,善教者使人继其志。”(《礼记·学记》)教师要“以其昭昭,使人昭昭。”(《孟子·尽心下》)当代中国教师所传之“道”,是立足于中国现时国情和传统的,符合人类整体利益和社会发展需要的,具有中国特色的“道”,是当代所弘扬的正确的世界观、人生观和价值观。当代中国教师当不辱使命!

二、消解(解析)“生活”之惑

人以实践的方式创造了自己的“属人的世界”、“文化世界”,使人成为了历史性的存在、文化的存在,从而获得了人作为人的本质①。人的存在有其基本特征。一是存在的绝对性——存在先于生活,先于生活的意

① 石中英.教育哲学导论[M].北京:北京师范大学出版社,2002:84.

义；二是存在的意向性——人的存在的方式和意义是受意识指引的；三是存在的文化性——人所以为人是因为他是文化的产物；四是存在的时间性——人的存在是自我筹划的或由历史不断走向未来筹划的；五是存在的语言性——人的存在还是一种语言的或话语的存在；六是存在的独特性——这不仅表现在每一个人的身体特征、人的精神特征和个体行为习惯上，还表现在每一个人的生活世界都是独特的，不同事物和事件被解释为不同的意义。

人生必须面对自身的"存在问题"。所谓"存在问题"，是相对"生存问题"而言的。人生必须面对自身的"存在问题"包括"生命死亡问题"、"自由奴役问题"、"有限无限问题"、"孤独恐惧问题"和"自我认同问题"。人的"存在问题"，在不同人的不同年龄段，会以不同的形式表现出来。人对自身存在问题的思考，会更有益于生存问题的解决。教育是以"人"为本的，上述"存在问题"也必然会影响到教育，表现在学校生活的方方面面，教育要关注人的"存在问题"。因此，教师应该不断地引导和帮助学生思考"存在问题"，而不是仅仅授给他们一些生存的知识技能。

在这里，教育要关注人的"存在问题"，首要，教师要形成正确的教育对象观，不能仅以功利来看待学生，还应以存在的眼光来看待学生。其次，要重构教师的自我意识。教师要努力回到人之为人的状态，回到自身本真的和丰富的人性状态。教育要关注人的"存在问题"，还要在上述基础上"重构"师生关系，从"功能性关系"深入到"存在性关系"。师生之间的关系，首要的不是"师生角色"关系，而是"作为教师的人"与"作为学生的人"之间的关系。探索生命意义的教育，涉及"主体间性"，它使生命意义探索成为教育的方式。教育要关注人的"存在问题"，教师还要引导学生用严肃态度来看待人的存在，将"存在问题"的讨论与主体自我反思相结合，深入到个体生活中讨论"存在问题"，从而最终培育学生存在的智慧，解他们生活之困惑①。

显然，关注人的"存在问题"是教育的职责所在，关注由人的"存在问题"而引发的人的生活困惑是教师的使命所在，而为教育生活中的学生解

---

① 石中英. 教育哲学导论[M]. 北京：北京师范大学出版社，2002：91.

生活之困惑,理所当然地属于教师的文化使命。教师关注人的"存在问题",就是要把握职业生命的意义,也就是追问自身所作所为对于儿童生命、对于自我生活、对于他人幸福意味着什么,对整个现存社会意味着什么,进而达到对世界的本源把握与人类的终极关怀。因此,"我们的教育——真正人道的教育,不仅要对学生的升学考试负责,更要对学生一生的生命质量负责。而生命质量是一个包含有终极关怀在内的概念,包含有生命的价值与意义的概念,是人作为精神的存在的内在关照,因而更多地与文化设计和文明的内在品质相关。"①

教师训话录

久处校园,常闻教师苦口婆心对学生讲道理。学生戏称"训话"。耳濡目染并留心记住一些。这些话有的虽极为朴实却也让人寻味。其中一些不仅仅对学生,对许多"大人"也或多或少有些启发。特选录一些与大家分享。

1. 多为成功找办法,别为失败找理由。

2. 想做好总会有办法的。

3. 要学作聪明人,要善于将复杂的事情变简单。

4. 想获得鲜花和掌声吗?请大胆站起来。

5. 米卢说:态度决定一切。学习中有什么样的态度就有什么样的高度!

6. 没有现在经历的苦痛,便没有未来回味时的甘甜。

7. 想一千道一万,不如切切实实做一个。

8. 其实你完全有能力远远超过现在的水平,只是你总是把自己定位在目前这一位置上,妨碍你潜力的发挥。

9. 有人问贝利:你最满意的进球是哪一个?他回答:下一个。是的,我们也要相信,下一次我们会更好,只要我们努力。

10. 我们寄希望于下一次,我们想下一次会更好,但记住,我们必须从现在开始为下一次作准备,而不是一味地等待。

---

① 肖川.教育的理想与信念[M].长沙:岳麓书社,2004:272.

11. 你想改变你的未来吗？那就努力改变你的现在！

12. 你想活得更有质量、更有层次、更有品味吗？那就努力改变你的现状！

13. 学习的时候如果你觉得这个也没用那个也没用，结果只能是你一无所获。

14. 上帝造就了你总有它的道理，相信你自己！

15. 对于知识你要为自己多储蓄，以便将来有足够的支取。

16. 骄傲是成功下的蛋，但孵化出来的是失败。

17. 与其羡慕别人，不如让人羡慕你自己。

18. 一个聪明人比一个普通人聪明之处在于他总会比别人多想几步。其实，有时你只要比他人或自己平时多想一点就会把事情处理得很完美。

19. 下棋的输赢决定于执棋者考虑的是否周密，做题也一样。

20. 换个角度想问题有时会使你豁然开朗。

［资料来源］：刘小兴. 教育训话录［J］. 班主任，2003(11).

三、欣赏（审读）“人生”之美

实现自由创造，是人的最高本质。只有在人的自由创造中，人才能得到最大发挥，实现主体实践的合规律性与合目的性的统一。

美育是审美生活及其意义的逻辑延伸。然而，美育究竟指的是什么呢？美是复杂的，美也是难的，回答“美是什么”自然不容易。学术界对美育的界定，可谓“见仁见智”而又“美不胜收”：如，美育是德育教育的一部分，或者说，美育是实施德育教育的手段（工具）；又如，美育是一种艺术教育，是关于绘画、音乐、舞蹈等艺术技能、技巧的培养；再如，美育是一种情感教育；美育是关于人类自身美化的科学，是人类认识世界，并按照美的规律去改造客观世界和主观世界的一种手段；美育是一种感性教育；美育是一种趣味教育；美育是一种人格教育；美育是个体的审美心理的建构的教育，如此等等。我们认为，美育的界定必须与当代教育问题联系起来。

有识之士指出，当代教学忽略了能力尤其是原创力的培养，重视美育就是试图弥补其中的缺陷。从更高层次上说，美育主要不是知识教育，主要不是技法教育，主要不是能力教育，而是“态度”（态度、情感和价值观），即以审美的“态度”对待宇宙人生的教育。朱光潜先生在“对一棵松树的三种态度”中明确指出，审美同科学和商业活动的最大的区别是“态度上”的区别。与认识世界和改造世界相比，美育的首要问题是人生态度的转变，并通过“态度”的转变，获得对宇宙人生的一种新的觉解，最终达到人生境界的提升。为此，我们赞同对美育做出这样的理解：美育是通过以审美和艺术为中心的知识传授和技能训练为手段，以人生态度的改善和人生境界的提升为目的的综合教育形式①。根据对美育的这种理解，美育至少应具备三个方面功能。一是审美态度的陶冶：美育首先要将人们习以为常的与事物对立的功利态度，转变为一种与事物亲近、同情的审美态度。审美态度的陶冶，包括审美胸襟、审美情操、审美趣味的培养和尊重个性、认同群体等意识的培养。二是审美能力的培育：美育要着重培养人的审美能力，包括创造力、想象力、直观洞察力和一般的艺术欣赏和批评能力的培养。三是审美境界的提升：美育的最终目的是提高人的审美境界——审美境界的提高和人生境界的提高是密不可分的，这其中主要包括不断由有限向无限的超越精神的培养。

在缺乏审美的知识技能教育中，在把美育知识化技能化的教育中，美好生活，包括美好的教育生活，都是以未来目标出现的。这样教育的结局是：美好生活并不在生活之中，而是在生活之外或之后。态度教育，尤其是审美的态度教育，可以从根本上克服这种悖论。态度教育是教人改变人生态度，在现在有限的人生中体验和创造美好生活。在态度教育中，美好生活不再是可望而不可及的目标，不在生活之外，而在生活之中。迄今为止，我们的教育观念的转变更多的只是停留在理念阶段，而没有表现在具体的实践之中，这在根本上不是倡导美育的可解决，它牵涉到整个理念、体制的“整建”。

肩负文化使命重任的当代中国教师们，为了美好的生活，没有理由不

① 彭锋. 美学的意蕴[M]. 北京：中国人民大学出版社，2000：248.

重视态度教育，没有理由不重视美育。生活的“意义”和“职责所在”，要求教师们躬行实践。

第二节　教师文化的“传知、拓能、授业”使命

所谓传知、授业和拓能，主要是就知识与教育的关系而言的，是指教师在智育——知识传授、技能训练和能力培养方面的使命。从特定意义上说，智育与知识传授是同一层次的范畴。因此，本节以知识为代表来阐释教师在传知、拓能、授业方面的文化使命。

一、传知：知识的本性与传授的意义

知识教学是教育的中心任务。那么，知识传授或传授知识当然地成为教师的基本职责。这既是经过教育理论论证、历经教育实践检验，也是社会分工给教师职业的社会使命。传授知识作为教师的基本职责，一是从广义知识论说的，二是从教师工作的直接目的说的，三是从知识与能力关系上说的。

长期以来，至少是近30多年来，在教育投入相对不足、条件相对局限的情形下，我国广大教师以自己的智慧和心血“重视基础知识、基本技能的教学并关注情感、态度的培养”，对学生进行知识传授和能力培养，促进学生全面发展，应该说是卓有成效的。国际上对我国基础教育质量也是公认的（新近的许多事实，如经合组织的相关研究可以说明）。然而，令人困惑的是，近些年来，在我国基础教育领域泛滥出一股贬低知识的声音。一些人，有意无意宣扬教师要转变知识传授者的角色，一些地方，还提出要教师“洗脑”。在轻视知识思潮再次泛起的时候，澄清什么是知识传授及其意义，对于教师有效地践履使命具有重要的意义①。通过学习和思考，我们有如下一些认识——这些认识事实上构成我们的教师文化价值观的一部分。

---

① 刘硕. 传授知识是教师的神圣职责——试论知识传授的作用与价值[J]. 中国教育学刊，2004(5). 王策三，孙喜亭，刘硕. 基础教育改革论[M]. 北京：知识产权出版社，2005：194.

第一，在知识经济时代，知识重要性毋庸置疑，而对知识的理解应当不断拓宽和与时俱进。作为人类长期实践的产物，知识不仅是认识成果，还不同程度包括了认识过程，包括了思维材料和思维方式。因此，掌握知识与体会过程、学会方法不仅应当是一致的，而且是必须一致的——把二者统筹兼顾起来，可以做到“双赢”，珠联璧合、相得益彰；反之只能是两败俱伤。正所谓“只求一时拥有，必失天长地久”。理想的状态是，强调知识论者，同时考虑到知识的动态性，注意联系社会和学生生活实际，为知识转化为能力提供前提；强调能力论者，意识到能力与知识的不可分离性，把传授基本的具有更大生发性的知识作为基础。第二，理论性知识对理论思维培养的重要性不容贬低，而理论思维无论是对于个人，还是对于一个民族都是至关重要的。即使是最抽象的理论性知识也包含“过程和方法，态度、情感和价值观”，也能由此培养“过程和方法，态度、情感和价值观”。在教学中，培养人的情感、态度、价值观必须以传授一定知识为前提。这是“不以人的意志为转移的”。第三，学习书本知识是青少年学生掌握人类已有文化知识的“捷径”——有捷径肯定要走，但也要在思想上有应对曲折和反复的准备。第四，贬低知识传授的价值与狭隘地认识知识传授的方式有关，方式方法需要改善，但不能成为否定知识传授重要性的理由。第五，发展是重要的，但发展的概念应当澄清，发展与掌握知识至少在一般情形下是不矛盾的，知识与发展的对立是一个典型的“假问题”。第六，我们说传授知识作为教师的神圣职责，并不是说教师职责仅是传授知识，知识也不只是指陈述性知识，更不只是在认知层面上传授知识。

促进学生德智体美诸方面全面和谐发展，是教师践履使命的终极目标。只有学校正确发挥传授知识的功能，教师有效履行传授知识的职责，才能实现每一个学生的真正发展。江泽民同志在纪念北京师范大学建校100周年大会上明确指出教师的神圣职责是“传授知识，传承民族精神，弘扬爱国主义，为祖国和人民培养合格人才”。这就是社会使命的一种表述。加强和改革知识传授是推进课程改革所必需的，也是我们前段工作中做得不够的。课程改革也需要我们“把冲天的革命热情与脚踏实地的求实精神高度结合起来”。如何提高知识传授的质量是课程和教学改革的永恒课题。因为,知识教学或者说授业拓能,始终是教师的基本职责,始终是教师的文化使命!

如何理解知识和进行相关讨论

我们认为,在理解知识或进行相关讨论时,应注意三点。一是,有必要把作为人类共同财富的知识与作为个体头脑中的知识区分开来。人类的知识是客观存在的,而个体知识则必须通过个体的认知活动才能形成。作为一种主观表征,个体知识是人脑中的知识结构,包括感觉、知觉、表象等,又包括概念、命题、图式,它们分别标志个体对事物反映的不同类型和深度。二是注意不同学科的知识研究的侧重点。哲学主要研究人类共同知识的性质和意义,心理学则主要研究个体知识的性质和类型,教育学则在社会价值观指导下研究如何把人类共同知识有效地转化为个体的知识。三是注意知识概念运用的语境,即注意人们包括我们自己是在什么意义上讨论知识的。否则,关于知识的争论将"永无宁日"。

[资料来源]:选编自吴玲,周元宽. 当代教师文化使命[M]. 合肥:安徽人民出版社,2006.

二、拓能:能力拓殖的意义

正如能力的定义所展示的一样,"有能力",意味着能胜任某种事务。于是,能力拓殖的意义不言而喻。能力就是广义的知识或知识的转化,以及对能力具有个体差异的理解,这使能力的拓殖,不仅有了必要性而没有了意义阻碍,同时有了可能性(操作性)而少了空洞性。这里试作若干说明。

个体的能力差异,增加了能力拓殖的迫切性。科学研究和经验都已经表明,不管是一般能力还是特殊能力,对每个人来说,他们的表现都是不同的。既有类型上的不同,也有品质上的差异,而且同一种类型的能力,各个人还有水平的差异,也就是说能力在质和量上都表现有差异。

①一般能力方面的差异。例如,知觉方面:有的人知觉属于综合型,

其知觉具有概括性和整体性,但分析方面较弱;有的人知觉属于分析型,其特点是有较强的分析,对细节感知清晰,但综合方面较差;第三种人的知觉具有上述两种类型的特点,可称为分析综合型。又如,在记忆能力方面:有人善于视觉记忆,有人长于听觉记忆或动作记忆;有人记得快、忘得慢,有人记得慢、忘得慢,有人记得快、忘得快,也有人记得慢、忘得快。想象方面:个别差异首先表现在想象力的强度上——想象力强的人,想象表象鲜明生动,他似乎听到、看到或摸到当前并不存在的事物;想象力弱的人,他的想象表象则比较模糊。此外,人们在想象的广阔性、丰富性、想象内容的创造性等方面,也都存在着个别差异。思维方面:人的个别差异表现为思想的深度、灵活性、逻辑性以及批判性等等。我们常常会遇见一些人的思维很灵活,思考问题很敏捷,但是不够深刻;有的人很容易受人暗示,缺乏思维的批判性。上述这些一般能力的个别差异,在同一个人身上总是互相联系、统一表现出来。

②特殊能力方面的差异。学生在特殊能力上的个人特点更明显。例如,具有文学方面的能力的学生,往往表现为具有敏锐的观察力、创造性的想象力和高度发展的运用语言的能力,他们总是情趣盎然地感受着现实的影响。具有技术方面的能力的学生,在研究、设计和制作机器或有关的模型时,能深入考察它们细节与细节之间的关系,能依据机械运动的规律预先做出很好的定向,并做出较合理的操作设计。这表现了他们技术思维能力的高度发展。

能力差异还表现在发展水平不同上。一般情况下,人的智能的高低表现为一种常态分布:两头小、中间大,即智能特别高或特别低的人为数极少,而中等的人则占大多数。天才与先天的素质条件有关,但更重要的是后天的培育。如果后天培育能够及时进行、方法适当,加之个人的勤奋努力,在我们社会的优越条件下,是完全可以培养出更多卓越人才的。

各种能力的出现,既有先后早晚,也存在个体差异。有些人在童年就表现了某些优异能力,这叫早慧。例如,我国唐初的王勃,10 岁能赋;奥地利音乐家莫扎特,据说他才 3 岁,就发现了三度音程;控制论创始人维纳,幼年显露非凡智能,9 岁破格升入高中,18 岁得博士学位。马克思和恩格斯写《共产党宣言》时,马克思仅 30 岁,恩格斯 28 岁。当然也有"少时了了,大未必佳”的情况。与此相关,也有“大器晚成”的现象。例如,我国画家齐白石,40 岁才表现出绘画才能;达尔文五十多岁才开始有研究成果,写出名著《物种起源》一书。此外,还有这样的情况:尽管从小智能平平,但由于特别努力,终于有所成就。例如,我国清朝的阎若璩,据说他少小愚钝,记忆力差,6 岁入学,读书千遍还背不了。他明知比别人笨,就“笨鸟先飞”,一生格外努力,终于成为我国著名的考据学家。总之,不管是“早慧”,还是“晚成”都离不开主观努力,如果不努力,“天才”也会夭折,“老大徒悲伤”;如果下的工夫深,也能有所弥补,“铁杵磨成针”。

时代需要又增加了能力拓殖的迫切性。传统教学以课本并且事实上是以陈述性知识为中心的。这在当代科技迅猛发展、“信息爆炸”的知识经济时代,已经越来越不能适应人才观的转变和社会的需要。有人打比方说:21 世纪知识的有效期就像写在牛奶瓶盖上的有效期一样短暂。人的素质已从传统的考察知识多少深浅,转化到重视创新能力和实践能力为代表的人的综合素质,强调人的身心全面、和谐、可持续发展。在这样的背景下,电脑大规模进入学校和家庭,使人类学习由对知识的博闻强记转化到了学会获取和运用知识,也就是进入了关注能力的时代。

三、授业:归旨、动力和路径

“授业”,是韩愈总结的中国传统社会教师的三项基本职责之一。那么,什么是“业”和“授业”?为什么要“授业”?所谓“业”,就是学业。作为名词,“业”是所传授的课程内容,即某一教师传授的“业务范围”。所谓“授业”,就是传授学业。作为“动名结构”的概念,它是指教师的基本职责之一,与“传道”、“解惑”并列。“授业”与“传道”、“解惑”比较,它在传统社会是指特定教师对弟子传授特定课程内容的活动。其中,既表征特定教师传授的活动及其类型,也表征特定教师传授的“业务范围”,还包括“师法”尤其是“家法”的耳濡目染和口传心授。“授业”的现代涵义中工具性色彩更为突出。常常指称人们在现实社会中生存的技术与能力。可广泛理解为“三百六十行”所需要的专业技能知识。在当代我国制度化学校教育语境下,“授业”更多的是专业教师“业务范围”,是指专业教学的工作,包括相关职业思想行为的耳濡目染和口传心授。

授业，作为教师职业的基本职责，在中国文化中，它以“经世致用”为归旨，即思想基础。而就其动力和路径来说，它来自教师职业生命主客观两个方面的推动。从客观方面看，中国古人关于“德性之知”与“闻见之知”的区别、“尊德性”与“道问学”的差异，正是反映了教师职责中的矛盾与异质性。当代教师职业使命的以“授业”为中心的判断，首先是以“道”与“学”的范畴相异性，以及“为道”与“为学”，作为两种不同的取径为其预设的。所谓“为学日益，为道日损”。知识系统和道德情操，二者具有不同的品格，而德性的铸就与知识的建立，也的确依赖不同的方式。从主观方面看，就传统中国教师的一贯的德性优先的主观立场而言，如果与德性相关的各种问题探究，异化为一种单纯的知识系统，无法成为人的一种内在精神气质，则此时的“学”，便成为一种“不见道”或足以蔽道的东西，也就失去了教师通常将其理解为“觉”的那种应然意义了。应当作为内在价值的东西，一旦沦为外在的知识产品，无疑便失去了其原初的意义。显然，传统教师在其发展史上的种种自我批判，可以视为他们在传统丧失价值情形下，力图摆脱空洞、回归精神生命的努力。

事实上，历代教师在不同程度上意识到“道”与“学”矛盾的同时，也看到二者的兼容互补。中国古人所谓“读书明理”，进而“以义理养心”，讲的就是这个道理。就此而言，“为道”与“为学”不仅不是势若水火，“道”反而须经由“学”的途径，才能获得其充实广大。所谓“百工居肆以成其事，君子学以致其道”。有论者指责当代教师的专业化倾向，或许更多的是针对现代教师缺乏足够的道德责任与缺少足够践履而言的。就理论本身来说，如果知识形态与其内在价值并非鱼或熊掌关系的话，那么，就不必以当代教师的精神气质的失落为代价。

士农工商，国之四民。对知识分子，有进入“专业知识分子”时代之说。在我们看来，教师之为教师，教师的文化精神，最为重要的不在于那种外在的身份标志。从社会分工角度看，固然有“业”的不同，似乎传道只是“士”的专业，但就“道”的角度而言，作为一种价值信仰系统，“道德面前人人平等”，道则可以为各行各业的人们所接受而奉为人生准则。“四民异业而同道”。当今社会，对于教师，我们应当在传道者、学者、教员这三种类型之间加以分疏。显然，教师应是以教师信念为其职业准则的所有人。有人感叹,现行教育体制拙于人文教养,长于传知以为谋生手段的功能,由此而对古代的书院制充满怀恋。但是,即使是古代社会,也不是那么"朗朗乾坤",至少是在中后期,千余年的科举制,将权力等各种资源配享的利器牢牢掌握,而教职也常常异化成为谋求富贵的工具。同样,当代教师也会受到现行教育体制(实质是评价体系)的限制。由"为道"与"为学"的辩证关系,引发了我们对当代教师社会角色定位问题的思考。①

"问渠哪得清如许,为有源头活水来"。尽管我们的教师在既定结构中尽性立命,但也需要深植于文化的源头活水,方能不为种种制约因素所约。这意味着,教师要充分利用那些既定条件,以"道"实"学",以"学"彰"道",让精神价值贯注到生活世界的方方面面。如此,学生在社会生存中"道""学"兼顾,"授业"成矣。

"授业"与"传道"、"解惑"

关于"授业"以及"传道授业解惑"的关系,尽管"耳熟",但是,还真是不"能详",不太容易说清楚。为此,我们曾向不少人请教,也考虑了很长时间。如果说,在传统社会语境下,它还可以相对地去理解的话,那么,"授业"的现代涵义就更加难以解释。在这里,我们的初步解释为,"授业"是指教师传授学业/职业规范尤其是达成学业考核要求的职责及其活动。关于三者之间的关系,一是我们觉得,至少在韩愈包括后人的理解上一直认为它们是教师的三项基本职责,缺一不可。二是我们觉得三者之间也是有所交叉渗透的,因此它们的关系只能相对而言。目前,我们觉得只能用比喻来说明(只是比喻而非等同):"传道"是给学生呈现某种"道路",大体是指一个"道"的方向。"授业"是授给学生某个载体,说明此载体所载之道、主要内涵,包括在此载体上运作的方法。如教师所授之业是"科考",那么,

① 教师在当代是否属于知识分子,或只能退居于专业群体之中,这是一个值得讨论的问题。我们在研究中觉得,也许可分而论之,而在教师的文化角色中,可在"传道者"、"学者"、"教员"三种类型中加以分疏。

不仅要帮学生树立目标,要能传授考试所涉内容,还要传授应考的方法技能。授业的前提,是教师要有业可授(能授)。"解惑"是当学生求学过程中遇到困惑或处于困境中的时候,为师者能给予帮助、点拨和提醒。

[资料来源]:选编自吴玲,周元宽.当代教师文化使命[M].合肥:安徽人民出版社,2006.

第三节　教师文化的"健体、平心、和人"使命

历史上,华夏民族是一个"重文轻武"的民族,这种风尚影响到教育,影响到教师的文化价值观。从某种意义上说,我们的教育学虽然谈论体育,但意识却有偏差,态度也不够真诚,举措更说不上得力。立足新时代,我国学校健康教育面临着提高受教育者的健康意识、健康水平——生命质量的艰巨而伟大的任务。这里我们将以新健康观为指导,讨论教师的健体、平心、和人的使命。

一、健体:明养身之道

对于我们的教育而言,身体素质教育,一直是全面发展教育的重要部分。身体健康、身体保护、身体教育是教师职责的当然组成部分。在我国,教育界长期以来就有教育的不当或失败带来"危险品"、"次品"和"废品"等等的形象比喻。马卡连柯说:"教育工作中的百分之一的废品,就会使国家遭受严重的损失。"对此,教师要有明确的责任感和使命感。

健康是生命之核心,幸福之基础。什么是健康?我们认为,健康是一个以价值为中介的认识问题。这是一个既简单又复杂的问题。何谓"简单"?因为它是几乎人人都可以发表见解的问题;何谓"复杂"?因为它有很多具体而微小的标准,并且随着经济、科学、价值观的变化常见常新——因为对"什么是健康"的回答,是受其健康观所决定的。要解读健康,首先要了解健康观。所谓健康观,顾名思义,就是人们关于健康的看法。人类健康观,经历了"身体健康观"、"身心健康观"、"和谐健康观"三个阶段,这实际上是从不同侧面说明同一个问题。在传统观念或大众观

念中,人们一直将没有疾病称之为健康。

教师应当确立现代新健康观。所谓现代新健康观,就是在现代科学理论基础上研究人类健康问题从而形成的关于健康的观念。它从阶段上说,属于健康观的高级阶段——和谐健康观。目前,世界卫生组织将健康界定为"既没有身体上的缺陷和疾病,又有最佳的生理、心理状态和社会适应能力"。换句话说,现代健康概念在内涵上应包括生理健康、心理健康和社会功能健康三个部分。所谓生理健康,也就是人们通常所说的身体健康。所谓心理健康,是指人的内心能保持安定、乐观,充满活力,对事物有高度积极性并能较快适应各种环境。所谓社会功能健康,即道德健康和环境健康。社会功能健康是一个新的理念,它的具体内涵还有一些认识差异,并且其涵义还在迅速地调整和发展之中。目前的一般理解是,注意精神文明、符合社会道德规范和生态环境的要求,努力保护和创造良好环境,改造不良环境,社会和环境适应能力强。树立现代健康观,做个完全健康人,我们还要明白这样一个重要观点,那就是健康和生命主要取决于自己,健康和生命能够掌握在自己手中。你,就是你自己;你,也是由你自己造就的。其中,在取决于个人的因素中,生活方式是疾病的主要影响因素。而在生理健康、心理健康和社会功能健康三个层面的健康构成因素中,随着梯次上升和推进,个人主观所起的作用也越来越大。

显然,只有身体、心理和社会功能都健康的人,才是完全健康的人。我们应努力树立现代健康观念——和谐健康观念,增强自我管理能力和保健意识,做一个完全健康的人。其要点有三:第一,全面把握身体素质的涵义及其构成要素;第二,正确认识身体素质教育的地位和作用;第三,全面实施"体质为本"和"健康第一"的身体素质教育。在学校体育中,要把学生主体性发挥和教师引导结合起来。一方面,充分调动学生的学习积极性,选择具有广泛群众基础的、有利于全体同学参与的、适合于群众性锻炼的体育项目,避免过分竞技化。另一方面,不放弃教师的主导作用,从实际出发,有针对性地选择教材内容,善于提出学生经过努力能够达到的目标和要求,促进他们身体素质充分发展。

二、平心:涵养心之道

如前所述,现代健康观认为,人的全面健康,不仅包括生理健康,还包括心理健康和社会适应等多方面。其中,生理健康是心理健康的前提和基础,心理健康是生理健康的动力和保证,而社会功能健康是心理健康的进一步发展。当然,心理健康与社会功能健康相互渗透,是相对而言的。

充分认识心理健康教育的价值,是积极开展心理健康教育的前提和保证。目前,心理健康教育已成为各国学校教育的组成部分,愈来愈受到重视。心理健康教育的价值可从多方面得到说明。①从功能上看。心理健康教育,关涉学生学习生活的方方面面,具有多种功能:心理健康教育使受教育者获得心理知识,使学生形成良好的心理品质,掌握科学的心理调节方法;心理健康教育采取多种方法使受教育者各方面能力得到发展;心理健康教育目的是通过各种方式使受教育者形成良好的智力品质和非智力心理品质;心理健康教育使受教育者逐步掌握科学有效的心理调节方法。心理健康教育的基本功能是决定和判断心理健康教育价值的基本依据。②从过程上看。心理健康教育,是一个综合性的教育过程,体现在教育途径和教育方式之中。就是说,从心理健康教育过程中我们也可以充分发现心理健康教育的价值:学科教学中,渗透心理健康教育符合现代教育的要求,可以提高学习本学科的积极性、主动性、创造性,从而提高学科教学的水平和质量;在管理工作中实施心理健康教育,不仅有利于提高学生的心理素质,而且还有利于提高管理者的心理素质,更可以提高各项工作的效能;在各种教育活动中融进心理健康教育可以提高教育活动的趣味性、针对性和有效性。环境熏陶是开展心理健康教育的途径之一,良好的物质环境、精神环境可促进学生心理健康发展,同时学校心理健康教育的开展可以极大地促进校园文化建设。另外,心理健康教育的过程还是心理方法的使用和普及的过程。心理方法的科学使用,不仅可以提高学校心理健康教育的效果,而且可以提高家庭、社会心理健康教育的水平,推动素质教育的发展。③从结果上看。从心理健康教育的结果看,心理健康教育的终极价值应从个体、群体、组织、社会四个层次上进行分析:作为心理健康教育主体的学生、教师、家长,在积极参与的教育活动中每一个个体都可以获得健康的心理知识和良好的心理品质,是一个人全面和谐发展的基础,是幸福生活和取得成功的前提和保证;心理健康教育对于群体而言,其价值表现为增进同学之间理解和友谊,促进班集体建设,使家庭生活更加和睦、幸福；作为素质教育组成部分，心理健康教育可以推动学校组织的建设，也可以为社会组织输送心理健康的人才；心理健康教育能为社会培养具有良好心理素质的人，为推进我国素质教育，为提高国民素质，提高全民族的整体素质做出贡献。

上海市有关部门曾采用五种国际上公认的权威量表，对全市青少年学生进行了各种心理测试，结果令人瞠目：全市青少年学生中具有各种不同程度心理问题的竟达60%之多！青少年学生心理问题的研究刻不容缓①！

所谓心理问题，就是心理活动失调或心理失去常态。心理问题的特征主要有三点：一是失常性即偏离常态的特征。二是稳定性即稳定地偏离常态的特征。三是消极性即心理异常，不仅稳定地偏离常态，而且有消极的作用。青少年学生心理问题主要有狭隘、抑郁、虚狂、恐惧、神经过敏、过度激动、无动于衷、报复情绪、怯懦和不良行为习惯等10种表现。学生心理问题的发生具有横向和纵向的特点。

教师要注意到，引发学生心理问题的因素很多，并且十分繁杂。作为心理健康教育或心理咨询，必须具体情况具体分析，即“对症下药”。这里讨论一些共性问题，概括为两个方面。其一，内在原因或主体原因：生理与心理的矛盾；自主与服从的矛盾；心理诸要素间的矛盾。其二，外在原因或客体原因：教育不当；升学竞争；不良社会影响；环境污染。以上原因中的任何一项都可能引发学生心理问题，如果众因合一，问题就普遍了，严重了。

近些年来，心理教育问题在我国可谓“触目惊心”。越来越多的人感到震惊，震惊之余人们开始思考：现在的年轻人究竟怎么了？为什么这么多有知识有文化的年轻人如无舵之舟在社会洪流中轻易搁浅甚至沉没？的确，如今的孩子生活优裕，聪明多知，然而在意志品质和心理情感方面却很脆弱、贫乏。他们中的大多数，没有经过艰苦生活的磨炼和心理挫折的考验，缺乏坚定的信仰和顽强的追求，在长辈的悉心照料和呵护下，逐渐形成利己、孤傲的性格，表现出冷淡、孤独、抑郁、偏执、冲动等多种变异的人

---

① 葛金国，吴玲. 盘点学校[M]. 福州：福建教育出版社，2001：168.

格特征,禁不起打击和挫折。有人称当今青少年存在一类"精神缺钙族"。

欧文说过:"教育人就是要形成人的性格。"布贝尔也在他的《品格教育》中提出:"名副其实的教育,本质上就是品格教育。"学习知识是为了推陈出新,教育是为了培养人才,但如果我们培养出来的人因为人格不健全而中途夭折或堕落,那么就意味着教育的失败。那么,如何帮助学生形成健康的心理和健全的人格,最终顺利成才,成为我国当前教育急需解决的问题。塑造学生健全的人格,可以从以下几方面入手。第一,自爱爱人,提高教师自身心理健康水平,健全教师自身的品格。第二,设身处地,严爱相济,从多方面强化健全学生品格的教育。第三,把培养学生的信心,作为平心的第一要务。

三、和人:"和谐其人际环境"

人是群体性的动物,人、人性是人的世界和世界的人的最核心的概念,它们构成了以人为对象和主体的教育实践的逻辑起点。交往是人类的一种基本需要。教师要有效工作、幸福生活,就必须有一个和谐的人际关系。而全面关爱,对于学生而言,更是不可或缺的心灵鸡汤。只有情感交融,心心相印,才能走向对话与理解,走向协商建构,走向共同发展。"教师应该把每一个学日、每一堂课都看做是献给儿童的礼物。教师与儿童的每一次交往都应该使双方感到喜悦和快乐。"[①]"和人"的实质,是创设和谐的人际环境。这是一个关涉很多方面的复杂课题。在这里,我们仅以"教学过程中的师生人际关系"为例,探讨教学过程中的师生人际关系及其调适[②]。

教学过程中的师生人际关系,是指师生在教学交往活动中形成的比较稳定的心理关系。关于教学过程中的师生人际关系,人们早就注意并有所认识了。荀子说:"学之径,莫速乎好其人",《学记》中明确指出:"安其学而亲其师,乐其友而信其道",存在主义教育家布贝尔则强调:"具有教育效果的不是教育的意图,而是师生间的相互接触"。教学过程中的师

① [苏]阿莫纳什维利.孩子们,你们好![M].朱佩荣,译.北京:教育科学出版社,2002:332.

② 吴玲,郭孝文.教学中的师生人际关系及其调适[J].教育管理研究,1992(4).

生人际关系，大体有四种类型：紧张型的师生关系；冷漠型的师生关系；庸俗型的师生关系；和谐型师生关系。

教学过程中师生人际关系的特征，具体地表现在教师对学生的交往特点与学生对教师的交往特点两个方面。教师对学生人际关系的特征，主要是由教育工作性质决定的。在师生人际交往中，教师的交往具有教育性、普遍性和稳定性的特征。在个体交往层次上，教师与学生的交往及其情感一般经历生疏——熟悉——亲近——热爱等几个阶段。热爱作为一种教育职业要求，应该成为教师对学生交往过程中的心理定势，并贯穿于师生交往过程的始终。学生对教师的人际关系，同样具有明显的特征。这些特征，一是信任，二是敬爱。主要是由学生的角色意识和年龄阶段决定的。信任是由受教育者知识、经验和角色意识决定的。对教师的信任，既是受教育者的自然倾向，也是教育教学工作顺利进行的必然要求。对教师的怀疑、不信任既不符合受教育者的自然倾向，也是师生交往过程中的大忌。敬爱则是受教育者情感的自然倾向。一般说来，信任是敬爱的基础，而敬爱则进一步深化了受教育者对教师的信任感。教师只有可敬，才能使学生感到可亲、可爱。教师的知识、经验、人格成为他们产生信任和敬爱教师倾向的主要标准。以个体来说，学生对教师的交往和情感发展，一般经历接近——亲近——信赖——敬爱等几个阶段。向师性是学生对教师交往过程中的一般具有的基本心理定势。

师生人际关系对教学活动，具有行为定向、道德示范和心理保健等三种功能。苏霍姆林斯基说："世界上没有比当医生和教师更富有人道主义色彩的职业了。"从文化的角度看待师生关系，它是两种不同价值群体之间的人际关系。师生合作与冲突的根源，植根于两种不同质文化的相互吸引与矛盾。作为掌握学校文化主导权力的教师，要明确自身文化使命，适当地扮演角色并及时进行角色转换，以期通过良好的师生人际关系，促进教师文化和学生文化的相生互动①。为此，我们要在掌握规律的基础上，从提高师生的认识和素质入手，创设有利于形成良好师生关系的条件，帮助师生尤其是教师掌握改善师生人际关系的技巧，努力做好教学过

① 丁敏．审视师生冲突：一种文化学分析[J]．当代教育论坛（上半月刊），2009(6)．

程中师生人际关系的调适工作。

教师要有一颗宽容心

教育，是对生命的唤醒，是对潜质的开发，应该让孩子自由生长。这种生长，需要教师有一颗宽容心！

宽容，是一种自由的氛围。在这种氛围中，孩子总有自主选择的空间，他能够凭借自身的兴趣、爱好、特长，自由自在地在知识海洋里寻觅，在情感的交融中陶冶，在活泼的学习中成长。这种教育宽容的营造，就如教育家夸美纽斯所言：我们应该模仿天上的太阳，它把光、热与生气给予整个世界，让凡是能够生存、兴旺和能够发芽的东西都可以生存、兴旺和发芽。

宽容，是一种教育的智慧。真正意义上的教师并不希望学生一夜之间成才，因为他知道"罗马不是在一夜之间建成的"。优秀的教师，总是在与学生共同生活过程中给学生深切期待——它没有对学生"恨铁不成钢"的焦虑，没有对学生"揠苗助长"的虚伪，没有对学生错失的刻薄，也没有粉饰学生的做作，而是以教育智慧原谅学生目前的落后，用发展的眼光相信学生日后的优秀。正是在这种期待中，学生不断感受着教学生活中的关爱、激励和赏识，在不断的跌倒、爬起中前行。这样的宽容，使学生在学校生活中静观万物，感受世界博大的诗意。

宽容，是一种成长的力量。宽容能使得教师具备教育人格的魅力，这种魅力表现在，他每天把微笑带进课堂，让课堂洒满阳光；他每天把自信投射给孩子，让学生滋长自信；他每天把尊重传递给童年，使得学生有尊严地成长；他每天把激励存入孩子心田，让学生体验着学习生活快乐。在这种魅力中，培育出的将是不仅有知识而且有人格力量的新人。这种新人能够用宽容回报宽容，能够在教师宽容中形成自信，使他们能自信地看待和解决问题，他们总能在自信中充满期待，看到希望，总能在自信中鼓励、接纳着自己的所长，把力所能及的事做好。

宽容，是自信的前提，人格的因子，成才的动力。教师，要做宽容的使者！

[资料来源]：选编自博客资料。http://blog. sina. com. cn/s/blog_617863d00100ewxo. html

思考题：

1. 什么是教师文化的职业使命？职业使命应当如何概括？你对"三个层面"和"九个要点"的概括有何评论？

2. 如何理解教师文化的"传道、解惑、审美"使命？体会承传(体悟)"天人"之道，消解/解析"生活"之惑和欣赏/审读"人生"之美的使命。

3. 如何理解教师文化的"传知、拓能、授业"使命？认识知识的本性与传授的意义，能力拓殖的意义以及授业的归旨、动力和路径。

4. 如何理解教师文化的"健体、平心、和人"使命？认识教师的健体作为明养身之道，认识平心作为涵养心之道，认识和人作为"和谐其人际环境"的职业使命。

参考文献：

1. 叶澜，等. 教师角色与教师发展新探[M]. 北京：教育科学出版社，2001.

2. 林崇德. 教育的智慧——写给中小学教师[M]. 北京：开明出版社，1999.

3. 葛金国，吴玲. 教师文化通论[M]. 合肥：安徽大学出版社，2012.

4. 王枬. 智慧型教师的诞生[M]. 北京：教育科学出版社，2006.

5. 汪刘生. 创新教育论[M]. 北京：人民教育出版社，2000.

6. 瞿葆奎. 教育学文集·教师[M]. 北京：人民教育出版社，1991.

拓展参考文献：

5-1. 教育部师范教育司. 教师专业化的理论与实践[M]. 北京：人民教育出版社，2003.

5-2. 吴玲，周元宽. 当代教师文化使命[M]. 合肥：安徽人民出版社，2006.

第六章　教师文化的应然实然

当今,整个人类生存的背景发生深刻变化——科学技术的发展带来了经济全球化,同时也影响到文化的国际化和教育的国际化。我们已处在一个前所未有的全球化信息化时代。与此相关,以新世纪基础教育课程改革为标志,当前我国教育正处在由规模扩张向质量提升阶段过渡的时期——走内涵发展之路致力于质量提升,是当前我国教育探索的主题。那么,这种变化给教师带来的是怎样的一种影响,提出了什么样的新要求呢?我们的教师队伍的实际状况如何,问题的症结和焦点在什么地方?传统的包括现有的教师文化在功能上存在哪些缺失需要弥补?

第一节　应然诉求:教师文化的可能走向

进入新世纪,我们已处在一个前所未有的全球知识经济和信息化时代。"新的科技革命把人类带入了一个新的时代,即知识经济的时代。知识经济时代的特征不仅是知识成为发展经济的主要要素,而且带来了经济的全球化和社会的各种变革。而最大的变革是人们价值观的变化。知识经济使人们看到了人的价值、知识的价值。知识经济使人们认识到,人不是简单地创造资本的机器,人是社会的主人,又是自然的一员。人的发展、人类的发展是第一位的。人的创造、经济的发展,归根到底是为了人类自身的发展。""知识经济时代也对教育有了进一步的认识。教育的本质是育人,是提高人的素质。教育确实离不开政治和经济的发展,离不开社会的发展。但教育不是消极地适应社会政治和经济的发展,教育要促进社会的进步和发展,而最终的目的是促进人类自身的发展。科学技术的发展带来了经济全球化,同时也影响到文化的国际化和教育的国际化。

但不要误解，文化教育的国际化不是文化教育的全球一体化，它不同于经济的全球化，而是说文化教育也必然会受到全球化的影响，主要是指文化教育的国际交流与融合。当然其中充满着矛盾与冲突。"[①]有学者从比较角度——站在内群体与外群体的角度，对多种跨文化体验进行自我反思性分析，探讨作为一个具有比较教育学习背景的学者在不同国家工作生活时，如何透过比较视角从不同文化汲取经验。其中包括，如何挣脱成长文化束缚进而采用外群体角度进行研究（形成认识论议题），如何凭借不同教育体制的广博知识即对文化的敏感度快速融入异种文化，以及由全球移民潮产生的学术迁移现象，探讨了澳大利亚、中国香港和新加坡基于不同的社会经济、政治、文化背景对全球化主题的回应[②]。有资料说明，近10年基础教育的"留学生"数量比过去100年的总和还要多。其实，如何直面时代挑战，回应社会关切，是每一个当代教师无法回避的问题。

在中国，课程改革成为基础教育改革的主流话语。本轮基础教育新课程改革的核心理念是"为了每一个学生的发展"，这意味着，我们的教育理念包括教育模式，真正要走出精英教育模式了——这就要求，教师教的方式和学生学的方式，要发生根本性的转变。从文化的视角看，新课程引发的内外环境的变化，使学校文化包括教师文化的整建变得十分迫切。从某种意义上说，它要求传统的"以教师为中心"的学校文化转变为"以学生为中心"的新型学校文化。新课程改革的实质就是要建立起适应素质教育要求的、有利于学生全面发展的学校新文化，而其根本点在于教师文化的革新。

一、时代对教师提出新要求

当今世界，科技日新月异，经济迅猛发展，竞争日趋激烈，生活节奏随之加快。整个人类社会已经发生并将继续发生巨大的变化。这种变化，让人们感到一种前所未有的兴奋，但同时也深感压力，特别是对中小学教

① 顾明远. 教育的国际化与本土化[J]. 华中师范大学学报（人文社会科学版），2011(6).

② 李荣安. 学术移植与教育学及认识论的重塑：基于内群体与外群体的视角[J]. 黄喆，译. 比较教育研究，2012(2).

师提出了前所未有的挑战①。

第一,信息社会和网络普及的挑战。网络的普及,信息化社会的到来,对于教师来说无疑是找到了一扇通往知识宝库的大门,但同时也给教师提出了两大难题:一是,教师在学生面前的"知识权威"地位受到威胁;二是,懂得如何在知识(信息)海洋中沉浮自如是新世纪重要生存技能,如何指导学生选择有用信息,学会自我学习,掌握知识更新的能力,是当今教师的一项重任,也是时代给教师出的一道难题。

第二,科技革命与知识经济带来新挑战。科技革命引来各国产业结构调整,第三产业比重逐步上升,新兴产业不断崛起,科技产业迅速发展等。以高新科技为核心的产业革命最终引起人才类型革命,新世纪对人才的要求更高,其内涵是知识结构网络化、专业技能多面化,以及强烈的创新意识。教师需要尽快完善和提高自身素质。

第三,经济发展和社会转型需要更多来自文化层面的支撑。在社会转型时期,越来越多的矛盾侵袭着青少年的身心,冲击着学校教育,需要教师给予文化层面包括心理、道德上的精神支持,而教师在此方面的修养受到严峻的挑战。如何帮助学生尽快建立正确的价值观,形成良好的国际意识和强烈的民族意识,学会适应和融合多元文化,是当今教师的紧迫任务。

二、未来教师的完整形象及其塑造

新时代对教师素质,提出了新要求。这些新要求,提出了塑造未来教师形象的新课题。

未来教师的"灵魂"——职业道德与教育思想。"教师是人类灵魂的工程师"在新世纪应赋予其新含义。日本将教师职业看作"圣职",在勾画未来教师形象时将"良好的道德品质和个性修养"放在第一位。美国规定教师必须具有"高尚的道德品质"。我国教师职业道德的最主要内容是热爱祖国、热爱学生,热爱教育事业。随着教师专业化进程的不断深入,具有先进教育思想已成为未来教师"灵魂"的重心。先进的教育观念是教育理念和教育信念的基础。

① 于漪.现代教师学概论[M].上海:上海教育出版社,2001:244.

未来教师的“躯干”——健康身心和健全人格。培养人是一种塑造精神世界的实践,精神世界只能用精神方式塑造,人格只有通过人格来塑造。心理素质是现代人素质中最为引人关注的一方面。作为一个现代人,未来教师的心理素质同样极为重要,它将直接影响学生人格的形成发展。教师的心理素质涉及许多内容,其中,应特别强调教师的良好性格特征、心理适应能力和自我超越能力。

未来教师的“双腿”——专业知识和基础能力。新世纪里,教师原有知识结构和基础能力面临挑战,未来社会向教师提出广博、综合、领先的知识要求,而现代教师应具备的基础能力,可概括为知识扩展能力、创造能力、教育科研能力等三方面。

未来教师的“双手”——教学能力和管理能力。随着教学观和教师教育活动中角色观的变革,教师的职业技能成了国际共同关心的焦点。除了教师的思维能力、口头表达能力、组织教学能力等基本技能早被广泛认同外,目前,各国最关注新型教师应具备的课堂教学中人际关系技能和掌握现代教育技术技能。与此同时,新世纪的教师应学会一手紧抓教育,一手参与管理,真正成为学校的主人。教师参与学校管理将使学校更富有生机。未来教师除了具备课堂管理和班级管理能力外,还应具备教学资源管理能力、教学技术管理能力、课程开发能力、校务管理能力等。

三、顺应教育改革对教师角色的新期待

传统的观点,侧重强调教育适应社会,教育要随社会转型而转型。这种认识,当然是有道理的 但这种认识虽保证了教育转型的社会现实性,却从根本上是一种适应性的教育和工具性的教育。教育的天职是育人,教育转型的旨趣,是促使人的素质完善。因此,真正的教育,应当是一种主体性教育和超越性教育。由此,教育转型与社会转型的关系,应当从被动适应走向主动超越,从适应社会转型走向引导社会转型。[①] 在传统课程下,作为教学计划的执行者,教师只要按计划执行,无需自己进行创新。新课程改革的实质是要实施主体性教育和超越性教育,它对于“课

① 冯建军.教育转型:从适应社会到引导社会[J].大学教育科学,2011(5).

程”、“教学”、“学生”、“教师”等一系列耳熟能详的概念，都提出了新的理念，这些对教师的角色转型提出了新的期待。

（一）作为学生学习生活和能力提高的促进者与引领者

“师生关系”是教育研究的永恒主题。课改要求教师应该是学生学习的促进者，这是指教师要从过去的知识传授者这一角色中解放出来，与学生和谐发展。其中，教师是学生学习的促进者和能力提高的引领者，是最富时代性的角色，也是教师角色转化的焦点。①教师是学生学习能力的培养者。现代科学知识量多且发展快，教师要在有限时间里把所教学科全部知识传授给学生是不可能的。随着信息社会的到来，学生获取知识的渠道更加多样化——教师作为学生唯一知识源的地位已不存在，教师不再是单纯传授知识，更应该指导学习知识的方法，变“授人以鱼”为“授人以渔”。②教师是学生能力发展的交流者（指导者）。新课程改变过往强调接受学习（常常死记硬背、机械训练）的模式，要求教师指导学生主动参与、乐于探究、勤于动手，培养学生搜集和处理信息的能力、获取新知识的能力、分析和解决问题的能力，以及交流与合作的能力。在学生学习过程中，教师只是指导和帮助学生主动参与，亲身实践、独立思考、合作探究。在此过程中，教师不再是权威主导者，而是作为学生的指导者、交流者和合作者。③教师是学生人生的引路人。学生的健康成长，不仅需要提高知识能力，还需要“学会做人”，教师要引导学生沿着正确的道路前进，使之学会自我调适、自我选择。这体现了新课程体系下教师职责的转型。与此同时，新课程目标还要求教师要与其他教师、与家长等保持良好合作关系；通过集体交流与合作，实现知识和经验互补和信息资源共享。

（二）作为课程实施的参与者、开发者和管理者

从教师与课程的关系看，新课程要求教师成为课程的建设者和开发者。课改倡导民主、开放的理念，同时确立了国家、地方、学校“三级课程管理”体系——它改变了以往教学与课程分离、教师被排斥于课程之外的局面。教师作为课程实施中的执行者，可在课程改革中发挥主体作用，成为课程的建设者和开发者。为此，教师要形成强烈的课程参与意识，了解

各个层次的课程知识,增强课程建设能力,开发出具有本土化、乡土化、校本化的教材,使国家课程和地方课程在实施中不断增值,充分体现教师的参与者、决策者和管理者的角色。

(三)教育科学的行动研究和实践探索者

科学研究的特征是“因果拷问”,标志是提出“现实的问题”并对其形成原因进行各种探究。从教育实践与教育科学研究的关系看,新课程要求教师成为教育科学的行动研究和实践探索者。在传统的教学体系中,教师的任务只是教学,研究被认为是专家的事情。这就造成了教育研究与教育实践相脱离的弊端。在新形势下,教师要以研究者的心态置身于教学情境中,以研究者的眼光审视和分析教学理论与教学实践中的各种问题。教师可以研究“教材”——不断丰富和完善教学内容;研究“教学”——不断改变教学方式;研究“评价”——探索“发展性评价”的操作要领等。通过一系列的行动研究,可以让教师把教学与研究有机融合。这既是教师由“教书匠”转变为“教育家”的前提,也是保证教师专业持续发展的保证。

显然,课改所期待的教师角色不是单一的,而是复杂的多层次的多元整合。以教师职业角色一系列转化为中介,它将促成其包括教育观念、教学能力在内的素质优化。虽然这些角色的转化对我们的教师来说,是一个挑战,但这也正是一个具有先进教育理念的教师所必需的素养。

四、教师文化变革的价值指向

所谓“价值指向”,在这里,就是教师文化在新的教育改革形势下的变革方向。新课程的理念中,教育目标、教育内容、教育方法以及教育评价的方式和管理等方面,与传统的课程相比较,都发生了根本性的转变。因此,教师的价值取向与行为方式也要适应这种转变——构建一种适应于教育改革新形势的新型教师文化。新型教师文化涵盖的价值范围很广,其结构关系也有待进一步厘清,需要我们进一步研究。目前,以下几个方面的价值指向,是多数论者常常提到的,我们略加梳理,称之为“六大价值指向”。

（一）自主自律型文化

“自主”和“自律”作为当代人素质的内涵，是当代合格公民应有的行为方式，也是新课改中“以人为本”和培养“公民”教育目标的体现。人总是要长大、自立——自立的一个表现是独立的生活，做到自己的事情自己负责。自己的事情自己负责的前提是要自主，因而自主不仅是一种权利，更是一种能力。一个没有主见的人很难在生活中自立。人的成长过程，就是一个不断提高自理能力（即自主自律能力）的过程。“自主”首先意味着教师个体自身的思想行为具有独立行为判断，其专业自主权受到重视，同时更意味着教师群体的意志和判断受到尊重，并且，教师还应当把自主的精神投射到教育教学中，引领学生自主学习，尊重和培养学生的独立精神和自主人格。“自律”首先意味着教师个体对自身思想行为的约束，同时更重要的是教师具有组织性并且能够自我管理，并且，教师还应当把自律的精神投射到教育管理中，尊重和培养学生的自我教育、自我管理——自控的意志和能力。对于进入民主法治社会的当代中国教师来说，“自主”和“自律”的意识固然重要，“自主”和“自律”的能力也是必有之义，而“自主”和“自律”的思维方式和行为习惯更需要努力培养，形成习惯。试想，如果闻道在先的教育者不能很好地践行“自主”和“自律”，我们怎么能对未来一代的“自主”和“自律”寄予希望？

（二）合作共事型文化

人类只有一个地球，提高效率需要分工和竞争，而有分工、竞争，也需要合作。就教师职业环境来说，分工与合作、独行与共事需要更好更紧密地结合。新课程的有效实施，需要群策群力的团队精神，教学范式的革新需要教师间的相互协作和共同促进。而新课改中课程综合化（生活、实践化）的取向，更要求当代教师间要具备更多的合作精神，教师群体也要团结协作，优势互补。不同年级、不同学科的教师，也应信息共享，加强合作，创设良好的学校环境。一些研究者提出了建设教师合作文化的提议，认为“在新课程改革的背景下，教师必须建构的应是一种因共同志向与信念需要，教师间以共同分享彼此价值、沟通思想为主的，教师同伴互助合作的文化。”[①]合作型文化要求每一位教师都具有积极合作的态度、彼此信任的诚意和开放的学习心态,构建共同学习的机制。这是教师文化重塑的题中应有之义(但也应防止过于狭隘的考虑)。

(三)民主参与型文化

中国传统教师文化中强调“师道尊严”等传统观念,甚至反果为因地论证,说什么,师之不尊,道之不隆。近代以来,往往把教师视为知识权威,凌驾学生之上。教师常常以“知识权威”身份对学生采取压抑控制方式,不允许学生“离经叛道”,压抑了学生个性。新课程把教学看成是一种交往活动,教师和学生都是在这个交往活动中的主体,教师要承认学生作为“人”的价值,尊重每个学生特定的权利和尊严。民主参与型文化至少包括三个层面:一是具有民主意识,积极参与学校民主管理;二是在教师群体或组织中形成民主氛围,自主民主管理;三是具有民主平等的意识,实行“教学民主”,培养学生的民主观念、能力和习惯。就第三点而言,就是要求教师群体把师生关系视为平等关系,在教学中民主平等地对待学生。教师要学会倾听学生的声音,理解学生的各种需求,尊重学生的不同意见,在此基础上形成师生相互尊重、交流对话的师生关系文化。

(四)自我反思型文化

反思过往之事,活在当下之时。反思过去,是为了未来。“反思”是哲学研究的重要课题。“认识你自己”是反思,“吾日三省吾身”更是反思。近代以来的传统的“工厂模式”教学,往往忽视学生个体差异,也易造成教师对自己工作缺乏反思。“我对班上所有的学生是一样地教,别人能学好,为什么你学不好?”类似的话,是教师对学业不理想的学生经常使用的质问。这样的质问,恰恰表现了教师忽视学生个体差异,反映了传统课堂的以教为主,教师不愿去反思自己教学中的不足,而将学生自身方面的问题(尤其是其中的态度因素)当作学业不理想的唯一原因。反思型文化要求,教师群体具有经常对教育教学工作进行反思的良好习惯和反

---

① 张洪洋. 从孤立走向合作——教师文化的重塑之路[J]. 天津市教科院学报,2008(3):62.

思性实践的能力。教师在教育教学实践中，不迷信权威，不盲从专家，不拘泥于个体经验，在备课、教学、师生交流互动中不断自我反思与修正，才有可能进行“反思型教学”，成长为“研究型教师”。

（五）探索创新型文化

“实践出真知，斗争长才干”。弗里德曼说，我们生活的时代，是一个平庸者无法生存的年代。[①] 围绕人类生产生活的各种实践，是科学研究和各种创新最基本也是最广阔的沃土。教育领域更是如此，教师文化因自由创造而繁荣。创新是知识经济时代的强音，引领创新性发展成为教师的重要使命。有人说，教师承担着传承文化和创新文化的双重职能，这常常使教师徘徊在创新和保守的十字路口，面临艰难的选择。如何走出困境，化解文化创新与文化传承的矛盾，实现保守性和创新性的统一？关键在于有适当的思想方法（即传承符合规律的，引领代表趋势的）。有人说，教学工作程序性很强，几十年如一日，重复着“昨天的故事”。这种理解，只知其一，不知其二。难道科学家劳动不讲规程？他们的实验不是重复？其实，教师的教育教学工作，是一种具有相对独立性的个体劳动，它离不开教师个体的辛勤劳动和才智创造，但也容易由于教学内容等的雷同重复，使教师易陷经验主义窠臼。为此，新课程在课程设计与开发、课程评价体制、课程实施的方式等方面对教师都提出了在实践中探索创新的要求，因而创新型文化是新型教师文化的重要内容。创新型文化的实质是把教育教学作为创新的平台，要求教师群体具有积极探索、勇于实践的创造精神。在教育教学实践中，通过不断学习、反思研修和团队合作，运用自己的智慧和胆识进行创新。这种创新既要基于课程改革的核心理念高瞻远瞩，又要根据具体教学情境和学生状况实事求是。创新型文化的氛围，不仅有利于学校深入实施新课程，有利于培养学生的创新精神，提高教学质量和办学水平，而且有利于教师不断提高自身整体素质，有利于实现持续的专业成长，有利于创造教师幸福的职业人生。

---

① 弗里德曼. 平庸者无法生存的年代[EB/OL]. http://www.aisixiang.com/data/49911.html.

(六)教学相长型文化

“教学相长”是中国教育的优良传统,对当今提倡的素质教育和教师专业发展有着重要意义。这也是新近以来人们提得较多的“学习型文化”。《学记》说:“学然后知不足,教然后知困。知不足,然后能自反也;知困,然后能自强也。故曰:教学相长也。”其本初含义是,通过学习就会知道自己的不足,通过教学生然后就会感觉自己的知识还不能够满足。于是教师要边教边学,教与学相互促进。这样,教与学两方面互相影响和促进,都会得到提高。我们理解,“教学相长”在当代至少有两个涵义:一是,教师职业生涯中使“教”和“学”两项活动相互促进,形成教师群体的学习型文化;二是,在教学活动中的两个主体,即教师与学生之间的相互启发、激励,共同提高,形成互动共生型文化。“随着‘后喻文化’时代的到来,教育反哺正成为教育的重要组成部分。”①新课程要求教师是学生成长的促进者、学习的合作者,这就要求教师转换自身角色,为学生的发展需要提供帮助,在帮助学生成长中与学生共成长。当今社会,进入信息时代,知识更新速度快,教师如果不善于学习,其陈旧的知识显然无法适应学生学习和发展的需求。学习型文化要求教师群体具有积极的终身学习的意识和浓厚的学习氛围。教师主动学习学科专业知识、教育学知识和通用性知识,拓宽自己的视野,形成多层次复合的知识结构。惟有如此,教师面对学生的各种问题,才不会显得“无以应付”,才能进一步激发学生的求知欲。教师要有终身学习的需要、信心和能力,只有这样才会懂得终身学习的价值,才会努力在教育实践中培养学生对学习的兴趣、习惯和能力(对学生来说,则要一边向教师学习,获得知识,一边还要发挥主动性,自强不息,方能进步)。师生共同进步是教师职业的特点,也是教师职业幸福的源泉。

---

① 郑金洲教授撰文指出,“教育反哺是子代向亲代传递知识、进行教化的逆向教育过程。随着‘后喻文化’时代的到来,教育反哺正成为教育的重要组成部分。目标多元、内容弥散、方法隐蔽、效果滞后是当今教育反哺的主要特征。教育反哺颠覆了教育原有的表现形式,消解了教师的权威,扩展了学生在教育活动中的空间,使教育从结构到形态、从内容到形式、从目的到手段,都有了新的变化,赋予了教育以新的意义。认识反哺、调整正哺、走向互哺,是教育工作者应有的选择。”参见郑金洲.教育反哺刍议[J].教育研究,2008(5).

第二节　实然现状:教师文化的问题诊断

从提出教师专业化并进行政策推动前后至今差不多20年,本轮基础教育课程改革至今也十年有余,尤其是课程改革使教师专业化的任务更为凸显。这十多年里,新课程经历了由实验到全面推广的过程,基础教育也出现可喜变化。如,新课程"每一个学生的发展"的理念,已成为教师耳熟能详的价值目标。不少学校开设了综合性的活动课程,促进学生多方面发展;学校的社团活动和综合实践活动日益增多;许多教师日益关注学生的个性差异,谋求课堂教学的变革等等。与此同时,课改也遇到不少困难,越来越多的深层次问题开始暴露。究其原因,当然十分复杂,但其中新课程理念与学校文化包括教师文化的冲突是一个突出问题,文化的冲突激烈。"随着时势不断发展,教育改革就像任何其他社会变革一样,不仅没有任务完成的迹象,反而呈现出越来越强烈的紧迫感和焦灼感,我国教育领域中各种问题逐渐显露出来。"①课程改革的推行可谓步履维艰,传统教师文化对改革的阻抗越来越明显。学者们开始以文化的视野来审视课程改革难以推进的原因,认为"课程改革中对于文化传统的阻力抗拒明显估计不足,准备不够充分。课程改革不仅仅是一个教育、课程上的问题,而且也是社会历史、文化的问题。每一个教育问题的自身都有着浓厚的社会历史根源,就应试教育而言,我们提出了素质教育的秘方,又引进了很多西方新近的理论,诸如多元智能、建构主义教学论、成功智力理论等等,并认为教师只要经过培训学习了新的理论成果就能解决应试教育的症结。殊不知,这样,大大地低估了应试教育中深层次的文化根源即扎根于文化血脉中经验理性的一种急功近利的读书信念,仅从外在表层的教学方法和教学理论中探求解决方案,是很难击中问题的要害的,也无疑在无形中加大了课程改革的推进难度。"②

---

① 当前,在学校文化越来越受重视的时候,文化建设中也出现了"五重五轻"倾向:即重外化,轻内化;重硬化,轻柔化;重变化,轻进化;重强化,轻感化;重物化,轻人化。这些倾向需要引发注意。

② 张良,刘茜.关怀文化传统:课程改革的又一使命[J].湖南师范大学(教育科学学报),2010(4).

在实践中有诸多因素影响着改革的成效,教师的态度行为便是其中重要方面。我们身为教师,有的还是中小学教师,对现实状况有着深切的了解和体验。我们认为,从总体上看,大部分教师以积极肯定的态度行为参与了理论学习与实践探索,但同时也有部分教师对改革持漠然的态度,表现出某种不作为与消极抵制倾向(对此,我们不能无视更不能简单否定,对其成因分析有助于我们认识改革在理念和操作上存在的问题)①。应该说,我们的教师文化中还存在着根深蒂固的与新课程不相适应的文化因子。新课程改革一开始对于文化因素包括教师文化重视不够,缺乏整合/整建,这是课改难有实质性进展的根本原因之一。这里,我们试图对教师文化中存在的问题进行描述和归纳,剖析症结所在,并有所"批判"。

关于我国中小学教师文化中存在的问题,大家从不同角度进行了研究。我们认为,文化具有稳定性的特征,任何一种文化的形成都是一种在新旧文化冲突中缓慢革新的过程。"教师文化在内容上包括特定范围的教师集体共享的态度、价值、信念、习惯、假设以及行为方式等,教师文化的内容外显于教师的所思、所说和所做。教师文化的形式包括处于特定文化群体中的教师之间的人际关系模式和联系方式,其划分的标准主要是教师同事之间的人际关系状况如何。"②从教师文化的内容与形式两个方面来考察,其中存在的问题很多,应该说表现在价值取向、思维定势、情感态度和行为方式等各个层面。这里从公众关注较多几个问题简要予以呈现。

一、教育观念的错位与迷失

教育观是教师价值观念中最重要内容,是教师文化的核心构成,而教育观背后蕴含着人性观(对人性的悲观估计导致强制教育,乐观估计则是自由教育的基础。在教育中对人性宜取理性乐观态度。)。教师的教育观主要包括教育价值观、学生观、教学观等。我国中小学教育目标长期定位在为选拔人才服务上,教师一直扮演着课程的执行者、知识的代言人的职业角色,在这种文化传统中形成的教师文化,其教育观与新课程理念相比,出现了严重的错位或迷乱。

① 林丹.基础教育改革中教师"阻力"成因解析[J].教育发展研究,2008(20).

② 邓涛,鲍传友.教师文化的重新理解与建构——哈格里夫斯的教师文化观述评[J].外国教育研究.2005(8).

(一)教育价值观:忽视学生全面发展,以升学应试为目的

《基础教育课程改革纲要(试行)》提出的培养目标是"一代新人",其实质是"公民教育",要关注学生作为"人"的道德素质、人文素养、科学素养、学习能力和生理、心理、审美等综合素质的全面发展。也就是说,新课程倡导的教育是"全人"教育,要注重学生生命的整体性地发展,让学生的认知、情感、意志、态度等都参与到学习中来,使学生在认识知识的同时感受和理解知识的内在意义,获得精神的丰富和完整生命的成长。但现实中教师文化却为应试观念所抑制,把教育的目标局限于升学上。虽然课改已实行10多年,但根据我们的观察,新课程理念并未深入教师的思想之中,很多教师仅仅把新课程理念当"口号",行动上仍然坚持"应试教育"一套。"什么素质教育,什么新课改,都是虚的,只有让学生升学,考取好学校才是实的。"这是很多教师对待教改的真实态度。应试文化仍是当今大多数中小学的文化形态,尤其在中西部落后地区,经济不发达,学生出路少,高考是学生改变生存境况、实现人生理想的唯一捷径。学校和教师更是把高考看得重于一切。这种以升学为根本目的的教育价值观,决定了教师的教育教学行为一切为"考大学"服务,而不是为学生的身心全面发展服务。在中小学盛行的应试文化极大地摧残了学生的身心健康,忽视学生的生命成长,以致酿出了一些学生因为学业压力大而轻生的悲剧,令人痛心。[①] 很多有识之士对这种畸形教育提出了批评,呼吁重新

① 以高中为例,有些学校把一切工作都围绕高考这个"轴心"转——"高一起跑,高二加速,高三冲刺"是常规口号。学生进校以后,就开始残酷竞争:从此只有考试成绩升升降降的牵挂,不问寒暑昏晨地勤学苦练。他们努力去掌握着对考试有用的东西,而不问它们的是非对错,目标就是考取大学(好大学)。顾明远先生指出的"用非人性的标语口号来督促学生拼命学习"的反教育行为很多,他曾列举一学校高三黑板上方贴着"生时何必多睡,死后自会长眠"的标语。2012年5月6日,《长江商报》报道了一组湖北孝感一中学生集体在教室打吊瓶的消息并配发相关图片。学校解释说,随着高考临近,学校按学生自愿原则组织高三学生到医务室打氨基酸。由于学生太多导致医务室爆满,为不耽误学生复习,所以学校安排学生在教室内打氨基酸。这则消息和图片,以一个生动图景展现了应试教育的非人性。这种应试文化,使学生深陷功利性目标,只有学习的疲累,少有学习的兴趣和快乐(当然,我们如何打破在既能够尊重学生的主体性,给以人文关怀的前提下,又能达到增加学生的升学率的矛盾?毕竟通过高考才能让很大一部分学生改变自己命运。这是学历社会的必然诉求!教育工作者必须面对)。参见顾明远.要与反教育行为作斗争[EB/OL].http://learning.sohu.com/20110815/n316351017.html,2011-8-15.

审视基础教育的使命。

(二)学生观:忽视主体性和生命尊严,视学生为学习机器

受父权、君权思想和尊卑有序的等级思想影响,中国传统教育观念中形成了“师为上,生为下;师为主,生为仆;师为尊,生为卑”的封建宗法制的学生观。在这种学生观之下,学生被视作教师的隶属品,缺乏主体地位和人格尊严,学生在教育中沦为被灌输的、缺乏主动性的“器皿”和“仓库”,成为没有主体意识的“物”。教育目标不是促进人的发展,而是异化为培养“考生”。学生的任务,就是在教师的决定作用下亦步亦趋地达到某种知识与道德体系的标准。早在17世纪,夸美纽斯提出“印刷术”的教学概念后,知识与技能的认知性目标逐渐居于绝对的统治地位,教师位于知识的中心地位。其后,赫尔巴特进一步强化了教师的中心地位,认为在教育过程中教师有绝对的权威,强调教师对教学过程的绝对支配作用。这些传统教育观念,对教师学生观的形成具有深刻的影响。即使在今天,学生作为积极的、独特的、活生生的生命个体的观念,仍没有得到完全认知,更缺乏体制的承认和尊重。在“教师中心”的教学中,学生被视作待加工或塑造的对象——是装知识的器皿、学习的机器;学生的权益,常常被教师漠视,生命成长的自主权被剥夺。问题的严重性在于,很多教师并没有意识到学生生命尊严遭到自己“践踏”,认为这是一种出于善意的天经地义的“督导”。在这种学生观之下,教师对学生的教育很可能遮蔽学生的灵性,阻碍学生潜在发展,造成了成人世界对学生世界的非人道的取代。叶澜先生在《把个体精神生命发展的主动权还给学生》一文中对忽视学生生命尊严的教育作了如下描述:“如果我们经常到中小学去走走,不难看到这样的现象:在教室里,学生不仅按课程表的规定和拿到的教科书上课,而且按教师的每一个指令行动,每一个问题作答;教师清楚每一节课要教什么,为何教和如何教,学生却不知道要学什么,为何学和如何学;教师是每日课堂生活的主宰者,学生是教师意志的服从者。当然,在课堂上也有一些教师会要求学生上课时提出问题,发表不同的意见,进行独立思考等,但最终大多还是纳入教师预设的框架。他们会要求学生积极主动地学习、理解规定的和现成的知识,但很少让学生自己去寻求知

识、发现问题,创造解决困难的方法,去独立面对一个陌生的世界,一个生生不息的世界。”[①]这种现象,在中小学课堂中俯拾皆是。

(三)教师角色观:缺乏专业发展认同,流于经验和“教书匠”角色

教师的角色观总是在一定的教师文化之中形成,同时作为一种个体性的文化存在,也表征了一定群体的教师文化。当前我国教师角色观的错位,主要表现在三方面:教师是知识的传授者;是真理的代言人;是课堂教学的控制者。以上教师角色观主要着眼于其外在的工具价值,把教师视为知识守护者和“教书匠”。“无论是对古代封建社会的‘道统’的维护,还是现代社会对传授科学文化知识的强调,都将教师的职业置于一种与技术专家身份相仿的处境。”[②]这使得教师始终处在一种自我分裂的状态中,而为了维护“权威”的地位,常常以武断、专制来控制学生。“当我不了解自我时,我就不了解我的学生们是谁。我只会在我经受不了检验的生命的阴影中,透过重重的墨镜看学生——而且当我不能够清楚地了解学生时,我就不能够教好他们。当我还不了解自我时,我也不能够懂得我教的学科——不能够出神入化地在深层次的、个人的意义上吃透学科。”[③]

(四)教学观:忽视知识的生成和运用,重视现成书本知识的传授

传统的教学观认为,教师的主要任务是“教知识”(主要指已有的书本知识)。在此观念下,教师认为对课本知识理解和记忆是“绝对真理”,而“怎么教”的问题就是通过一定措施把已有知识传授给学生。于是灌输式的讲授成为基本方法:教师讲,学生听,接着是练习,反复地练习使之熟练掌握,教学也就事实上成为教师在一定教学目标下运用灌输方式向学生传授已有知识经验的单向活动过程。教师关注的是如何完成教材中

① 郝克明.面向21世纪我的教育观(综合卷)[M].广东教育出版社,1999:331-342.

② 车丽娜.“教书匠”的式微与教师文化的重建[J].当代教育科学,2007(1).

③ [美]帕克·帕尔默.教学勇气——漫步教师心灵[M].吴国珍,等译.上海:华东师范大学出版社,2005:3.

知识的传授,不关心学生作为主体的认知过程。这样教出的学生,可能会得到高分,但往往迷信权威、缺少创新意识和实践能力。

二、人际关系的分化与异化

教师文化作为一种群体文化,具有融合性的特征。教师群体的人际氛围和各种人际关系,是教师学校生活方式的重要组成部分,也是教师文化融合性的显性表征。中学教师的人际关系体现在教师与学校领导、同事之间、师生之间围绕学校管理、教学、科研等工作的人际交往上。

(一)师生关系:权威控制,缺乏平等

中国教育文化素有维护"师道尊严"传统,实质上是"官师一体文化"的折射,它在现实中还有很大市场。在此文化下,教师往往以其"权威"身份对学生采用控制方式,强调道德说教和知识灌输。这也是传统的教师角色观的文化根源。首先,表现在课堂教学上,教师常常是"导演",学生是"演员",学生被教师牵着鼻子走。

教师自我的教学困惑①

在语文教学中常常会出现这样的情况:

一篇较长的课文,只给学生两三分钟自读,教师就赶着说"读完了,下面……"

学生的问题还没有充分解决,教师就匆忙说:"时间关系,我们先……"

小组讨论,不少学生还没来得及发言,教师已经在说:"讨论好了吧,哪个小组先说……

"回顾自己的教学,总是在课前就为学生预设好问题,甚至学生会从哪些方面回答,我都能够做到胸有成竹,教学信息在我和学生中单向传输。可以这样说,基本是我主宰整个教学过程"。

① 李茂森.自我的寻求——课程改革中的教师身份认同研究[D].上海:华东师范大学,2010.

这是一位中学教师对自己教学的反思。说到底,还是受“教师中心”和“知识本位”的传统教学观的影响,教师过于注重“教”而忽视“学”——把预定教学内容讲完就认为完成了教学任务,就顾不上学生是否真正“学好了”。至于上公开课时,学生更成了配合教师展示教学能力的“演员”或“道具”。其次,表现在学生管理上,教师通过明细的“制度规范”对学生行为加以控制,以减少教师工作的不确定性。教师的工作因为情景复杂性而使过程充满种种“变数”。为了减少不确定性因素,教师在学生的管理上往往制定明细的“校规”、“班规”以及一些不成文规定来加以控制——这种控制管理弥散到学生在校的方方面面,如上课不准讲话、做小动作,课间不准吃零食,不准带手机进校园,不准在校园内骑自行车……如此这般,从思想根源上说,主要是教师缺乏平等交往意识及其对权威身份的迷恋(当然,这与教师拥有适当的专业自主权不是一回事)。我们认为,师生关系也是一种特殊的文化关系——从文化视野考察,不仅可对师生关系本质有更清晰认识,还为建构和谐的师生关系提供新的认识论和方法论基础。师生关系的和谐,有赖于教师文化霸权的自觉消解,有利于学生正确的“文化生态位”的确立,有利于师生新的文化价值体系的建立。

(二)干群关系:相互隔离,主体缺失

中学教师与学校领导之间的人际关系主要表现在教师对学校管理的参与度上。在多数教师的意识里,管理工作是领导们的事,自己只要教好书,做好本职工作就行。有人对中小学教师参与学校管理的情况进行调查,结果表明,近六成的教师表示其所在学校的教师缺乏自主权,在“与教师相关的重要决定,教师参与机会较多”的调查问题中,有47.2%的教师认为少数符合或完全不符①。久而久之就造成相互隔离,形成行政管理派别与普通教师派别。“普通教师往往对学校管理和建设的事漠不关心,认为是管理者的事,而学校管理者又会常常感到普通教师对学校建设和发展的大事‘不配合’,甚至认为某些人是故意‘对着干’。”②这样,不仅

① 陈富.中小学校管理民主程度:基于教师视角的调查分析[J].中小学管理,2011(3).

② 杨志宏.教师文化重塑的困境与对策[J].和田师范专科学校学报,2012(2).

压制了教师参与学校管理的积极性,也提高了管理成本和领导的压力。

(三)同事关系:竞争过度,缺乏合作

教育教学是一项复杂的工作,需要同事,需要配合。而"应试教育"实际成为中小学的运作模式,应试文化也成为影响教师文化的主导性制约因素——学校对于教师评价基本上是以学生成绩为单一评价标准,教师工作基本上围绕着考试转——"教学成绩定优劣"的评价方式使广大教师承受着巨大压力。因此,学校同事之间通常表现为相互孤立和隔阂。因为相互之间存在着激烈的竞争,尤其是利益的冲突,所以从整体上说缺乏"实质性合作"。以我国高中为例,目前,为了激发教师的斗志和提高教学成绩,不少学校的管理者迷信"竞争"法宝,甚至人为操纵教师间的恶性竞争。普遍的做法是,每次考试对各年级各学科的考试成绩计算平均分进行排名,以此评判教师的好、中、差。如果某教师在一学年里所授班级考试成绩位于年级最低,就有可能不能跟班上(而要被校长进行诫勉谈话,继续留在低年级任教),更重要的是,排名高低直接关系到声誉的好坏和奖金的多少,并且作为教师聘任的直接依据。这样的管理和评价,客观上阻碍了教师间的真正合作,使得教师之间相互防备、对峙,严重破坏了教师个人乃至群体间的团结,阻碍教师集体意志力的形成。这种恶性竞争,常常使教师疲于应付,无法按照自己意愿去教学,体验不到教学工作的快乐,产生职业倦怠。

恶性竞争

看客只是一个体制性的结果——这种体制就是专制体制。一个坏的制度,就是让人成为看客的制度。与此相关,我们认为,教育中的恶性竞争,是一种"非正义竞争",(违背公平正义,不利于教育目的实现)。它推行并长此以往的结果常常是,赤裸裸的以邻为壑心理!教育作为一项道德和智慧的事业,它要关注的是人类整体的利益、长远的利益,尽可能多的人的利益;它必须关注自由、包容个性、关注共享尤其保证弱势群体的共享。撇开这些前提的教育竞争,就是"恶性竞争",是"非正义竞

争”。急功近利的教育竞争,扭曲为一味追求“考绩”,扭曲教师行为——教师之间为成绩“恶性竞争”:争好生源、争课时利用。教师们无暇深入思考教学,不能沉下心研究改革,只能“时间加汗水”,以压、逼的方式督促学生学习,造成学生普遍厌学,背离了教育“促进人的发展”这一核心价值。当然,到底一个学校同事之间的关系如何,主要取决于该学校的评价和利益分配方式。如以个人为竞争单元,每个人都将“以邻为壑”(邻为个人),如以班级为竞争单元,如以学科为竞争单元,如以学校为竞争单元(校际名次),其同事人际关系状况,都不太一样。那么,要不要竞争?要竞争!但竞争永远是手段而不是目的,是自然的竞争,以人为本的关注多数人需要的竞争,是竞争带来快乐而不是少数人的得意建立在多数人的痛苦之上的竞争。

三、情感态度的淡漠与纠结

情感态度是最容易引发人的内外反应的。新近,我国各类学校连续发生恶性事件(一所名校连续发生数起学生跳楼事件)。一些年轻的生命之花在瞬间凋谢了,也有一些动辄对他人施暴,甚至铤而走险的年轻人。对此,著名学者朱小蔓、朱永新在《读书》杂志上发表“二人谈”——《中国教育:情感缺失》,二人指出,教育应该关注人的情感品质,“忘情负义”的教育是不健全的教育。极端事件发生的原因,当然很复杂。可能每个人的情况也不同。但是,与我们的教育只关心分数、考试,只关注学业方面的成效和成就,较少关注人的情感培育、价值取向与心灵成长有很大的关系。[①] 在第三章我们讨论到,教师文化由于教书育人的职业要求、工作环境的教育特质以及价值取向上的正统性,因而在情感态度上表现出深刻强烈的内在感受、清高纯正的情感体验、深谋远虑的忧患意识。这种

① 著名学者朱小蔓、朱永新在《读书》杂志上发表“二人谈”,指出“中国教育:情感缺失”:教育应该关注人的情感品质,“忘情负义”的教育是不健全的教育;新课程改革已经重视情感、价值观教育,但还需要进一步体察并发挥其意义;德育,不仅要关注社会化,更应该关注心灵与精神成长;教师成长,不仅要重视知识技能专业化,专业情意即情感素质同样不可或缺。参见朱小蔓,朱永新.中国教育:情感缺失[J].读书,2012(1).

精神特质,主要是与其他职业人群比较而言的。与此同时,体察当代中国中小学教师的文化生存,我们常常看到是“态度淡漠”和“情感纠结”(也许,这也正是所谓“逻辑悖论”和“现实复杂性”吧。)。

(一)职业态度:淡漠含混,模棱两可

如前所述,“态度”是人们在自身道德观和价值观基础上对事物的评价和行为倾向,由表现于对外界事物的内在感受——道德观和价值观,情感——即喜恶、爱恨等,意向——谋虑、企图等三方面的因素构成。激发态度中的上述任何一个表现要素,都会引发另两个要素的相应反应,这也就是感受、情感和意向三要素的协调一致性。根据我们的了解和一线考察,当代中国中小学教师在群体文化生存中的“态度很含混”,具体体现为:在内在感受上,即职业价值的感受上,尽管国家有“科教兴国”的国策,社会有“尊师重教”的引导,但具体到教师群体,尤其是具体的教师个人,他们在科层化体制的当代中国教育流程中,确实是价值被虚玄化,是很难看到自己的;至于情感倾向,更是喜恶重叠、爱恨交加;而教师群体的职业意向,各种谋虑都被行政主导和“负责制”替代了。所以,在中国的各类学校尤其是中小学里,教师的态度不是通常所应有的自信自尊、爱憎分明、志存高远,而是态度含混、淡漠、心志游移。对此,近年来社会公众多有微词,应该说,这也是有其原因的。

(二)教育情感:爱恨交加,身心疲惫

众所周知,作为人对客观事物是否满足自己的需要而产生的态度体验,“情感”是态度的一部分。尤其重要的是,情感在态度的“三维结构”中具有独特的甚至是指标性意义,它与态度中的内向感受、意向具有协调一致性,是态度能在生理上引发的生理评价和好恶体验。以最体现教师职业情感的“教育爱”为例。教育爱是教育者在教育过程中所表现出来的一种职业情感。由于在教育实际中,教育爱主要是通过教师执教行为表现的,所以常常有人把教育爱称为“师爱”。“教育爱”被赋予了社会伦理性和职业规范性。也就是说,教育爱有其独特的价值,是教师在情感上“实践理性”的体现。根据我们的了解和一线考察,当代中国中小学教师

在群体文化生存中的“情感很纠结”，具体体现为职业情感的爱恨交加，身心疲惫。① 事实上，“如果没有教师本人对所教学科的挚爱甚至痴迷、执著的情感，没有经常性的对胜任该学科教学的自我肯定的积极体验，不但他自己是走不远的，而且也无法影响学生的情感态度价值观。苏霍姆林斯基曾经说，在学校里，知识是不可能冷冰冰地毫无感情地从一个脑袋装进另外一个脑袋的。他常对教师说，你不是教物理，而是教人学物理。这句话看似平凡，其实是他的人道主义教学观、教育观的表达。”（朱小蔓）“随着新课程改革的推进，已经越来越多的人认识到情感态度价值观的作用，赞同三维目标及其统整的课改理念。但是对于情感态度价值观在教师成长过程中究竟如何发挥作用，及其在具体的教学实践中如何运用，还缺乏清晰了解。其实，情感态度价值观的目标并不是游离于教学活动之外，生硬贴加上去的。”（朱永新）“是的。这一目标的实现就在教学活动之中。首先是教师本人要对所教学科有挚爱甚至痴迷、执著的情感，有对胜任学科教学的自我肯定的积极体验，这对学生有情绪感染与教育作用。教师的学科水平不仅通过其知识传递真理的力量，而且对学科深爱的情感伴随其生命能量具有信念和信仰的力量。”（朱小蔓）“今天中国中小学教育的普及，需要为每一个孩子成长提供适合的教育，加上人口流动，学校中学生人群结构的异质化加剧，对教师是否具有关爱、关怀、仁慈、公平、正义的情怀也成为时代新的呼唤。”（朱永新）②毋庸讳言，在我国各级学校尤其是中小学里，教育爱的育人价值——感化价值、陶冶价值、激励价值与和谐师生关系的价值等都没有很好发挥，常常“吃力不讨好”：爱而生恨，爱恨交加，甚至出现情绪失控的情形，身心失调、心力疲惫、职业厌倦也较为普遍。

---

① 教育爱，是教师独有的一种职业情感。它的内涵很广泛，包括道德境界、敬业精神，甚至富有人道性的教育艺术；狭义的是指教师对学生的尊重、关心和爱护，教师用爱的情感和言行来感化、陶冶、启迪、引导学生的各种具有教育性的爱的方式，等等。古往今来，“教育爱”就被赋予了强烈的社会伦理性（美德）和教师职业规范性。这意味着，一是教育爱内含的伦理精神，二是教育爱是教育人道性的基本要求，三是教师在情感上“实践理性”的体现。当代中国教师群体的“情感很纠结”，原因很复杂。从教育爱的实践要点和特点是：教育爱的广泛性，教育爱的理智性，教育爱的纯洁性，教育爱的引导性，教育爱的人道性。

② 朱小蔓，朱永新．中国教育：情感缺失[J]．读书，2012(1)．

四、教育行为的偏差与迷乱

教育行为受教育观念的支配,是教师行为文化的表征,因此,对教育行为进行"田野观察",可以了解教师文化的"现象"、"现状"和"问题"。在这里,我们主要从课堂教学、学生管理和教研活动三个场景来考察——这三个场景是教师在学校教学生活中最基本也是最主要的教育行为。从教育改革趋向审视教师教育行为,我们发现,当前教师教育行为存在着较为严重的偏差和迷乱。

(一)课堂教学:崇尚事先预设,忽视动态生成

课堂教学行为是呈现教师行为文化特征的"主阵地"。作为师生教学活动最重要场所,课堂包含师生主体间的教学互动,师生、生生之间的交流和对话,师生对课程教材等文化载体的理解。当前,我国教师课堂教学行为中存在的主要问题就是,崇尚预设,忽视动态生成。

我们认为,预设与生成在课堂教学中是对立和统一的关系,没有精心预设,就不可能产生有效的生成,同时,无视课堂动态生成,课堂教学必然走向机械和程式化,不能培养学生创造性思维。因此,课堂教学既需要教师课前的精心预设,明确教学的目标、内容以及教学策略,这样课堂动态生成才不会偏离方向,出现表面热闹却无效或低效的生成,也要重视课堂动态的生成,注意抓住瞬时出现的生成性资源,适时引导,激发学生的求知欲,培养学生自主探究的学习意识。"生成和预设和谐统一的表征,是预设与生成实现同构、共建并融为一体,即实现有效性教学。一方面,需要对课堂教学进行充分预设:预设使生成更具有方向感,更富有成效性;预设为生成播下种子并使自身在生成中升华。另一方面,有效的生成,是在预设中不断调整的,教学由此成为构建探究性活动的过程。"①虽然自"动态生成"理念提倡以来,教师增强了课堂动态生成的意识,课堂教学中也出现了一些"未曾预约的精彩",但总体而言,出于考试的需要,教师认为教材是一种被给定的、现成的知识,课堂教学仍然崇尚预设,忽视生

---

① 吴玲,吴支奎.有效生成根植于精心预设[J].课程·教材·教法,2007(7).

成，教师在教学中总想方设法地把学生“引导”到预设的答案上来。有这样一个中学语文教学的案例①：

有位教师上《乡愁》，设计了一个提问导语，目的是想让学生说出课题来。于是他叫起一个学生，启发道：“如果有个人到了一个遥远的地方，时间一长，他开始想念自己的亲人，这叫做什么？”

学生答道：“多情。”

“可能是我问得不对，也可能是你理解有误。好，我换个角度再问：这个人待在外乡的时间相当长，长夜里他只要看见月亮就会想起自己的家乡，这叫做什么？”教师又问道。

“月是故乡明。”学生很干脆地答道。

“不该这样回答。”教师有点急了。

“举头望明月，低头思故乡。”学生回答的语气显然不太自信了。他抬头一看，教师已是满脸阴云，连忙换了答案：“月亮走我也走。”

“我只要求你用两个字回答，而且不能带‘月’字。”教师继续启发道。

“深情。”学生嗫嚅道。好在此时下面有同学接口：“叫做‘乡愁’”，教师才如释重负。

这个案例反映的现象，在课堂教学中绝不是个例。长期以来，因为考试强调标准答案，教师不自觉地形成了“答案是唯一的”僵化思维，在教学中总是千方百计地将学生引到“正确答案”上来。另外，课堂教学中教师往往追求“完整性”，即往往重视教学流程的顺畅，而不愿意出现问题打乱设计好的流程。这样，教师就会有意无意地忽略动态生成，对未预设的问题不愿深究（能留待课后个别处理就不错了）。显然，预设是课前的一种计划，没有预设的课堂教学是盲目而随意的，不可能有成功的系统的

① 余文森．论教学中的预设与生成［J］．课程·教材·教法，2007(5)．

课堂教学。但是,一味拘泥计划而行事,不知在实际情境中通权达变,这样的课堂又是机械的,往往造成许多有价值的情境性的教育资源的流失,使课堂少了灵动之美。“计划的一个特点是,从某种意义上说,它将每一个主体变成物化了的客体。甚至作为计划对象的孩子也变成了一种客体,他的行为和反应被我们以一种更加操纵的、可预见性的方式来加以考虑。即使是计划者本人在计划中也必须变成一个客观的因素。”①课堂教学具有预设与生成的双重特性,一味强调预设,或者一味强调生成,都将导致课堂教学的低效甚至无效。教师既要课前精心预设,把握教学目标、教学内容,根据学生特点设计教学策略,还要做到弹性预设,在课堂上权宜应变,不拘泥于预设,对于课堂发生的意外情况,或顺此展开或巧妙改变,这样既自然凸现生成,又兼顾教学目标的实现。

(二)学生管理:强调统一规范,漠视差异,贬斥个性

学生管理行为是教师的教育观尤其是学生观的折射,体现出教师行为文化的某种特征。学生管理包括学生日常思想品德教育、日常行为规范教育、学生仪容仪表教育等方面。当前,我国教育改革提倡教育尊重学生的个性差异,但实际情形并不乐观。

根据我们的观察,尽管不少教师(包括家长)也知道“调皮的孩子有出息”,但在事实上,在很多教师的行为反应中,听话、乖巧、安静、认真就是好学生的标准,他们也有意无意地以这一标准去要求学生,而对于性格张扬、常常“惹事”、“添麻烦”的学生往往给予“打压”,甚至视为“问题学生”。其实,这样的教育行为,实质上仍是受落后的学生观支配的。虽然随着时代发展这种学生观广受诟病,但时至今日仍主导着大部分教师的思想行为。在应试文化环境里,好学生的标准被异化为“专心学习,成绩好”的单一标准。顾明远先生早在 2008 年就大声疾呼停止评选“三好学生”,因为它会过早地给孩子贴上“好学生”与“坏学生”的标签,不利于孩子的身心健康成长。这种强调统一规范,漠视差异,贬斥个性的教育行

---

① [加拿大]马克斯·范梅南.教学机智——教育智慧的意蕴[M].李树英,译.北京:教育科学出版社,2001:138.

为,严重扭曲了学生的成才环境,久而久之,学生的棱角被抹平。与此同时,对于个性较强的学生,强调一致的教育行为往往会给他们带来严重的挫败感,自尊心受到严重伤害,以致使一些学生厌恶学校,甚至产生轻生之念。有这样两个案例:

1.“问题少女”之死

没有人喜欢雷梦佳。

高年级的男生听到她的名字会露出发憷的表情,因为这个初一女生“打起架来比男生还厉害”。曾经的中学校长叫她“惹事妖精”,并且没过几天就开除了她。老师对她很“无奈”,家长说她很难管,连亲弟弟在讲起她时,都是一副害怕的表情,因为“姐姐总打我”。

甚至,4 月 7 日,在她所在的河南洛阳孟津县西霞院中学,当班主任让大家投票决定她的去留时,全班 38 个同学,有 26 人希望家长把她带回家。

事后的回忆似乎能验证这种“民意”:当她听说了投票结果,在教室里开始大笑,同学们觉得她的笑声“很可怕”。而当她随后突然哭着跑下楼梯,冲出教学楼时,和她迎面撞上的一个同班女生根本没想到要安慰她。

“她很奇怪,心思我们都猜不透。”这名女生说。

谁也没想到,这是最后一面。这个 15 岁的女孩再没有回到学校,三天后,人们才在学校后面的水渠中找到了她的尸体。

[资料来源]:付雁南.“问题少女”之死[N]. 中国青年报(冰点周刊),2010 -5 -5。

2. 油田一中一女生跳楼身亡

13 日晚上 7 时 30 分左右,胜利油田第一中学 13 岁初三的女生莹莹(化名)从家中五楼跳下,14 日早上 7 时许,因经抢救无效,莹莹永远离开了人间。莹莹父母称孩子跳楼与学校要求学生剪短发有直接关系,胜利油田第一中学甄校长表示留短发是校园文化,发生这样的事儿学校不承担责任……

事发当天李先生出差在外地,晚上7时许,他收到了莹莹班主任范老师发来的短信,李先生就将短信转发给了丛女士,短信内容除了周末学生作业的安排之外,最后一句为"还未理发的女生请周末理发。"丛女士收到短信后就和莹莹商量去理发,莹莹说不去,丛女士说"不理不行"。接着莹莹沉默了,没等丛女士反应过来,莹莹就拉开窗户从五楼跳了下去……

[资料来源]:本报记者.油田一中一女生跳楼身亡[N].齐鲁晚报,2012-4-16.

第一则案例中的"雷梦佳"是河南洛阳孟津县西霞院中学初一女生,因其个性张扬,是教师眼中"惹是生非"的学生,教师采取所谓的"民主投票"的方式决定让她离开班级。究其根本原因,还是教师思想根源里希望学生都听话、安静、遵守纪律,对于这种性格张扬、桀骜不驯的学生采取孤立的措施,结果给这个15岁的少女以致命的精神打击,她选择了轻生来反抗这种"听话教育"。第二则案例中的"莹莹"因学校强行要求女生一律剪短发,对于这一"校规",她无法接受而选择了"跳楼"来反抗。这两则案例反映了当前中学生管理中强调一致、漠视个性差异的弊端,这样的悲剧值得每一个教育工作者警醒和反思。

(三)教研活动:人为被动"合作",缺乏研究氛围

基础教育课程改革对教师从事"研究"提出新要求。教研活动作为中小学各学科组织的常规业务活动,也是中小学教师专业发展的最重要的学术活动形式。常规的校内教研活动,有理论学习、听课评课、集体备课、教材研讨、课题研究等活动形式。一般由教研组长或教研员组织本学科组(或课题组)成员在一个约定的时间、地点将教师召集起来,讨论研究某些特定的"课题"。观察学校的教研活动,我们发现最主要的问题是人为被动合作,教师往往勉强参与,缺乏真正的实质性的研究氛围和效果。

在中小学,教师的教研文化,人为被动合作色彩颇浓。为了使教研活

动正常开展，多数学校出台制度加以规约。如，给各学科安排固定的教研活动时间，对成员参与教研活动进行考勤，对教研活动记录进行检查和评比，以物质奖励的方式激励教师参与教研活动，等等。这些措施虽对提高教师教研活动中的参与度有一定作用，但难保活动的实效。从上述管理措施看，管理者希望通过教研活动加强教师之间的交流与合作，相互学习、相互促进，共同提高教学技能。但是，这种自上而下通过行政手段的合作，并非以教师的自觉自愿合作为前提，忽视了教师的主体性需求，从而使教师把教研活动当做学校布置的任务而被动参加。因此，教研活动出现了一些“走过场”的现象，实效性并不高：如，“理论学习”就是组长找一篇文章读读了事；“同行评课”，就是不痛不痒地说点优点，再说点启发；“集体备课”，就抄来一篇教案，大家发表点类似的意见，等等。另外，教研组的主要任务是制定学年、学期和每周的工作计划，在教学的要求、进度、要点、作业、练习等几个方面强调统一。教研活动也往往按照既定计划，就计划的落实和执行进行讨论，以保证教学的顺利进行。在学校常规教研活动中，由于缺乏专业引领，教研活动往往离“研究”很远，更多的是进行教学管理协调（由于相互竞争，很少讨论教学的技巧，即使讨论，也是大多停留在表面和浅尝辄止的层面），这样的教研活动，忽视教师的需要，缺乏人文关怀，更缺乏研究的深度，所以对教师专业发展的帮助是有限的。长此以往，教师失去参与的热情，不少学校出现教研活动时间拉家常、混时间的现象。“经验是教师日积月累获得的宝贵财富，但往往是零散和默默地存在于教师的头脑中，只有在具体教学情境中才能表现出来。令许多老师感到困惑和无奈的是，学校教研活动中总是‘你说我说大家说’，但说来说去似乎很难跳出感触式的怪圈。尤其是一群经验水平相当的老师之间，更容易囿于同水平反复，产生‘萝卜烧萝卜’的现象。”①

课程改革后，“校本教研”成为研究的一个热点。很多学者就校本教研的含义、开展校本教研的意义以及如何开展有效的校本教研都发表了自己的看法，也提出了提高教研活动实效性的一些具体策略。但最近根据我们的观察，很多好建议并没有被中小学采纳，原因当然很多，但其中

① 杨玉东. 教研活动要有“研究”含量[J]. 人民教育，2010(1).

的重要原因是，不少的策略建议带有很强的理想化色彩，与学校实际还有较大距离，与教师的文化生存状态较少契合。①

第三节 成因分析：教师文化问题的价值批判

教育的目的自然是成人成才，实施素质教育与培养学生创新能力被确定为今日中国教育发展的基本取向——这一取向表征了我国教育问题症结及其程度，但实现这一目的及其取向需要各方面条件，如果没有条件或条件间的关系不协调，都无法使教育目的成为现实。具体而言，学生素质提高与创新能力培养需要诸多条件支持，如果条件不具备或条件间的关系不匹配，不仅目的难达成甚至会出现适得其反的结果。目前，我国教育在观念与行为间存在着诸多冲突。如，价值观上重“才”与重“人”的冲突，知识论上确定性知识与不确定性知识的冲突，方法论上维持性学习与创新性学习的冲突，人才评判上“测量”与“评价”的冲突。这些冲突直接影响教育目的的实现，也反映在教师文化的各个方面，需要加以调适②。

而教师文化中出现的教育观念错位、教育行为偏差、人际关系异化的问题，其形成原因是复杂的。教师文化是群体文化，是社会文化的亚文化，教师文化的形成和发展必然受到社会文化的制约。社会文化作为外在规约力量又无法脱离个人内心世界而单独起作用，教师群体基于特定的职业生活方式而形成的独特知识体系、个人信仰及价值选择是教师文化形成的内在力量。“教师文化一方面受社会大环境（政治、经济、文化）的影响，另一方面也是学校内部教师进行价值选择的结果。”③

---

① 早在多年前，我们也曾经参与“校本”的讨论。最近，华东师范大学丁钢教授在主编《中国中小学教师专业发展状况调查与政策分析报告》的过程中，调查发现，教科研活动已在中小学办学及教师专业生活中深深扎根，在一定程度上促进了教师的专业发展。广大教师已习惯了将从事教科研当作自己的专业生活，并通过教科研来改进自己的教学工作，从而不同于以往的“教书匠”认为教科研只是少数“教研员”的事情。我们感觉，这更多地体现为教师个体在竞争压力下的职业行为的悄悄改变。参见葛金国，刘孝友.“校本”：背景 · 理念 · 途径[J]. 小学校长，2004(2)；丁钢。中国中小学教师专业发展状况调查与政策分析报告[M]. 上海：华东师范大学出版社，2010.

② 李忠. 教育观念与教育行为之间的冲突与整合[J]. 教育理论与实践，2010(10).

③ 谢美清，谢秀清. 教师文化的成因及变动态势[J]. 职业时空，2008(8).

一、教师文化存在问题的外在环境

（一）大众功利文化的侵蚀

从古至今，学校教育在人类文明中都有举足轻重地位。古典教育以培养理想人才为本，但什么是理想人才，不同时代不同国度有不同标准。罗素曾说，在干涉儿童教育的各种力量中，没有一种力量是站在儿童自身幸福的立场上：国家想把儿童培养成驯服公民；教会想用儿童增加教士的势力；学校和教师想在竞争中凭借学生来为自己增添光荣；做父母的想让孩子光耀门楣。近代以来，教育普及并开始平民化，其目标导向是培养实用的工具型人才；受教育者则是为解决自身求职谋生问题。当今社会，正处在一个高度科技化功利化时代，个体和群体的生存和竞争压力，已使教育过分实用化、工具化，年轻人中的审美情趣急剧失落。

随着市场经济体制的不断深入，人们的思想观念呈现功利化趋势——急功近利已成为我国社会的通病。“功利文化”的价值观以经济和物质利益作为单一标准评价人和事务——其突出表现就是“有赢无输”，尤其是“不能让孩子输在起跑线上”。这种急功近利的文化价值取向，侵蚀到教育领域，扭曲了服务精神，冲击了教师的自我认同，教师群体因为较低的经济收入而心理失衡，职业操守出现蜕化，“秉受着功利化思维的压迫，教师也开始思考如何让自己的教学切合人们的功利化需求以及如何也让自己变得富足些。对此，道德意识的抵制能力是微不足道的，相反，教师们正是要用行动宣告道德操守的无效。”①急功近利的价值取向，导致教师工作以名利为追求目标，过分注重学生考试成绩，教师间恶性竞争，出现“表演型公开课”等荒诞现象。在教科研工作上，也是如此。很多教师动机不纯，他们不是潜心研究教学中的实际问题，来改进教学工作，而主要是出于评职称或“成名成家”的考虑。

急功近利的功利化价值取向，直接影响了教师队伍的素质和形象。其实，教育发展不仅需要创新更需要积淀（这是将创新转化体制机制的过

① 陈学军.困境与出路：当代教师的道德使命[J].教师教育研究，2009(6).

程)，而教育实践必须在审慎考量历史与现实的基础上推进。近些年，中国社会中急功近利的心态凸显，各种打着改革旗号的巧取豪夺屡见不鲜。如广受诟病的"乱收费"、"有偿补课"、"有偿家教"等等现象，严重降低了教师的职业声望，损害了教师形象。"教师一旦把职业看成是一种纯粹外在的功利活动，就很容易为获取个人利益而淡薄应有的责任感，渐渐失去应有的职业内涵，使正当的教育行为偏离'教书育人'的职业特质，使原本'纯真'的教育活动走向功利化。"但在新世纪，社会发展将在高科技专门知识与人文道德素养两方面提出更高要求。如何满足这种要求是教育的任务，关系到教师的责任和使命。教师如何保持自尊、清高的精神特质备受关注①。

(二)工具性地位的影响

教师文化是教师群体的价值取向和行为方式。在中国历史上，教师的社会地位虽在不同朝代有过起伏，但对教师职业价值的认识主要体现在社会的工具性价值上，无论是荀子的"国将兴，必贵师而重傅；贵师而重傅，则法度存。国将衰，必贱师而轻傅；贱师而轻傅，则人有快，人有快则法度坏"，还是韩愈的"师之所存，道之所存"，都是从社会功能上来谈论教师的职业价值的。进入近代，教师职业价值观有了较大扩展和一定转向，由古代社会的"为君"转为"为民"、"为社会"、"为国家"，但其本质上仍是强调教师职业的社会工具性价值。由于过分强调教师职业外在的工具性价值，忽略了教师职业内在的目的性价值，教师仅被视为社会文化的代言人，他们难以感受从事教职带来的内在幸福。虽然社会给予了"园丁"、"红烛"、"春蚕"等各种美誉，但从整体上仍难以激起教师的职业认同。"教师职业的尊严和欢乐，主要取决于社会公众的外在承认和给予，取决于过程的结果而不是过程本身。它是用其工具价值换来的。"②这种传统的教师职业价值观，也使教师群体意识缺乏广泛觉醒，加之教师经济待遇在社会各行业人员中长期处于相对较低位置，因而教师普遍缺乏职

① 朱利霞.重申教育的保守性[J].中国教育学刊，2012(6)；李剑.教师功利化批判[J].当代教育科学，2011(3).

② 叶澜，等.教师角色与教师发展新探[M].北京：教育科学出版社，2001：10.

业幸福感，影响着教师文化的健康发展。

（三）强势管理文化的制约

强势的管理文化，在中国与“官本位”的行政文化密切相关——“公考热”（公务员考试热）是对权力的追捧。

第一，科层制的“行政文化”抑制了教师工作主动性和创造性。学校作为一个社会组织，在行政管理上表现为科层制有一定合理性。“制度化管理，使得组织内包括管理行为在内的所有行为都置于组织的制度之下。所有管理行为都来自于制度的规定，管理权威集中于制度，而不是控制在某些人的手中。”①科层制强调制度化管理，它分工明确，权责统一，要求“对事不对人”，用制度规范非理性的行为。这样就可以避免“人治”的非理性行为，使组织管理在“法治”的轨道上运行。我国中小学实行校长负责制——校长是学校行政的最高领导人和主要负责人，拥有决策权、指挥权、人事权和财务权等。几位副校长分别分管学校的不同处室，对正校长负责，所属的下级机构具体操作执行，当涉及不同类型的工作时，按照相应的分工范围各司其职，主管人员因所辖的下属人数较少，可能有较充足的时间和精力对下属进行面对面的深入具体的指导，并对其工作给予严密的监督和控制，上下级关系等级明确，有利于统一指挥，可以提高学校管理的效率。但是，这种体制使教师的主体作用无形之中被弱化。

第二，“官本位”的运行体制打压了教师工作主动性和创造性。在现实中，我国各个领域包括学校中都程度不同地存在着“官本位”思想行为的影响。由于“官本位”思想的影响，以及校长由主管部门任命，教职工对于校长的去留基本没有发言权，因而，校长负责制常常演变为校长专权。在“专制主义”下科层制扭曲为制度冷漠和人为压制，制度化变异为套着“法治”外衣的“人治”。在“人治化”管理下，校长用个人意志代替学校制度，甚至凭个人好恶来对教师进行评聘和奖惩，这种管理往往因个人偏见挫伤教师的工作积极性，会使教师消极怠工甚至对抗。其实，学校与一般行政组织有明显不同，学校中有一部分是行政事务，但中心工作是教

---

① 陈宏友. 制度化与人性化：中小学教师管理的新思考[J]. 合肥师范学院学报，2008(5).

学。教学以“促进人的发展”为根本旨归，采取不同措施对其加以教育——教育关注的对象是“人”，应该是“人”的不同决定“事”的不同。与此同时，它的工作效果具有明显滞后性，很多工作绩效难以量化。因此，“见事不见人”的科层管理并不利于教师工作的开展，“官本位”的运行体制更是放大了管理的弊端，实际上打压了教师工作主动性创造性。

第三，效率主义的学校管理严重制约了教师专业发展。教师的专业发展，需要一个和谐的相互协作氛围，需要一套促进教师相互交流、真诚合作和平等研讨的机制。但我国中小学因受“升学率”束缚，教学工作往往偏离“育人”的宗旨而以“考试”为轴心，为激发教师出“成绩”，学校在教师评价上就鼓励教师间的相互竞争。教师之间为了“分数”和“名次”而恶性竞争成了不少学校教师人际关系的常态。这是教育领域中的“GDP 强迫症”。

月考——你死我活的敌人①

同备课组的老师，既是合作者、朋友，又是竞争的对手、敌人。平时嘻嘻哈哈，天空海阔，一旦到了月考，立马就成了乌眼鸡，恨不得你吃了我，我吃了你。月考哪里是在考学生，分明是在考老师，考老师的水平、能力、承受力、脑神经。好容易结果出来了，要比高低、比大小、比长短、比能耐，比得人心惊肉跳，比得人午夜惊魂。

考得好，你就是英雄，就是能人；考得不好，你就是狗熊，就是蠢蛋。有分数，就有地位；没有分数，就没有尊严。分数就是硬道理，分数就是生产力！如此恶性竞争，试问哪个老师不红了眼，哪个老师还有平和的心态？

如上所述，这种“竞争文化”使教师之间为了自己的名誉而相互防备，严重阻碍了教师间的合作，教师之间就不可能有实质性的对话与协

① 来自一位中学教师的教学博客。引自 http://blog.sina.com.cn/s/blog_5c9ced480100bl2y.html

作——因为谁也不肯将自己有效的方法和经验教给自己的“对手”——“教会了徒弟,饿死了师傅”,“决赛场上都是白眼狼”!即使学校为促进教师专业发展方面推出一些措施,如“集体备课”、“师徒结对”、“小组合作”等等,但在以应试为目的的恶性竞争环境里,根本无法取得预期的效果。“促进教师专业成长的‘师徒制’、‘教研室’以及自发形成的教师学习小组,都是基于人际互动理论的集体主义的教师文化的体现。然而这些教师文化却在‘应试教育’的背景下被扭曲了,它在本质上是一种‘反对话’、‘反对话关系’的文化,是为‘应试教育’服务的。即便存在‘对话关系’、‘对话文化’的成分,几年来在一味强调竞争、忽略合作的导向的环境中,也正在面临蜕化变质的危险。”①

二、教师文化存在问题的内在原因

(一)传统教师文化的惯性

文化变迁总是漫长的表现为一定惯性——文化具有很强的稳定性,文化的惯性以一种强大的力量左右着人们的行为方式。如前所述,在急功近利的社会环境面前,教师中也存在“干什么,不像什么”。他们的职业信念出现了危机:一些传统的知识分子的理想人格和精神追求,如“君子忧道不忧贫”、“学而不厌,诲人不倦”、“吾日三省吾身”等悲天悯人的教育情怀,正在被当代教师无意淡忘和有意放逐。但另一方面,传统教师文化中的“严师出高徒”、“不打不成材”、“文人相轻”等明显不符合时代精神的落后观念和思维倾向,却又顽固地存在于当代教师的心灵深处,阻碍着教育改革和教师文化建设。

教师文化是教师群体在长期教育教学实践中形成,浸润到教师的思想和心灵,成为一种内隐规矩,具有一定的稳定性。教师长期在封闭与隔离的环境里从事着个体性很强的工作,形成了僵化的思维定势、固化的行为方式和相互疏离的联系方式。这种类型的文化被称为教师群体内的“马赛克文化”,它表现为“教师个体之间相互独立,对于教学经验和技能

① 钟启泉.课程改革的文化使命[J].人民教育,2004(8).

多采取自给自足的方式,他们很少进行互相的交流和合作。"[1]这种传统教师文化的惯性,体现在教师的教学行为上就是一种相对稳定的"教学惯习"。教学惯习是特定的社会文化与教育信念塑造而成,是社会环境、教育制度等因素在教师身上的呈现,是教师的教育经验、经历与教育体验、感悟的积淀。

教育改革提出新的教育理念,倡导教师构建全新的教学行为,改变以往那种注重知识传授、强调学科知识分割与教师讲、学生听的讲授式教学,代之以自主、合作和探究式的教学。教师的教学惯习与变化了的教育场域不可避免地发生冲突与对立,教育改革需要教师重构一种新型的教学惯习,而教学惯习的改变和重构又并非易事。"教学惯习对初始教育经验的路径依赖,使教师会下意识地以既有惯习的'不变'来应对教育改革之'万变',从而使教师无意识地抵制或抗阻与既有教学惯习不相融的教育观念和行为方式。"[2]看来,教学惯习之类的文化的问题,也只能有待于"文而化之"的解决办法。

(二)缺乏文化自觉

"文化自觉"是当前文化研究中的热点问题。关于"文化自觉"的基本含义,人们通常借用费孝通先生的观点。它指生活在一定文化历史圈子的人对其文化有自知之明,并对其发展历程和未来有充分的认识。它意味着文化主体的觉醒,意味着文化主体的自我反省、自我创建。同样,教师的文化自觉,是指教师自觉地把社会赋予的责任与义务转变成内在需要,自觉地对所从事的教育实践活动进行自我反思、自我觉醒、自我创建。换言之,教师从事教育活动,是教师自觉地把教育活动看作实现自我价值、体现人生意义的过程。"'教育者'并非是一个由外在规范所构成的身份性概念,而是一个有其内在本质诉求的文化性概念。对人之成长的真正关怀的教育性意向以及对于文化在启迪人生成长方面所发挥作用的文化自觉使一个人成为'真正的教育者',这构成了教育者的真正本质。"[3]

---

① 赵永勤. 马赛克文化抑或合作文化[J]. 教育发展研究 2007(6).

② 李伟,李润洲. 论教师文化的重塑[J]. 教师教育研究,2010(11).

③ 王有升,李福华. "教育者"的本质诉求及其基本要义[J]. 教育研究,2008(3).

教师的文化自觉,应包含着以下方面的内容:一是对教育文化的了解和传承,"自觉"地了解民族传统教育文化和世界多种多样教育文化的特色和发展趋向,主动自觉地维护有生命力的历史和传统,使之得以传承和发扬光大;二是对教育文化的"创造",教育随着时代的发展而发展,随着社会政治、经济的变化而与时俱进,这就需要适应时代变革的要求,"自觉"地创建新型教育文化。在中国传统文化中,教师作为知识分子具有自尊清高的精神特质。"职业的特殊性,几乎使每一位教师不可避免地在工作和生活中保持这一种教职与生俱来的'自尊感'和'清高行',并且这种教师群体思想行为特质以'日习而不知'的方式渗透在教师的一言一行、一举一动当中,表现于教师日常工作和生活的各个方面。"①同时,中华民族又有着自省自克的忧患意识,孔子所说君子要"忧道不忧贫"、"己欲立而立人,己欲达而达人",都体现了中国古代知识分子对于能否实现自身生命价值的忧虑与危机感,是对于自身能否成圣成贤的责任感和使命感。

这种"文化自觉"在当今很多中学教师身上正在逐渐地丧失,在急功近利和物欲横流的社会现实面前,校园早已不是纯净的"象牙塔",很多教师人生观和价值观出现了扭曲,他们不再甘心物质生活的清贫,也缺乏潜心于教学研究和实践的耐心和恒心。很多中学教师并未把教职当做神圣的事业,而仅仅看做谋生的职业而已,把学校当做维系"饭碗"的场所,把知识当做交易的筹码。为了谋求更多的经济利益,一部分教师忙于推销教辅资料、办校外辅导班、从事有偿家教,等等。当教师的教学生活以"金钱至上"作为追求的目标,他们的眼中和心中就不可能再有真正意义上的"学生",他们的教育行为就偏离了教育的本真。虽然,在中小学教师群体当中,以追求"名利"为目的的教师只是少数,但其负面的影响却很大。而且可以说,我们不能回避这样的客观事实:当今中小学教师群体中广泛存在着心态浮躁、缺乏人文关怀、丧失专业精神的现象。

缺乏"文化自觉"的教师,自然很难获得自身的职业认同,也不可能对自己在社会结构中所处的特定社会地位、承担的特殊使命和职责有清

① 葛金国,吴玲,周元宽. 课程改革与学校文化重建[M]. 合肥:安徽教育出版社,2007:233-234.

醒的认识。这样的教师会出现两种情况：一种是被外部的社会期望所困扰，为自己不能达到外在的道德要求和期望而产生失败感，从而身心疲惫，产生职业倦怠；一种是被社会庸俗文化同化，抛弃教师的自尊与清高，随波逐流。美国学者帕尔默将这两种情况归纳为侵犯了教师的自身认同和自身完整。

"当我们最初听到生活中我们'应该'做什么的那些要求时，可能会发现，我们被那些外部的期望所围困，这些外部要求扭曲了我们的自身认同和自身完整。……如果我只是遵循这些应然规则，我发现自己所做的工作只是伦理意义上值得赞美，但非我心甘情愿所为。对一项非我倾心的工作，无论从外部代表的抽象标准看多有价值，它都会侵犯自我——准确地说，为了符合一些抽象的原则而侵犯我的自身认同和自身完整。当我侵犯了我自己，不可避免地，我最终会侵犯与我共同工作的人们。到底有多少教师将他们自己的痛苦加之于学生？"

"有时候，我们必须为了钱而非为了工作的意义而工作，我们可能根本没有因为工作不能使我们感到愉悦而辞职的派头，但我们不断以那种践踏我们灵魂的方式工作，而对他人和自己造成损害，却无法从中解放出来。"①

教师职业认同代表着教师个体对教师这一行业的认识和认可程度，是个体职业价值的体现。教师的职业认同影响着个体的职业热情，同时，它代表着教师文化内因层面的个体心理因素，制约着教师群体文化的发展。高水平的职业认同将进一步促进教师文化的良性发展，低水平的职业认同将阻碍教师文化的发展。

（三）效益对冲：制度运作的"习得性失效"

制度的因素，在我国政治学研究中，已经受到前所未有的重视，但制度研究的成果在制度改革中的运用极其有限，教育制度方面的情形也不例外。"我国现行学制还是1951年制定的，虽然中间经过几次变动，但基本上没有什么变化。60年来我国经济社会有了极大的发展，教育也得到

① ［美］帕克·帕尔默．教学勇气——漫步教师心灵［M］．吴国珍，等译．上海：华东师范大学出版社，2005：30－31．

普及和提高。1951年制定的学制已经不适合现实的要求,亟须重新研究制定新的学制。新学制应该结合我国的国情,具有时代性、发展性、多样性、灵活性,体现终身教育的理念。"①当然,评价一个制度的好坏优劣,并不仅仅是看它是否有设计完美的规制性条文或文本,更重要的是这些条文或文本背后所基于的价值观、设计者和具体实施者的宗旨与动机,而最终标准是实际运行的效果.而后者这些实际上就是制度文化的影响。

在我国,很多制度之所以不好,也并非只是它内容设计的欠缺或失当,实际的具体运行过程中的"习得性失效"也是重要原因,甚至是更为重要的原因。教育制度是教师文化的内在的小环境,它的建立、实施效果也不例外。"所谓教育制度的习得性失效,是指人们参照他人或既往应对经验,对教育制度采取有意为之乃至习以为常的改变或变通,结果导致教育制度低效或无效运行的现象。这种教育制度的习得性失效主要表现为教育制度的虚假和不公正运行,对教育制度的不合理变通及'多数人暴政'现象。"②这在实际运行效果上是一种"效益对冲"现象。例如,我们常常看到,某些有着较好价值理念的制度出台后却并没有表现出预期效果:基于利益和权钱交易的择校现象,严重扭曲了教育自由公正的理想追求,而教育的自由选择权被置若罔闻;轰轰烈烈的素质教育与扎扎实实的应试教育的"假面舞会",持续考验着师生身心的极限;还有"三好学生"评比、"高考加分"条例、"自主招生"监督,等等,那些制度"变通"现象不断彰显着"特事特办"(人治)的威力。

导致上述现象的原因,肯定很复杂,但其中最重要的可能还是我们"上有政策,下有对策"的"人情"文化,它使我们的政策、制度在实施时被打了折扣——而打折扣原因,主要是执行主体的缺失和寻租行为的失控。教师群体精神气质本来自尊、清高,但也在"人情"文化中备受侵蚀。

三、基于中西比较:我国教师文化功能缺失批判

关于文化,历来有"精华与糟粕"或"积极与消极"之说,其实,任何文

① 顾明远.学校制度亟待研究改革[J].教育学报,2011(3).

② 李兴洲.教育制度的习得性失效及其矫治[M].北京师范大学学报(社会科学版),2012(2).

化都是人的创造力的表现与确证，每种文化都是有创造力的——至少对于它本身及其产生过程来说是如此。所谓“精华与糟粕”或“积极与消极”，都是相对于现代人的影响而言的：那些对现代人有用或产生促进影响的文化被称为“精华”或“积极”的文化，那些对现代人无用或产生阻抗影响的文化被称为“糟粕”或“消极”的文化。中国传统文化也不例外。所以，“那种简单地认为中国传统文化缺乏创造性基因并因此压制创造性人才成长的说法在认识上是片面和错误的，在实践上则是危险和有害的。中国传统文化对革新的积极追求、‘贵中尚和’的独特思维方式、‘民为邦本’‘居仁由义’‘知耻自省’的价值原则以及对自主人格和怀疑精神的推崇，都有助于创造性人才的成长并赋予他们的创造性劳动以正确的价值原则。克服创造性人才培养问题上的文化自卑，汲取中国传统文化中的创造性养分，是当前和今后学校教育培养创造性人才不可懈怠的重要工作。”①现在的关键的前提性问题是，如何根据现代教育需要确立正确的教育价值观。

从微观上说，积极的教师文化，有助于形成良好人际关系，使信息充分交流分享，思想相互影响促进，从而产生强大的群体凝聚力，为个体教学绩效和专业成长的提高创造条件，是教师群体发展的支持性环境。消极的教师文化，阻碍教师对外在革新的自我责任感，使教师对自身课堂或团体具有保护倾向，无形中阻碍着教师的发展和学校功能的正常发挥。新近，易中天先生提出的“中国文化为何不能入世”之问发人深省。他说：“只要把握了全人类的共同价值，又能兼收并蓄各民族的不同文化，那就能打造出自己的‘文化航母’。而且，在未来的世界文化格局中，谁最能做到‘深刻把握’和‘博采众长’，谁就最有可能建造最大的‘文化航母’。”②与此相关，我们认为，中国传统的教师文化存在着明显的功能缺失，回顾中国教育历史传统的近现代演变及其影响，有利于发现我国教师文化功能缺失的历史症结。③

---

① 石中英. 中国传统文化阻碍创造性人才培养吗[J]. 中国教育学刊，2008(8).

② 易中天. 中国文化为何不能入世[J]. 学习博览，2012(4).

③ 葛金国. 从中西文化比较看中国教育的历史传统[J]. 浦峪学刊，1993(1)；葛金国，吴玲. 教师文化通论[M]. 合肥：安徽大学出版社，2012：112－116.

(一)重传递、多解读,缺创造、少超越

中国教育传统,崇尚知识积累,孔子的"述而不作,信而好古"可以说开创了这一传统。"故君子尊德性而道问学,致广大而尽精微,极高明而道中庸,温故而知新,敦厚而崇礼。"(《中庸》)这也由此成为中国传统文化的特点之一。

这样的教育价值观,一直延续到明末清初,至今历史惯性不减。有清一代,所谓学术,汉学朴学,大凡考据而已。其中的影响和客观效果,当然是长短互见,利弊杂陈。柳诒徵先生认为,"清代学校教育,率沿明制。在清季未兴学堂以前,其所谓学校即科举之初基,固无当于教育,然其学分大、中、小,官有教授、教谕等,亦近世学校名义这所沿也"。明清之际,虽然出现了如黄宗羲、顾炎武、王夫之等一些杰出人物,他们提出了带有民主主义色彩的观点,但他们的思想体系,总的说来还是没有挣脱老框框,最多是露出对某种新社会关系的朦胧向往而已。至于它是何与如何实现这种社会关系,则是他们不可能甚至也不想知道的。

国门洞开之后,中国传统文化与西方文化在救亡图存背景下冲突,多数知识分子关注西方文化的首要目的是"师夷长技以制夷",本质上是"变器不变道"前提下的"中体西用"。面对危机,那些"先进的中国人","母师范而兴教育",大力兴学,引进了西方教育的内容和方式,想以此促进中国进步。但是,他们未能如愿。正如桑兵在研究晚清学堂后指出:"学生的西学知识大为扩展,但还不能脱胎换骨"。丁韪良总结同文馆利弊得失时也认为:同文馆的目的"只在养成定量的官吏,并不想把整个的官吏制度加以改革"。① 究其原因,这是与中国传统价值观尤其是明清以来的重传递、多解读,缺创造、少超越的保守倾向紧密相连的。

(二)重选择、多引进,缺改造、少整合

真正的中国近代史是在炮火中开始的,西方文化与中国传统文化在

① 桑兵.晚清学堂学生与社会变迁[M].上海:学林出版社,1995:49-50;转引自舒志定.社会可持续发展与教师文化职能[J].高等师范教育研究,1999(2).

这样的背景下碰撞，一批进步的中国人关注着文化问题。前期的比较典型的观点和做法如魏源、冯桂芬等采西学、制洋器，洋务派的引技术、办企业，主要目的是“变器不变道”；中期的如维新派的政体变革的尝试、资产阶级革命派的革命举动，等等，主要目的是“老树发新枝”，本质上是“新枝图旧命”；后期的如五四新文化运动，提出打倒孔家店，主要目的是通过矫枉过正来救亡图存。以五四新文化运动中的相关表现最为典型。一方面，对经史子集为文本的传统文化提出挑战，另一方面，纷至沓来的外来学说都可恣意驰骋，两种文化都有支持者都有批判者。但是，对于如何建设属于我国社会发展要求的文化，大多缺乏深层思考。

虽然辛亥革命期间已提出“陶铸国魂”，一批新文化运动的主将更突出地主张要改造国民性，但如何让中国传统文化与西方文化相整合，缺乏有力措施。尽管当时有不少是学贯中西的学者，但他们大多是在两者中选择了一个方向：如中国文学教授闻一多竭力否决文化传统，西洋文学教授吴宓却一贯衷心崇孔①，近代的中国文化思想，就是在这种“二律背反”中艰难行进。而作为个体，则常常做着与初衷背道而驰的事情。曾经作为维新派的康有为的思想变迁当可例证，而学贯中西的辜鸿铭的文化表现更是充满荒诞色彩。

从文化传播、冲突和变迁来说，近代中国教师文化，历经艰辛，有兼容并包，但未及整合进而提升，就因为政权更替和强烈的意识形态色彩而断裂。20世纪70年代末以来，随着改革开放的深入和扩大，中外文化教育交流日益活跃，西方文化教育思潮大量涌入，与传统价值观发生冲撞。

回顾30多年的历程，面对各种困惑，总趋势是让文化在冲突之中获得适应，并开始寻找文化创新的路径。但是，缺少改造和整合，仍然是当前我国文化建设包括教师文化建设的“软肋”，这从基础教育新课程改革的效果就可以看出。

（三）重规范、多规制，缺自由、少开放

“文化变迁与发展是人类文化的不变主题”②，但是，中国传统文化在

---

① 何兆武：也谈“清华学派”[J].读书，1997(8).

② 吴玲，周元宽.当代教师文化使命[M].合肥：安徽人民出版社，2006：序.

发展中，从总体上说，重规范、多规制，缺开放、少自由。

教师文化需要在不断变迁中获得创新。建国初期提出了新中国的教育的性质，如《共同纲领》第5章第41条"文化教育政策"中明确规定："中华人民共和国的文化教育为新民主主义的，即民族的、科学的、大众的文化教育。人民政府的文化教育工作，应以提高人民文化水平、培养国家建设人才、肃清封建的、买办的、法西斯主义的思想、发展为人民服务的思想为主要任务。"但在具体实施中，受当时国际冷战环境影响，采取"一边倒"的做法。除曾一度加强对苏交流外，夸大了文化冲突负向效应，长期采用文化封闭办法，丧失了文化发展的内在和外在动力。

十分遗憾的是，中国文化在近现代的发展中，总是在"一统就死，一死就放；一放就乱，一乱就统"的恶性循环的恐惧中无奈地反复。

以上所述，就是中国教师文化历经近现代演变所表现出来的基本图景和特点。我们要在消解历史症结基础上，优化内部结构，调适要素关系，有效发挥教师文化的功能。

展望教师文化功能的发挥，我们认为应注意到其功能实现的三个特点。一是教师文化的经验性。教师经验是教师亲身经历或体悟的产物，集知识、思想与体验于一体；植根于教师拥有的特殊的不同于理论专家的实践性知识。这种实践性知识，是建立在教师对自身生活史反思基础上，被教师群体认可，并在日常教育活动中实际使用的与特定情境相应的个人知识。教师知识的实践性及其文化的经验性，是影响教学效果和教师文化功能实现的"看不见的手"。我们要不断优化教师所置身并不断经历着的文化环境，促使个体的经验生成、群体的文而化之和对社会的辐射影响①。二是教师文化崇高性。文化价值包含着工具性和内在价值，教师在传递和创新文化中，两大价值目标都应兼顾。简单地说，教师既要"授业"、更要"传道"，通过授业而培养起一代代学生的创新意识和社会

① 教师的实践经验，使其获得"言说"资格和机会。通过讲述亲身经历的生活史、成长过程和教学故事等，教师总是在表达着自己的经历和体悟，教师总是以"第一人称"的鲜活灵动方式，展示着教育事实和教师的生存状态。事实上，教师永远站在"教育研究"前台，而不是也不会退居幕后，只不过过去人们没有足够重视或没有如此看而已。这也许，从某种意义上可以解释，教育理论的实践与一线教师中的尴尬处境。

理想,进而对未来社会产生促进作用。三是教师文化的现实性,即由此提出教师文化发展的基本要求并进而思考、提出教师文化发展基本模式:“反思与引进—变革与创造—工具价值与理性精神”。我们要以教师文化功能发展模式为导向,使教师文化功能在宏观上达成“文化普适与文化主权的价值协调”、“传承文化与创新文化的使命并重”、“服务文化与规制文化的职能并存”和“道德教育与崇尚法制的兼容并进。”①

立足新世纪,我们要通过对教师文化功能变化特点的考察,为教师未来的文化建设确立基本愿景和策略思路。当前,我国教师文化功能的研究与建设,要努力去除弱势和受虐心态,强化文化自觉,重视传播“文化多样性”、“价值多元性”的理念,提高教师的文化敏感性、文化交流意识和践履文化使命的能力,树立文化生态观,在自由开放中寻求教师文化创新之路。

芳草青青:学生看不起老师的哪些行为②

良好的师生关系中,学生对教师的行为由衷地佩服,师生关系融洽;反之,就会产生师生隔阂,学生会看不起教师的行为。那么,学生看不起老师的哪些行为?

1. 言而无信。“君子一言九鼎”,但一些教师常常只许愿不兑现,把学生当成小孩哄,教师形象大打折扣,久而久之,学生不把教师的话当回事。

2. 表里不一。教师教学生爱护环境,自己却将烟头乱扔;教学生课桌上一尘不染,自己办公桌上却堆积如山;教学生做事不拖拉,自己却不按时批改作业……

3. 厚此薄彼。一些教师,常常对学习好的百般宠爱,对学习

---

① 具体而言,反思与引进,主要是着眼于教师文化意识,要求对现有文化进行反省,确立“大文化意识”,并以开放态势审视域外文化;变革与创造,反映教师文化选择和进化的态度,要求对文化建设提出变革的要求,并在自身优势上创造;工具价值与理性精神,倡议兼顾教师文化功能的双重目标,既重视文化的实用价值,又要向培育人文精神的高度努力。上述三个主题和阶段,层层递进,步步深入。参见舒志定.社会可持续发展与教师文化职能[J].高等师范教育研究,1999(2).

② 选编自网上转帖。转引自:http://blog.cersp.com/7897241/1142301.aspx

差的冷眼相看；学习好的总受表扬，学习差的屡遭批评。这样，就让部分学生心有愤恨。

4."版本太低"。要给学生一杯水，教师就得是长流水。但有些教师总抱着陈旧教案，重复着"昨天的故事"。课上不精彩，学生自然不喜欢。

5.缺少情趣。在学生的眼里，教师应当是个"杂家"：飘逸的字，洒脱的画，甜润的歌喉……有一技之长的教师令学生起敬。教师如果缺少生活情趣，学生也会挑剔。

6.不拘小节。教师处处要做表率。所谓不拘小节，在学生眼里却是大问题——教师大大咧咧、不修边幅，学生指指点点；教师为蝇头小利而语露不满，学生早已记录你刹那间的神态。

学高为人师，身正为世范。教师的行为就是"师表"，学生是很在乎的，不可粗心大意。

[资料来源]：选编自网上博客转帖。

思考题：

1.时代对教师提出什么新的要求？如何塑造未来教师的完整形象？顺应教育改革对教师角色的新期待有哪些具体内涵？从应然诉求体会教师文化的可能走向。

2.教师文化的变革应当体现怎样的价值指向？体会自主自律型文化、合作共事型文化、民主参与型文化、自我反思型文化、探索创新型文化和教学相长型文化各有什么样的意蕴。

3.传统的教师文化存在着哪些问题？从教育观念的错失、人际关系的异化、情感态度的纠结和教育行为的偏差上观察教师文化的实然现状。

4.如何进行教师文化存在问题的成因分析？进一步分析教师文化存在问题的外在环境和内在原因。

5.基于中西比较的我国教师文化功能的缺失何在？对于"重传递、多解读，缺创造、少超越；重选择、多引进，缺改造、少整合；重规范、多规制，缺自由、少开放"的我国传统教师文化功能的批判，你有什么评论。

参考文献：

1. 顾明远. 民族文化传统与教育现代化[M]. 北京：北京师范大学出版社，1998.

2. 黄书光，等. 中国基础教育改革的文化使命[M]. 北京：教育科学出版社，2001.

3. 齐振海，贾红莲. 21 世纪中国文化走向[M]. 北京：北京师范大学出版社，2003.

4. 王策三，孙喜亭，刘硕. 基础教育改革论[M]. 北京：知识产权出版社，2005.

5. 吴玲，周元宽. 当代教师文化使命[M]. 合肥：安徽人民出版社，2006.

6. 叶澜，等. 教师角色与教师发展新探[M]. 北京：教育科学出版社，2001.

7. 葛金国，吴玲. 教师文化通论[M]. 合肥：安徽大学出版社，2012.

8. [苏]苏霍姆林斯基. 给教师的建议[M]. 北京：教育科学出版社，1984.

拓展参考文献：

6－1. 葛金国，吴玲，周元宽. 课程改革与学校文化重建[M]. 合肥：安徽教育出版社，2007.

6－2. 陈丽萍. 中学教师生存状态及改进对策研究[D]. 长春：东北师范大学 2009.

第七章　教师文化的建设畅想

把握当前我国教育发展所处历史阶段及其主要矛盾，是教育发展的前提条件和当务之急。美国社会学家丹尼尔·贝尔认为：掌管经济的是效率原则，决定政治运转的是平等原则，而引导文化的是自我实现原则。中国2010年颁布的《国家中长期教育改革和发展规划纲要（2010—2020）》（以下称《纲要》）强调，要把育人为本作为教育工作的根本要求，要把改革创新作为教育发展的强大动力，要把促进公平作为国家基本教育政策，要把提高质量作为教育改革发展的核心任务。显然，《纲要》同时考虑了政治、经济和文化三方面在教育中的诉求（公平、效率和自由），这意味着政治、经济和文化原则正在共同对中国教育施加影响。次年，十七届五中全会确立了文化大繁荣大发展的战略，从而使"人的发现"构成改革开放以来我国教育价值观发展历程的主线。这是一个重要的改革战略转型。与此相关，以基础教育的课程改革和高等教育的质量工程为标志，当前我国教育已处在规模扩张向质量提升阶段过渡的时期，我国教育的发展方式正在从外延发展向内涵发展转型（前者重在依靠教育的外力，促进教育资源的均衡；后者重在依靠教育的内力，促进教育质量的均衡）。也就是说，走内涵发展之路，致力于质量提升，是当前我国教育理论与实践探索的主题。所谓实现"内涵发展"，就是要通过教育变革推动学校整体的转型升级，建设各类优质学校，培养和谐发展人才。

人民是改革的主体，教师是教改的主人。中国有古语："行甚于言"。作为文化建构的主体，教师自身的文化自觉和自觉践履是建构教师文化的关键，而当前我国教师文化状况却并不容乐观。个人主义工作方式、派别主义学科文化、教师群体失语现象和封闭文化心态等方面问题还比较突出。如果说，教师文化是教育的一个起搏器，那么，对教师文化的反思与创构，则是我国教改实践的理念先导。教师文化的践履，需要教师有高度文化自觉和公共理性，重视历史传统、现实条件和关系思维，在促进教育创新中完成自我实现。

第一节　主体自觉：当代教师群体的文化意识

人贵有自知之明。作为主体对文化图景、态势的自觉意识和理性标志，文化自觉意味着文化主体明确自身的文化处境、使命，能够根据文化建设的规律，在彰显个性中实现自我的文化选择和群体超越。费孝通先生在生前，多次阐述“文化自觉”问题，引发学界广泛认同和思考。显然，文化自觉下的群体超越才是实质意义上的群体超越。

教师是美德的象征，是社会主流文化的“代言人”，教师文化是学校文化的基色。因此，当代教师应该建设良好的教师文化。要建设良好的教师文化，需要一场“新生活运动”——需要多方面力量的协同配合（这里尽管称作“运动”，但它不是急风暴雨而是说要创造更大的氛围，是和风细雨，润物无声。）。诸如，学校领导卓有成效的管理、教师群体的自觉、社会和社区环境的积极影响等等。这里，主要从价值层面对良好教师群体文化及其建设做一些探讨①。

一、当代中国教师要有基于理性的强烈的文化责任感

这是教师践履文化使命的首要前提。人生在世，一个有行为能力的常人，要负两种责任，一个是法律责任，一个是道德责任，而教师还肩负着文化责任，需要有明确而强烈的文化责任感。

文化责任感以主体的文化自觉为基础，也就是意识到自己应该做什么，并坚持点什么，执著点什么。在传统向现代文化的大转换中，教师的文化使命感，一方面表现在，培养学生对中华博大精深文化的热爱，引导学生学会分析传统文化，并在此分析基础上取其精华，使学生文化人格得到健全发展；另一方面表现在，教师对传统文化现代价值的理解，并将这

① 吴玲，周元宽. 当代教师文化使命[M]. 合肥：安徽人民出版社，2006：243－250.

种理解贯彻到“教书育人”活动中,使传统文化不再是一种“死”的历史知识,而具有一种“活”的现实品格。

当代中国教师,幸逢全球化背景下的中华民族伟大复兴,教师要有强烈的文化责任感。追寻古今中外伟大教师的履历,我们发现,尽管他们大多数曾经出身寒微,甚至充任普通教师,有过较长期教育实践,但是与普通教师不同,他们还拥有一些突出特点,这也许是成就他们伟大教师的条件。其中首要的一条是他们:志存高远,有超于世俗的崇高理想和敬业精神,对教书育人的倾情投入。孔子认为,不义而富是不道德的,要求“君子务本”,“视富贵如浮云”。苏格拉底从不为钱而教,表现出追求真理、热爱智慧的高尚品德。陶行知先生更是具有奉献精神,脱下洋装,“捧着一颗心来,不带半根草去”,就是“为一大事来,做一大事去”,有“创造出值得自己崇拜的学生”的伟大人格,因而不做“教书匠”,要做“教育家”,体现出一个献身教育、甘做人梯的伟大教师情怀①。

教师群体的文化意识、文化职责和文化使命感对于国民心性塑造意义重大。这是一种文化化人过程。与此同时,当代教师还要具备开放的文化视野。现代化是当代中华文化生长的生态环境,在文化多元发展时代,传统只有通过现代性转化—创造性转换,才具有现实意义,才能在生活中发挥作用。教师在传统文化与现代文化交织的多元文化态势中,必须强化自身的现代意识、现代品格、现代情怀,通过使自己成为站在时代前列的现代人塑造当代教师新形象,来引导学生在尊重传统同时告别不良的文化传统,在摄取传统文化精华的同时,成为一个具有高素质文化教养的当代合格公民。

今天的教育处于全球化背景中。作为担负培养未来公民重任的“文化人”,教师应当以清醒的文化良知维护地球生态的完整、美丽,以“面向世界的”文化品格创造年轻一代的文化人格。从文化生态的视野看,在当前文化转换时期,中华民族的发展,面临着两大亟须解决的课题:一是如何对待外来文化尤其是西方强势文化的影响问题,二是如何创造新的文化的问题。中国要在更深层次上融入国际社会,当代中国教师,有责任积极汲取人类普遍性文化,并与自己优秀文化融合起来——立足于在教学

① 王枬.智慧型教师的诞生[M].北京:教育科学出版社,2006:79.

内容、教学方法、教育角色、教学风格、教育德性等各方面学习成功经验，同时与中国的优良传统结合起来。新文化的创造在很大程度上源于教师的自我实现。多元化时代教师的自我实现，取决于教师拓展学生的文化交往、提供学生精神生活所需要的那种文化心灵的开放性与广度。这一切，都需要当代教师对文化要有强烈的责任感。

二、当代中国教师要有明确完善的“文化人”形象

这是教师群体的人格化的形象塑造。

文化者，用“文”而非用“武”化人也——再野蛮再原始的人，经过文化熏陶也会变得文雅。从本来意义上说，人就是在文化的学习创造过程中成长为人的，也只有在文化的传承创新中才能得到发展。中国有中国的文化，外国有外国的文化，只有懂得儒、道、释，理解天人合一，能够做到有理、有利、有节的人，才是中国式的“文化人”。有了文，还要“化”，“化”也有层次：要化到一个高尚的人，一个纯粹的人，一个脱离了低级趣味的人的境界，不仅需要春风化雨，更需要主体自觉的自我修炼。

“文化人”观念是现代文化教育的重要内容。

在当代，高素质的人很多，他们都是一定意义上的文化人——高素质的人才同时是“文化人”。作为现代社会大众的一员，尽管不是每个人都有能力去发展文化，但汲取文化却能发展我们，使我们更成熟、更独立、更高尚。这里，“文化人”主要指以文化教育为专职的人群。现代人是通过教育使自己成为文化人的，教育伦理决定了教师的“文化人”职责。

教师本身是“文化人”，同时也是社会的“教师文化人”。在文化多元时代，教师应强化“文化人”形象，给学生树立文化人成长的榜样。只有这样，在师生互为主体的交往中，在各种文化范式的碰撞中，一个人才能真正意识到自己的聪明才智，认识到命运并不取决于先天出身，而取决于后天的学习和创造，从而激发进取心。

建设良好的教师文化，要着力完善教师的“文化人”的形象。“文化人”的特点有：重精神；不计较名利；以学习者自居；对人有信；乐于助人；择善而行；不怨不尤；情绪稳定；自律自强；有使命感 10 项特质①。这些特

① 李国霖. 社会蜕变中的台湾学校文化[M]. 福州：福建教育出版社，1995：144.

质,较多地反映的是大学教师的文化特征,但是,对于其他教师同样具有启发意义。

在迅速变革和文化多元的当代,教师群体只有时刻明晰自己的责任,才不会迷失文化建设的方向。那么,新的历史时期,教师的责任是什么呢? 国际著名教育家德洛尔(1996)指出了教师的四点责任:第一个责任是教师自身的培训,教师必须终身学习,并不断地再培训自己,因为明天的教师或许从事各种不同的职业;第二个责任是教师们必须以小组形式进行工作;第三个责任是教师要保持与学生之间的主要关系;教师的最后一个责任,就是要对作为教育基础的 4 个支柱负责,这 4 个支柱就是学知、学做、学会生存和学会共存,它们不能分裂开来,不能认为某一时间仅适合于"学知",某一时间则应是"学会生存"。教师必须不断地使这四要素和谐一致并同时予以发展,而且要在明确责任的基础上学会适应变革[①]。

三、当代中国教师要有"专家型"教师的理想追求

这是教师自身对践履教书育人职业和工作境界的理想追求。

国内外关于"专家型"教师的标准并不相同[②]。美国在专家型教师标准或特征研究方面较有代表性的是斯藤伯格、波林纳、司德菲等人。斯滕伯格把专家型教师称为有教学专长的教师,提出专家型教师的特征有三:将更多的知识运用于教学问题的解决;解决教学问题的效率高;富有洞察力。波林纳将教师职业发展分为新手、熟练新手、胜任型、业务精干型和专家型五个阶段。其专家型教师的标准是:凭经验就能准确发现教学情境中的问题,并能采取适当解决方法;问题解决快捷、流畅和灵活,无需有意识努力就可处理各种教学问题;在一般情况下很少表现出反省思维,只有例外才对问题进行反思。司德菲将教师职业发展分为预备生涯、专家生涯、退缩生涯、更新生涯和退出生涯五个阶段。其专家生涯阶段教师的标准是:具有较高水平的教学能力与技巧;拥有多方面的信息来源;对学

① 转引自凌小云. 加强师德建设,重塑教师文化[J]. 上海高教研究,1998(6).

② 吴义昌. 中美专家型教师标准及比较[J]. 教育科学研究,2003(3).

生抱有高度的期望;具有内在透视力,随时掌握学生一举一动,能进行有效的班级经营和时间管理;在工作中能激发自我潜能,达到自我实现的目的。

中国对专家型教师标准或特征的研究虽然不少,但没有形成有影响的观点。不少人把专家型教师称为学者型教师,提出教师成长分为适应、分化、定型、突破和成熟四个阶段,其中"成熟阶段"的教师就是专家型教师。其标准是:实现了先进理论与科学实践的有效融合,形成了独特的实践操作体系,形成了独特的教育教学理念和教学风格。此外,有人强调科研素质是专家型教师与一般教师的最大区别所在,有人指出专家型教师的教学艺术高超、教学效果显著,并被社会公认,有人提出专家型教师的标志是:积极进取、勤奋好学;勤于思考、求异创新;教研结合、成果丰硕(新近,上上下下有人提出"教育家"和"教育家办学"的设想,不过,后者大多是针对教育管理者而言的。)。

在当今时代,要建设良好的教师文化,教师应当努力塑造自身的"专家型"的职业形象①。这是教师专业化的内在必有之义,也是良好教师文化的重要内容。在我国,与专家型教师相比,一般教师的差距主要不在智力因素,而在非智力因素。目前,我国"专家型"教师的理想追求应主要体现在以下三方面。

第一,努力强化专业和专业自主的意识。长期以来,教师职业被视为某种"奉献",盛行"知者为师",专业性突出不够。与此相关,我国教师大多不会追求西方文化中强调的"自主专业模式",相反地却建立了另一套"集体专业模式"。在这种模式下,怎样才最符合学生的利益,这个专业判断并不是由个别教师决定的,而是由教师集体决定的——而这个教师集体往往又演化为少数人(可能是精英)并最终是由行政主导决定的。一经订立,便成为专业的规范,基本上就不会争论也不允许争论,大家都要遵守。显然,这是"计划教育"的产物。在文化多元发展的今天,专业自主的意识对教师专业发展是前提性的:教师有了专业自主的意识和权力,教师才能以"客户"即学生的利益为最高标准,进而根据不同文化背

① 李瑾瑜.新课程与教师专业发展[M].北京:首都师范大学出版社,2003:191.

景灵活采取教育对策。需要指出,在我国,强化专业自主的意识问题,无论对于教师个体,还是对于教师群体,都具有同等重要的意义。

第二,努力实现“独白型教学”向“对话型教学”模式的发展。“独白型教学”把师生关系变成简单的授受关系,大多自觉不自觉地沦为灌输式教学,这种关系是以不平等师生关系为前提的,它无论如何改进都难以突破功利性心理定势。“对话型教学”强调在师生间构建平等对话的双向交流关系。对话的实质在于,在自我中发现他人和在他人中发现自己,而这恰恰是创新教学所必需的个性品质。平等对话的关系:作为创新的前提,它换来的是学生独立思考的能力;作为一种教育,它培养的是学生独立的人格意识;作为一项原则,它激发的是学生创造性发展的素质;作为一种精神体验,它强调的是学生经验对教学的重要价值。在这里,对话是一种渗透于一切教学项目中的最基本最持久训练,是师生基于相互尊重信任和平等立场,通过言谈和倾听而进行的双向沟通、共同学习的方式。

第三,努力实现“被动服从型”向“竞争创新型”成长路径的转换。现代社会已进入知识经济时代,情况瞬息万变,人际充满竞争。这是一个崇尚速度、“快者为王”的时代,不是不进则退,而是慢进则废。因此,当代教师对变化要增强敏感性,及时觉察,积极应对,这样才能应变自如,摆脱危机。如果麻木不仁,得过且过,到了积重难返之时,只有重复水煮青蛙的故事了。时代呼唤竞争意识和创新精神,而学生的竞争意识和创新精神要由教师来培养。教师要适应当代需要,与时俱进,努力实现由计划经济、传统文化形成的“被动服务型”成长路径,向知识经济时代要求的“竞争创新型”成长路径的自觉转换。一个教师,只有具备竞争意识,敢于竞争,善于竞争,才能创造出最大的教育效益;一个教师,只有养成锐意进取的性格,才会有强烈的成就需要,才敢于冲破妨碍创新的清规戒律,进行创造性工作。

国际21世纪教育委员会,曾提出未来教育的目标,即人们熟知的,使受教育者“学会认知,学会做事,学会共处,学会生存”。我们理解,这意味着要求专家型教师志存高远,“学会认真,学会合作,学会学习,学会研究。”

教师文化自觉:追寻教育的灵魂在哪里

知识不等于智慧:知识关乎事物,智慧关乎人生;知识是理念的外化,智慧是人生的反观;知识只能看到一块石头就是一块石头,一粒沙子就是一粒沙子,智慧却能在一块石头里看到风景,在一粒沙子里发现灵魂。

在柏拉图那里,智慧即指关于“善之相”或绝对的善的知识,绝对的善就是绝对的价值。教育的目的是使人通过“认识你自己”趋向那绝对的善,因此,人要不断地去爱智慧,追求智慧。它能照亮人的心魄,实现心灵的转向。

真正的教育应包含智慧之爱,它与人的灵魂有关,因为“教育是人的灵魂的教育,而非理智知识和认识的堆积”。教育的本身就意味着:“一棵树摇动另一棵树,一朵云推动另一朵云,一个灵魂唤醒另一个灵魂。”(雅斯贝尔斯《什么是教育》)如果一种教育未能触及人的灵魂,未能引起人的灵魂深处的变革,它就不能称为教育。

教育最重要的是选择完美的教育内容和尽可能使学生之“思”导向事物的本原,在本原中把握安身立命之感,如果单纯把教育局限于学习和认知上,即使一个人的学习能力非常强,他的灵魂也是匮乏而不健全的。从这个角度看,现今流行的教育口号,诸如培养学习兴趣,学得一技之长,增强能力和才干,增广见闻,塑造个性等都只是教育的形式,而非灵魂的教育。

有灵魂的教育意味着追求广阔无限的精神生活,追求人类永恒的终极价值:智慧、美、真、公正、自由、希望和爱,以及建立与此有关的信仰,真正的教育理应成为负载人类终极关怀的有信仰的教育,它的使命是给予并塑造学生的终极价值,使他们成为有灵魂有信仰的人,而不只是热爱学习和具有特长的准职业者。对此,北大在任时间最长的校长蒋梦麟先生曾说过:“教育如果不能启发一个人的理想、希望和意志,单单强调学生的兴趣,那是舍本逐末的办法。”此话今天听来依然难能可贵。

有灵魂的教育不会排斥科学,相反它能引导科学的发展方向,因为科学的基础和目标不能从科学本身中得到。在这一过程中,科学有了灵魂,成为人类灵魂的重要组成部分,也只有在此时,我们才能同意斯宾塞的结论:科学是最有价值的知识。

[资料来源]:李政涛.教师文化自觉:追寻教育的灵魂在哪里[J].新课程,2011(2).

第二节　教师文化整建的基本目标

教师文化的形成发展,受到社会文化和学校文化的制约。因此,教师文化的整建是一个关乎社会的系统工程。有调查显示,基础教育课程改革以来,我国中小学教师在职培训和专业发展活动开展非常普遍。培训内容较为全面,教师主要出于内部动机参加各类培训,培训效果取得了多数教师的认可,但培训内容与教师真正需要的东西存在差距,他们仍期待能够提升实效性。调查结果表明,中小学的老师们,已踏入终身学习和专业终身发展的时代。总体来说,我国中小学教师培训在培养"教书匠"方面做得更到位,而"通识教育"和"研究型教师"的培养方面还需进一步加强。此外,教师的工作满意度总体水平较高,但分布不均衡,教师的离职意向水平比较高——超过六成的教师存在离职意向,表明我国中小学教师队伍的稳定性不容乐观,需要政府部门和学校管理者重视。①

从教师专业发展和队伍建设来说,首先要立足于学校实际,加大管理变革的力度,从文化管理的高度,加强对教师专业发展的领导。"而建立学习型学校和学习型文化,正是我国学校变革的未来发展趋势,因此,加强对教师专业发展的领导与管理,学校领导和管理者也应承担必要的责任,参与到专业发展中来,实现他们自身的专业发展。"②教师文化重建,应立足学校层面,明确整建教师文化的基本目标,从而为教师专业发展营造良好的组织管理环境。

① 丁钢.中国中小学教师专业发展状况调查与政策分析报告[M].上海:华东师范大学出版社,2010.

② 杨小微,等.近五年我国基础教育改革及其研究的进展报告[J].基础教育,2011(3).

一、关注成长需要,改善文化氛围

《国家中长期教育改革和发展规划纲要(2010—2020)》把加强教师队伍建设,提升教师素质,促进教师的专业发展列为教育改革的重要内容之一。应该说,建设高素质教师队伍也是教育改革顺利推进的重要条件。建设高素质的教师队伍,应该关注教师的成长需要,从构建新型教师文化寻求突破,为教师专业发展提供文化土壤。教师文化重塑的内在动力,是教师主体意识觉醒和生命价值实现的强烈愿望,这是教师文化重塑的主观要素。但教师文化重塑同样需要一定的管理推动,良好的管理文化会促进教师群体形成积极向上、民主和谐的文化;反之,不良的管理文化会导致教师群体出现散漫、自闭以致对抗的文化。学校管理文化的革新,首先需要管理者思想观念的转变。学校对教师的管理,要树立以教师为本的管理观,增强服务意识,为教师的工作和生活服务,满足教师的成长需求。马斯洛的需要层次论揭示人在低级需要得到满足后会追求更高层次需要。尊重的需要和自我实现的需要是人的高级需要,并且人对尊重和自我实现的需要是无止境的。教师作为知识分子,在中国传统文化的熏陶下,本身具有自尊、清高的文化特质,他们如果得到了来自学校管理者、家长和学生的尊重,就会产生强烈的成就感,从而获得极大的精神愉悦,这就会促进教师以更饱满的激情投入教育事业中。为此,学校管理者要始终清醒地认识到教师是学校发展的主力军,学校的建设和发展关键要靠教师,因此,学校管理要尽可能地为教师的成长需求服务。要关心教师生活,尽力解决教师生活中的实际困难,帮助教师消除后顾之忧;要重视教师的职称评聘,给予教师合理的待遇;要尽可能地为教师创造进修培训的机会,使教师能不断提升自身的专业素养;要尽可能地为教师提供先进的教育教学设备,让教师适应信息化时代的教学要求,等等。总之,学校的教师管理要着眼于教师的成长需求,促进教师努力追求生命价值的实现。教师文化重建是教育改革的深层需要,也是学校管理变革的现实课题。

教师文化的形成有着复杂的历史和现实原因,因而教师文化重建既是整个教育文化变革的重要方面,也是相对独立的一项系统工程。其中,最为迫切也最为现实的是教师教育的改革和学校教师管理的变革。在基础教育课程改革的时代背景下,中学教师文化重建更需要学校在教师管理上加以变革。深入研究中学教师文化重建的内容,明确教师文化重建的方向,再通过变革学校教师管理,以具体的措施营造优良的学校组织文化氛围,是教师文化重建的必由之途。新型教师文化应该催生先进教育思想的文化,它唤醒教师的教育使命感,使教师追寻教育的本真价值,在"育人"的神圣事业中追求自身价值的实现;新型教师文化应该是激发改革精神和创造热情的文化,它燃起教师的主体热情,使教师积极投身于教育改革的实践,在反思、批判、改造和创新中,体验着教育生命的激情和欢乐;新型教师文化应该是营造民主、开放、合作的和谐氛围的文化,它使每一个身在学校中的教师,秉承着教育的人文关怀,感受着道德与知识的力量,为着共同的教育理想精诚合作,互助共进。这样的教师文化就是教师成长的一方沃土,在这样的文化土壤中的教师定能成长为枝繁叶茂的大树。这是教师文化重建的理想目标,也是我国基础教育改革的一项重要的文化使命。

二、改革评价机制,搭建合作平台

评价机制实质上是利益分配机制。"没有对教师主体自身价值的追求,没有自觉的醒悟与觉醒,就不会产生巨大的内驱力去支持教师完成这一复杂、有意义的过程。因此,教师专业的持续发展必须首先启动、激发和形成其自身持续发展的动机,促进教师自我不断学习、素质不断提升的信念。"①在教师管理中,教学评价是教师发展的"指挥棒":升学率取向的教学评价,会导致教师片面追求升学率、强化功利主义的倾向。科学合理的教师评价,会促进教师主体意识的觉醒,从而使教师自觉学习,不断提升专业素养和文化品位,实现自主发展。学校要立足于教师的专业发展,改革评价体系。具体而言,应从评价维度、评价标准和评价方式等方面加以革新。首先,改变过去学校管理者自上而下评价教师的单一维度,建立管理者评价、同行评价、教师自我评价、学生评价、家长评价相结合的多维

① 江全. 教师专业发展的内在动力探讨[J]. 大庆师范学院学报,2010(1):156.

度评价体系。其次，改变过去学生成绩的唯一评价标准，建立包括职业道德、创新精神、教科研能力、教学成效等内容的多元的评价标准。第三，改变过去只看结果不看过程的评价方式，建立重视过程性评价的评价方式。过程性评价要关注教师教学工作的态度、学识、方法等因素，对教师的教学工作给予充分的信任和宽容，鼓励教师的创新。过程性评价容易发现教师的优缺点，对于优点要及时地肯定，对于缺点要及时地诊断，帮助教师找到工作失误的原因及改善的方法。此外，教师评价中始终要坚持公正和诚信，这是有效教学评价的根基。多维度、重过程、多标准的评价体系，会全面客观地反映教师的智慧、能力以及工作投入的程度，从而保证了教师评价的公平、公正。科学的教学评价会在教师群体中建立起公正、诚信的价值体系，会营造出积极向上、乐于追求的浓厚氛围，从而促进教师自主追求专业发展。

搭建有效的合作平台也是重要内容。传统教师文化的封闭性，使教师在个人的小天地里独自“战斗”，这必然造成教师思想狭隘、缺乏创新。管理者要打破过去教师与他人之间交流的“壁垒”，搭建相互合作的平台，使教师与管理者、同事、学生、家长之间开展广泛的交流与互动，从而促进相互了解、相互学习、相互帮助。同时，教师的工作具有很强的个性特征，不同教师之间具有相互欣赏、相互学习、相互弥补的现实需要。根据学校实际，建立畅通的沟通与交流的机制，是重塑教师文化可行且重要的举措。校长要充分发挥引领作用，构建民主和谐的学校管理环境，鼓励教师积极为学校发展建言献策；教师之间可以根据不同的合作内容和发展取向组建不同形式的合作共同体，共同体在相同目标的指引下，建立相互协作的工作机制，充分发挥个人潜能，相互配合、相互协作；在师生之间的交流与合作上，可让教师以指导老师的身份参与学生社团活动，班级授课教师兼任不同角色的辅导员（如心理辅导员、女生辅导员、住宿生辅导员等）等，使教师在课外有更多与学生交流的机会。学校管理者、教师、学生是学校文化中的三种主体，通过开展不同形式的活动，搭建三种主体之间交流与沟通的平台，促进相互学习与协作，才能开拓教师视界、启发教师思维，从而在教育教学活动中激发个性採掘潜能，在教学中不断推陈出新。

三、培育教育信念，规约教学行为

教育信念是教师文化的核心和灵魂。“教师文化是以价值、信仰、假设等精神内容为核心，教师文化的主体是教师的精神文化，教师文化建设的前提在于教师精神文化的追寻。”[①]重塑教师文化的根本是塑造教师的精神文化，而教师精神文化塑造的根本途径在于培育教师的教育信念。教育信念包含着教师对教育事业的理解、教育理想的追求和职业精神的坚守。“教师文化的一个成熟表现就是教师群体拥有一种共同的教育信念。”“处在良好教师文化氛围中的教师的教育信念包括先进的教育观、学生观和教育活动观。”[②]教师拥有与时代精神相一致的教育信念，就会激发对教育事业的极大热情，自觉树立“一切为了学生的发展”的教育观；就会孜孜追求职业生命的内在价值，追寻教师职业生命的真正幸福。培育教师教育信念是教师文化重塑的核心，它促进教师职业意识的觉醒，帮助教师重新体悟教师角色、树立教育理想、明确职业追求。培育教育信念要注重对教师的精神引领，具体的行动策略可分为加强培训、榜样示范和活动感召。学校要加强教师的在职培训，改革教师培训的内容和形式，注重培训的实效。内容上要走出过去重教学技能的误区，注重树立教师的课程意识，促进教师对自身角色身份的体悟和转换；形式上要根据教师工作实际，采用业余自学、专家讲座、校本研修、网络培训等多元的方式，使教师可以随时随地地进行学习。榜样示范，就是要宣传教师中的先进模范，尤其是在新课改中勇于创新、大胆实践，给教育教学带来新变化的典型人物和示范学校，宣传他们的经验，鼓励教师思变求新、大胆创造。活动感召，就是通过举办一些课改论坛、教育沙龙等活动，让教师在参与这些活动的过程中思想碰撞，从而促进教师职业意识和生命意识的觉醒。

教师文化建设最终要落实到活动和行为上。这意味着，教师的行为需要一定制度加以规约，这是变革教师行为的必要前提。制度化管理被很多人批评，他们认为“无孔不入的制度与规则通过对教师行为的全方位

---

① 李清臣. 教师精神文化研究[M]. 北京：高等教育出版社，2010：50.

② 陈永明. 教师教育研究[M]. 上海：华东师范大学出版社，2002：256.

的控制，限制了教师的自我发展、自我表达，甚至是自由思考的权利”。这主要是学校在“以工作为中心”、“效率至上”理念主导下才会出现的问题。在“人治化”管理倾向严重的学校，制度化管理尤其必要。制度化管理的问题，不在制度本身，而在于制定制度的立场和价值取向。基于教师文化重建的学校管理制度，必须以促进教师专业发展和学生全面发展为旨归。“判断学校管理制度好坏的唯一标准只能是人的发展的标准，也就是要看这个制度是否能给学生的成长创设更加有利的条件，是否使教师们更自觉、更有创造性地进行那些无法用数字来统计的教育教学工作，是否让学生在知识的学习过程中感受到精神的愉悦与人格的陶冶。”①也就是说，教师管理制度的制定必须以促进人的发展为价值取向。如，制定教师教学规范，对教师课堂教学行为加以规约，促使教师摒弃传统的灌输式的教学方式，积极建构自主、探究、合作的教学范式；制定教师在职学习制度，创造条件促进教师主动学习、终身学习；制定校本研修制度，以明确的目的和规范，促进教师深入教学实际去发现问题和思考问题，从而探索解决问题的有效途径，等等。制度化管理既有防范、规训和制约的作用，也具有激发、引导和促进的积极功能，学校教师管理制度也要尊重教师的人格，给教师工作一定的自由度。制度的制定要尊重教师的意见，经过教师的参与和讨论，这样的制定才能让教师自觉遵从。一句话，应避免制度对教师自主精神的禁锢，而应该通过制度的完善，激发教师的工作热情，引导教师树立更高的职业追求，促进教师坚持学习、积极进取、勇于创新，从而提升教师的生命质量。

第三节　路径场域：教师发展的文化机制

有论者指出，教师合作文化具有积极的互依性、目的性、整合性、主体性、流动性等特征，它是教师文化发展的理想选择。我国教师文化建设策略主要有激起教师合作的共同愿景和信念、建立教师之间互动的水平组织关系、建立开放的校本教研组织制度、建立长效性的组织机构和建立持

---

① 车丽娜，韩登亮．学校制度的规约与教师文化发展［J］．中国教育学刊，2007(8)：30.

续有效的动力机制等[①]。朱永新教授以“教育的真谛乃是文化的自我创生”为题撰文指出:“教育在本质上是对于人类所创造的思想文化的自觉传承活动。几乎每个民族都会对自己创造和继承下来的成熟思想文化进行反思和‘再阐释’,使之符合那个时代的精神气质。教育的过程也是文化‘选编’的过程,只有文化才能够让学校拥有灵魂。好的教育应该有文化的自觉与自我省察。教育的真谛乃是文化的自我创生。”[②]与此相关,我们认为,教师文化建设和主体践履不仅要尊重现实条件,有一个明确目标和策略,还应当依托组织制度,考虑具体场域,重视“关系思维方式”,有正确的路径设计,保障主体的自主权,形成良性发展机制。

一、教师文化创建的路径设计

“路径依赖”是描述过去对现在与将来产生强大影响的术语。教师文化创建是在适宜的人文生态环境中生长出来的历史性果实,它的约束条件包括初始的制度文化选择、历史和社会文化因素等,因而教师文化创建中也有“路径依赖”的问题。按照初始选择导致制度变迁结果的性质,可以把路径依赖分为两类,即“良性路径依赖”和“恶性路径依赖”。以教师文化为例,所谓“良性路径依赖”,是指某种初始制度选定后,其他相关制度安排向同样方向配合,导致递增的效果,从而有利于教师文化制度的积极发展。所谓“恶性路径依赖”,是指某种制度演变轨迹形成后,初始制度的效率降低,甚至开始阻碍学校教育的发展,那些与这种制度共荣的个人或组织,为了既得利益而尽力维护它。此时该组织或社会陷入无效制度,进入了“锁闭”状态。当然,在良性或恶性两种极端情形之间还有许多中间情形。在教育制度文化中,众所周知的“应试教育”,就是一种典型的恶性路径依赖。[③]

---

① 马玉宾,熊梅.教师文化的变革与教师合作文化的重建[J].东北师范大学学报(哲学社会科学版),2007(4).

② 朱永新.教育的真谛乃是文化的自我创生[J].教育研究,2012(3).

③ 强调制度因素是政治学研究的惯习,有新旧制度主义甚至“新新制度主义”之说。“路径依赖”的理念对于文化研究十分重要。只不过作为描述过去对现在与将来产生强大影响的术语,产生于“豪门”被广泛引用而已。文化研究应“宠辱不惊”。

文化变迁是一个复杂的问题。教师文化的创建涉及很多方面，绝非仅仅是一个自发改变的过程，而是相关领域和因素联动的过程，它有自己应遵循的“原则”，其本质是社会期待下的角色调整和价值变迁。这意味着，教师文化的变迁尤其是创建不能随心所欲，也要在已有教师文化基础上进行——不管你是否有意识，是愿意还是不愿意。在我们看来，特定时空只适宜创建某些制度文化：在特定时空下，并不是所有的教师文化都需要创建都可能创建，只有在一定的时机和空间中才需要才可能创建。因此，我们需要注意两个基本方面。

（一）教师文化创建要慎重选择初始制度文化

对于我国教师文化的创建来说，初始教师制度文化选择必然是历史现实约束下的选择。长而言之，大而言之，它包括了古今中外，上下五千年——我国古代丰富的教育遗产，近代以来学习外国经验的沉淀，根据地教育实践经验，新中国后学苏的烙印，“文化大革命”的经验教训，以及改革开放30多年来的学习、探索。这样一个历史与现实，充分说明我们的教师文化创建，必需正确地对待过去，慎重地选择我们未来的初始制度，对已有的历史与现实仔细甄别，以优良的传统为基础生成新的生长点，努力避免陷入恶性路径依赖。考察选择初始制度文化，有必要具体分析教师文化所处的“级类”。我们认为，对于我国教师角色及其文化价值产生重大影响的初始制度有很多，当前值得小心关注的“初始制度文化”有：大学教师的专业教师与辅导员制度分离问题，大学扩招与师生关系疏离问题，学术权力式微与行政权力扩张问题，大学管理党委行政统分问题，大学教师中的“双肩挑”与专业教师“空心化”问题，大学教师的科研奖励制度，中小学的绩效工资制度，校长负责制，中小学的“教”、“导”分离制度，年级组与教研组的“点线”制度设计，中小学教师的特级教师制度，幼儿教师的边缘化问题，中小学的重点学校制度，教师资格证书制度，免费师范生制度，班主任津贴制度等。

（二）教师文化创建要密切结合社会文化和教育条件

这就是说，脱离现实国情的教师文化创建，难以“善始善终”，并最终获得成效。一是,政治与管理因素。国人习惯于实行自上而下的由政府主导的制度变迁——十分重视制度文化变迁的“顶层设计”——这是我们把握国情时需要首先加以洞察的。显然,政府在教师文化创新中存在先天局限(偏好),习惯于从政治角度考虑问题,难以充分地顾及教师文化的独特性。一般地说,文化创建还是百花齐放好,文化生态还是多元和谐好。教师文化的创建,也存在类似的背景和问题。比照制度变迁,管理当局主导型的教师文化创建,实际上也是一种供给主导型制度文化变迁,其局限性是十分明显的。二是,经济与市场因素。如,市场因素是教师文化创新必需关注并恰当利用的因素,现在的情形是,这个因素要么被一些人排斥了,要么被一些人高估了。当前,教育领域也在运用市场机制推动改革。例如,最近在中小学实施的“绩效工资制度”。三是国际与全球化因素。我们处在一个全球化、信息化时代。如今,越来越多的中外学生漂洋过海到其他国家和地区求学,外籍教师与本土教师的文化融合问题,双语和多语教学问题,各级学校尤其是高校跨国(跨区)跨文化办学问题(教师资格证书互认),等等。四是,有效途径与适当方式问题。教师文化的制度再造需要选择有效途径和适当方式。教师文化的制度再造的主要途径有:进行教师人事制度改革——人力资源开发;鼓励教师参与学校管理,推动学校生活民主化、法制化;通过学校形象设计和学校文化建设以及整体推动“学习型学校”建设,来逐步建设相关的制度载体。教师文化的制度载体再造的方式有:以师资培训为主体,开展全员培训;以校本教研为主要形式,开展行动研究式教育研究;创新机制,改革评价制度,等等。总之,这些情况表明,各种背景因素都在不同程度影响着我国教师的文化生存环境,教师文化创建需要密切结合社会各种因素,尤其是文化和教育方面的条件。

二、教师发展的文化机制

机制,原指自然物质系统的运行规律,如人体生理机制。现在,机制被广泛运用到社会生活和人文社会科学中,指称某一复杂组织系统各要素间彼此依存、有机结合和自动调节所形成的内在运行方式。机制与制度、体制、方式和方法等概念关系密切。

“机制”与制度、体制、方式和方法

机制有多重含义,其实质是“制度加方法”,即“制度化了的方法”。

与制度、体制、方式和方法等比较,机制有如下特点:首先,机制是经过实践检验证明有效的较为固定的方法,单纯的工作方式方法是可根据个人意志随意改变的;其次,机制本身含有制度因素并要求相关人员遵守,单纯的工作方式方法往往体现为个人做事的偏好;第三,机制是在多种有效方式方法基础上提炼成的,单纯的方式方法往往只是做事的一种形式和思路;第四,机制一般是依靠多种方式方法综合发挥作用的,单纯的方式方法可以是单一起作用的。

“机制”的完整定义,应当涵盖对事物变化内在原因及其规律、外部因素作用方式及其影响、事物变化表现形态等方面的揭示。

关于教师的“机制”研究,有不同视角,近来人们围绕教师专业发展进行了较多探讨。所谓教师发展,实质是外在环境诉求与教师内在因素相互作用的结果。从文化变迁意义上说,教师文化场的整体性、动态性与跨文化性,决定了教师发展,必然是文化场关键事件与教师价值观等内在因素互动过程;其中的动力机制源于文化间的差异——由于差异而导致观念的冲突、复原力的因应与文化的觉醒。庞丽娟等撰文认为,教师自我效能感是教师发展的内在机制,其作用具体表现在:教师自我效能感是教师增强专业能力的重要内驱力,是教师产生自主工作动机的内在原动力,是影响教师教育行为和教育有效性的重要中介,是教师身心健康、个人幸福的重要影响源①。也有从课堂活动角度探讨教师专业发展的动力和机制。叶澜等撰文认为,教师专业发展的动力源来自三方面:一是日常专业生活中遇到需解决的问题或关键情境;二是在专业发展意识引导下教师对专业发展的主观追求;三是外界的各种教师教育的支持。其影响力度与教师自身反思、自我专业发展意识密切相关。以上关于教师发展机制

① 庞丽娟,洪秀敏.教师自我效能感:教师自主发展的重要内在机制[J].教师教育研究,2005(7);叶澜,等.教师角色与教师发展新探[M].北京:教育科学出版社,2001:313.

的研究，为我们探讨教师发展的文化机制提供了启示。

我们认为，教师发展的文化机制，不仅要揭示教师发展的内在规律，寻求其基本流程、环节及其关系，揭示教师发展外部文化因素的作用方式及其影响，探寻其影响的外部要素，而且要揭示教师发展的文化表现形态，主要回答为何运行？怎样运行？动力何来？如何制约？及由此涉及机制中的四个板块——目标机制、运行机制、动力机制和制约机制。徐莉在“民主村落中的教师”的研究中，主要从教师生存的文化场的特性、教师自身的特性以及二者间的互动来分析了文化场对教师发展产生影响的文化机制（参见图7－1“文化场中教师发展的文化机制示意图”）。

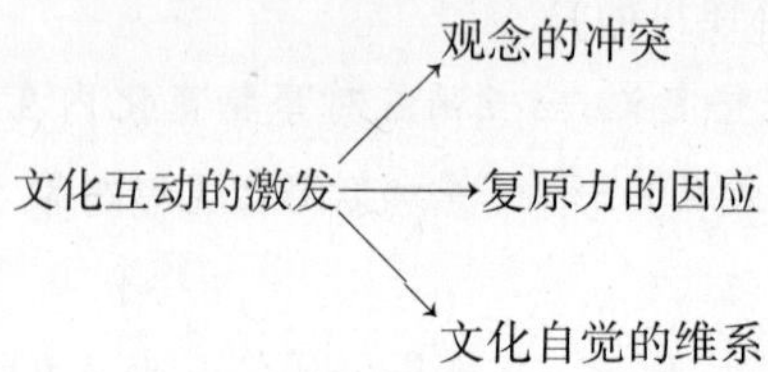

图7－1　文化场中教师发展的文化机制示意图

正如示意图所示，左侧“文化互动的激发”，是文化场中作用于教师的外部刺激力量，右侧“观念的冲突”、“复原力的因应”、“文化自觉的维系”，是文化场中教师的内在动力，两种力量共同作用并推动教师发展。所谓“文化互动的激发”，即文化语境中各种文化及其价值的碰撞。其中，包含着超越性和自在性的内在张力：前者会为人提供自由创造活动的条件，后者则会成为个体创造的桎梏。所谓“观念的冲突”，是指教师新旧观念间的对抗。冲突具体化为关键事件或关键情境，并通过教师教育行为体现出来，成为教师发展的核心动力。所谓“复原力的因应”是牵引教师文化体验的内在本能。当遭遇困惑时，教师群体复原力便会被激发并释放能量，催动教师履行使命。高层次复原力具有促进教师健康成长的意义，它能广泛调动个人资源和社会支持，灵活处置生活压力。所谓“文化自觉”，是指主体对文化图景和态势的自觉意识。作为教师发展的理性标志，文化自觉对于教师明确自身文化处境、反思文化责任与文化选择有着重要影响，是教师文化责任感使命感的动力机制。文化自觉下的教师发展才是实质意义上的发展。

可见,教师发展就是各种因素在文化场中相互作用的过程。文化场对教师发展的意义在于:对教师教育观念与行为的预期、激励、阻止、调控。影响的内容包括了教师的教育观念、教育行为、文化情感与发展动力;影响的途径是透过教师的教育观念而产生推力或阻力——具体表现为对教育信念的牵引与对教育情感的激发。文化冲突结果决定着对教师发展产生的力量的大小及方向;教师通过观念、情感上的拒斥或接受对新文化元素采取顺应、认同、改造或创新而反作用于文化。由于影响因素的多元性与复杂性,教师发展的路径呈非线性形态①。

三、教师发展的文化场域

教师文化建构,也需要组织依托和精神家园。教师作为专业人员,如果说以前还有争论,现在已经没有疑问了。因为,这不是一个价值或学理问题,而是一个方法或事实问题。我们要讨论的是,教师文化包括教师专业化的方向和举措。

"场"这个概念,原指场地等具体的物理空间,现在也用来指称心理和文化等精神空间。人类生活之"场",可分为纯物质空间、纯精神空间和介乎其中的融物质精神一体等三种空间类型。从实践对象来说,当下"人化自然"对象已占绝对优势。由此,人居于其中的"场",不仅具有物质实体性,还具有精神抽象性,也就是综合场:一片草坪或一间教室,它们首先是一种具体的物质和活动场所,同时也是一种抽象的精神场域。如北大的"三角地",在20世纪80—90年代师生的心中早就不是一个物理空间了②。有人说,一片风景,意味着一个心灵的境界。从"场"的视角分

① 这个"示意图"十分简略,主要是从文化心理学意义上讨论的。意在表达文化场中的内外因素共同发挥影响作用及其机制。其中,"观念的冲突",作为与教师成长有密切联系的中介,触动并激起教师发展潜能。"复原力的因应"和"文化自觉"都是在观念冲突表征下牵引教师文化体验的内在力量,不仅有本能,也有理性。作为内潜适应力,"复原力"和"文化自觉",不仅来自人类先天、个人经验或危机因应学习,还体现人类理性;我国广大教师,历来以教书育人为己任,它作为群体意识融入教师思想行为,由此积淀为强烈的社会责任感和自尊自重性格,成为世代遗传的教师文化基因。参见徐莉.民族村落中的教师[D].重庆:西南大学,2006.

② 北大的"三角地",在北大师生心中的意义,曾经非同一般。而它后来的演变,似乎是在劫难逃。不知道相关主体对其结局所隐含的社会文化价值变迁有什么体悟?!

析,能够全面把握人与环境及其要素关系。所谓"文化场",就是特定时空中各文化元素相互作用所形成的一个综合场(参见图7-2"教师文化场形态要素关系示意图")。

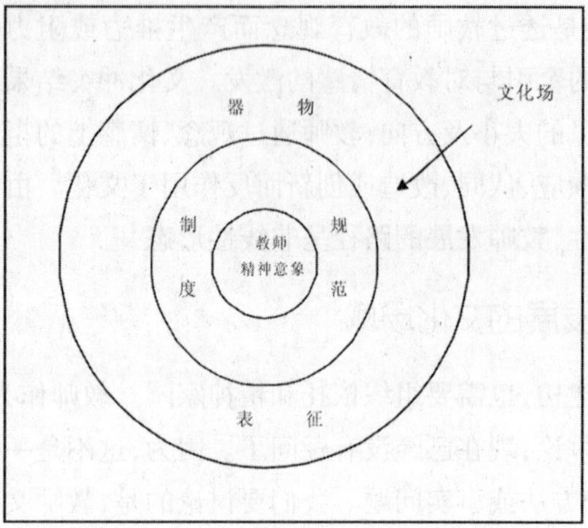

图7-2 教师文化场形态要素关系示意图

(1)三个同心圆表明教师文化的性质和形态。

(2)外层方框是教师文化主体及有关人员的文化活动场域。

(3)同心圆的结构关系是教师主体直接作用于其间的文化场。

人类生活于其中的"场",还可以根据活动性质划分为政治场、经济场、艺术场、文化场、教育场等众多的场,不同场有其特定的区域、场力和向量,有其内在的运行系统。作为一种存在形态,文化场是一个有向心力的、动态的、有机的"无意而有意"(即个体有意识而群体无意识)的系统。教师文化场作为一种群体文化场,实质上是一种社会规范场。所谓"规范场"就是指由"规范本身、由它规定的活动形式、活动者共同组成"的一种规范系统,要进入就"只有理解、认同、遵循规范的人才可能真正参与由规范场所构成的社会活动,就像一个物体只有被磁化才能参与磁场的运动一样①。"文化场可根据不同职业划分出许多次场。"教师文化场"与各种

① 吴畏.实践合理性[M].南宁:广西人民出版社,2003:152.龙宝新.教师文化:基于生活世界的概念重构[J].当代教育与文化,2009(5).叶澜,等.教师角色与教师发展新探[M].教育科学出版社,2001:313.

其他职业者文化场间是平行交叉关系(如图7-3"教师文化与相邻文化场域交互渗透关系示意图")①。

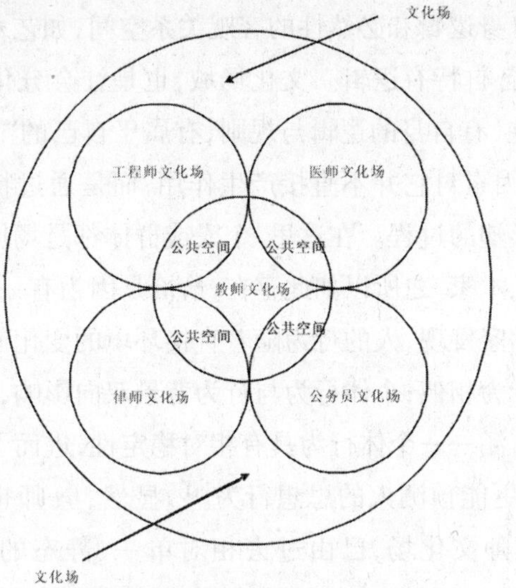

图7-3　教师文化场与相邻文化场交互渗透关系示意图

(1)大圆是"三师一员"与教师主体共同文化活动的场域(此中,公务员是狭义的,与政务员对称)。

(2)各小圆的结构关系是各个文化场的交互作用。

(3)小圆结构是教师群体内部直接交互作用的文化场。

由图示可见,各种职业从业者,同属于一个大文化场,他们有相对独特的地带,如家庭;也有交叉地带与公共空间,如社区、公园以及共同的亲友等。由于社会期待不同,不同从业者有相对特定的工作时空——有其相对独立的文化场,规定动力及其方向,形成特定职业群体的文化特质。

法国社会学家布迪厄,提出了著名的"场域"的观点。事实上,在社会世界中存在的都是各种各样的关系,有如马克思所说的"独立于个人意识和个人意志"而存在的客观关系。场域的实质,就是各种位置间存在的客观关系网络。根据场域的观点进行思考,就是从关系角度进行思考。

① 徐莉.民族村落中的教师[D].重庆:西南大学,2006.

"现实的就是关系的"。在当代高度分化的社会里,社会世界是由大量具有相对自主性的"社会小世界"或"小社会世界"构成的,这些"小世界",自身就是具有自身逻辑和必然性的客观关系空间,如艺术场域、宗教场域等等,都遵循着各自特有逻辑。文化场域,也是社会分化后产生的"小世界",它相对独立,有自身的逻辑与规则,有属于自己的"性情倾向系统"。也就是说,外在因素对它并不直接产生作用,而是通过特定中介,并且预先经历了重新形塑的过程。在这里,个人或群体都是场域作用的产物:某个知识分子或艺术家,之所以如此存在,恰恰是因为有一个相关场域的存在。生态心理学家发现,人的行为随着直接环境的变化而变化,在相似环境中不同人的行为相似;个体行为与行为背景双向影响,环境随个体态度变更并有不同内涵——个体行为具有相对稳定性,进而了解行为背景,比了解个体特征,更能预测人的思想行为。① 显然,教师也是教师文化场的产物:当代教师文化场,已由过去相对单一、静态的文化格局,变成了一种文化多元的语境。对此,我们每个教师并不一定是有意识和清醒的。

教师文化场,是一个由各种教师文化要素构成的意义网络。教师文化场的构成与变迁,揭示着文化要素间、文化与环境间、文化与教师间的相互关联。从共域性上看,教师文化场是不同地区、国家、层次、文化特质所构成的专业活动空间:这个空间,围绕此时此地的人的观念行为,由内向外从微观、中观向宏观系统扩散,形成层层递进并环绕的意义网络系统。由此可见,教师文化场形成"整合而流变"(即整体性、动态性与跨文化性)的群体文化特点。

提出教师文化场的视角,其意义在于,能更清晰地凸现文化的内在逻辑及其意义结构的层次性;能更顺畅理解各种文化间的动态关系;能更深刻理解文化与社会及其与个体间的关系,进而能更全面地把握文化各要素对教师发展的影响过程、影响内容与影响机制;能更有力地体现特定文

① 朱家雄,华爱华.幼儿园环境与幼儿行为和发展的研究[M].上海:世界图书出版公司,1996:20.

化时空中教师解读的情景性。进入新时代，我国的教师文化场，也发生了巨大变化：由文化间的彼此封闭、冲突转变为相互交流、理解；由过去单一文化场转变为多元文化场；由文化独立并存转变为各种文化跨界互动，成为一个多种文化共同生存发展的有机系统。多元文化彼此成为激发对方发展的重要因素，影响着教师发展的方向、内容和路径——既为教师精神丰富带来契机，也使他们遭遇价值的碰撞和文化选择的困境。

为了形象地展示教师文化场与教师发展的文化机制，我们绘制了“教师文化场的要素结构和运行机制示意图”（参见图7－4）。

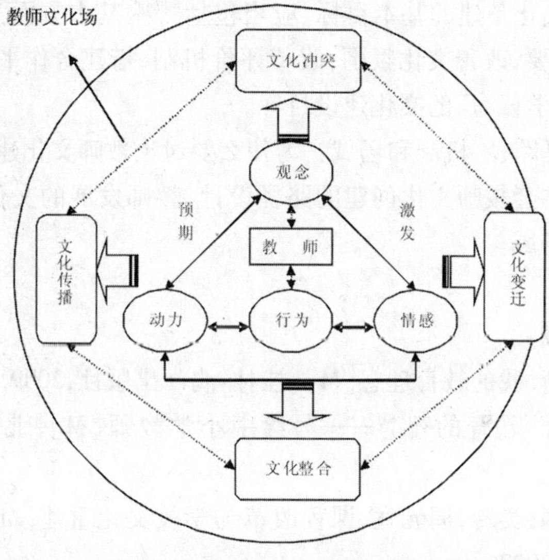

图7－4　教师文化场的要素结构和运行机制示意图

（1）外层大圆是教师文化活动场域。

（2）内层棱形区域是教师文化活动的直接场域；图中三角区域是教师文化核心要素的聚合区域。

（3）在三角核心区域中，观念与行为通过动力和情感的中介，交互作用，形成教师文化的运行机制。

总之，我们认为，从教师文化的精神归宿或建设的指导思想上说，教师成长需要“教师之家”——“教师之家”就是充满浓郁教师文化氛围的精神成长之家。我们认为，目前我国教师文化建设，需要以“教师领导”激活文化发展场域，以自主性为核心建构内涵，重视教师专业团体和规范的建设，通过改建、拓展把"教师之家"建设落在实处。①

思考题：

1. 如何理解文化建设是一个"外而文，内而化"的过程？对教师文化的建设，你有什么设想和构思？

2. 什么是主体自觉？当代中国教师应有怎样的群体文化意识？当代中国教师为什么要有基于理性的强烈的文化责任感？为什么要有明确完善的"文化人"形象？为什么要有"专家型"教师的理想追求？

3. 教师文化整建的基本目标，应当包括哪些基本方面？体会并讨论"关注成长需要，改善文化氛围；改革评价机制，搭建合作平台；培育教育信念，规约教学行为"的文化建设目标。

4. 什么是路径、机制和场域？为什么要讨论教师文化建设的路径、机制和场域？体会教师文化创建的路径设计，教师发展的文化机制和教师发展的文化场域。

参考文献：

1. 朱永新. 我的教育理想[M]. 桂林：漓江出版社，2009.

2. 林崇德. 教育的智慧——写给中小学教师[M]. 北京：开明出版社，1999.

3. 葛金国，吴玲，周元宽. 课程改革与学校文化重建[M]. 合肥：安徽教育出版社，2007.

4. 李鹏程. 当代文化哲学沉思[M]. 北京：三联书店，2001.

5. 葛金国，吴玲. 教师文化通论[M]. 合肥：安徽大学出版社，2012.

6. 申继亮. 新世纪教师角色重塑[M]. 北京：北京师范大学出版

① 所谓"教师领导"，不是对教师的领导，而是由教师发生的领导，以教师为主体的领导。它指一些教师在特定情境中为实现群体目标对学校人、事和工作施加的影响。教师领导的状况，深受社会或地区传统、特定学校文化、组织管理结构尤其是校长领导方式等的影响。尽管"教师领导"在各国教育管理中的性质、作用存在差异，尽管教师领导由于缺乏"制度性界定"表现为概念内涵的模糊和动态变迁，但教师作为领导主体可以通过"分布式领导"和"平行领导机制"在学校各个层面发挥领导作用的事实，已经为学界公认。参见葛金国，吴玲. 教师文化通论[M]. 合肥：安徽大学出版社，2012：266－270.

社,2006.

7. 王守恒,姚运标. 教师管理论[M]. 芜湖:安徽师范大学出版社,2010.

进一步阅读文献:

7-1. 叶澜,等. 教师角色与教师发展新探[M]. 北京:教育科学出版社,2001.

7-2. 钟启泉,等. 为了中华民族的复兴　为了每一位学生的发展——《基础教育课程改革纲要(试行)》解读[M]. 上海:华东师范大学出版社,2001.

结语：以教师文化营造教师幸福职业人生

古往今来，人们给以幸福无与伦比的关注。作为人生的主题和人类的共同追求，没有人对幸福的渴求，就没有人类的过去、现在和未来。①

教育是生命关怀，真义是使人成长，终极目的是使人幸福。但是，在过往，人们总以为，教育的目的在于使受教育者获得幸福，所以，教育要关注学生的生命。这当然是必需的，但这却不够。因为，如果忽视教师生命幸福的引导和前提作用，学生生命幸福显然是难以为继甚至是不可能的。过往，在我国，常常把教师职业看作"伟大职业"，而这个"伟大"，却常常是以牺牲教师群体幸福为前提的。

因此，新时期教师文化创设，不能不关注教师幸福：因为，教师的幸福尤其是教师的职业幸福，关乎教育的发展、受教育者的幸福以及社会的进步。关注教师的幸福，就是寻求教师生命的意义，寻求教师生命的意义，就是增进教师的幸福。"做幸福的教师"，"幸福地做教师"，"做教师的幸福"，这不是一组简单的文字游戏，三者依次表达的是教师职业人生的目标、践行和意义。

关于教育幸福及其相关的师生幸福，存在四种基本状态：①既不关注学生幸福，也不关注教师幸福——应试教育下的师生实际上沦为考试的工具，因而失去幸福。②只关注学生幸福，不关注教师幸福——"儿童中心"和"牺牲"主义教育下的师生幸福关系即如此，古代罗马的"教仆"是其典型例证。③只关注教师幸福，不关注学生幸福——"权威主义"教育下的师生幸福关系即如此，"军事化封闭式管理"是其典型例证。④既关注学生幸福，也关注教师幸福——这是教育幸福的理想状态，历代真正伟

① 在本书"引论"中，我们以"改良教师成长的文化土壤"为题，交待了本书的旨趣，而所有旨趣可以归结为一句话："以富有创意的教师文化，营造教师群体的幸福职业人生"。参见葛金国，吴玲. 教师文化通论[M]. 合肥：安徽大学出版社，2012：298 - 300.

大教育家践履的正是这种教育幸福。所谓教师职业幸福,就是教师实现职业理想并获得精神愉悦体验的状态。

我们的社会,应当有更多的人感受幸福生活。

我们认为,无论是伦理学意义上的快乐与德性,还是心理学层面上的主观幸福感,都为教师幸福概念的探究提供了思考视野。无论是感性主义幸福观、理性主义幸福观、神学幸福观的概括,还是引入"幸福指标"进行测量研究,都是教师幸福的文化研究应当关注的。我们赞赏檀传宝博士关于教师幸福若干特性概括的尝试,认为教师幸福是教师生命存在和职业存在的统一,是教师德性与自我体验的统一,是消费享受与价值实现的统一,具有精神性、整体性、教育性、给予性的特点①。我们认同冯建军博士关于"幸福教育,不仅要追求学生的幸福,而且要追求教师的幸福,是通过师生共同的教育幸福,创造师生共同的幸福生活"的观点。因为,作为师生生命的"双边活动",教育如果没有学生生命的存在,就不可能有教育和教育对象的幸福;如果没有教师生命的存在,就不可能实现教师生命的内在价值和幸福,从而也不可能真正实现对学生的价值引导,实现受教育者对幸福的追求。教师是幸福的,才能创造幸福的课堂②。显然,把教师职业视为"伟大职业"本身并没有错,错在以牺牲教师群体幸福为前提、为代价。

教师幸福作为一种以感受为基础的生存状态,它并非是纯粹主观的,也是"可观"、"可群"的;它是否包括"中等财富"、"高尚德性"和"发展完满"等要素,需要讨论。我们认为,与教师幸福密切联系的一个概念,是教师"生活质量"。而幸福就是"五有"或"吾有"——这是"可观"、"可群"的:心里有想头(意义追求);生活有事做(工作充实);社群有亲友(理解欣赏);柜中有余裕(衣食无忧);身心有自由(健康舒畅)。

教师的职业幸福是各种因素综合决定的,这意味着:教师的职业幸福,不仅体现在衣食无忧和"桃李满天下",更体现在幸福地做教师,即教

① 檀传宝. 论教师的幸福[J]. 教育科学,2002(1).

② 2007年10月,中国教育学会教育基本理论专业委员会年会在陕西师大召开,主题是"幸福与教育"。与会者竞相发表高见,观点异彩纷呈,可谓宏大叙事与微观探究互补,表达了"现实的教育创造出可能的幸福"的目标诉求。

师工作过程的充实和意义。孔子自谓“学而不厌，诲人不倦”——对于学习要永不满足，努力学习，决不厌弃；教育他人要永不疲倦，认真施教，情绪饱满。这两句话揭示出教师职业的本质：“学而不厌”表明了对知识/真理的执著追求，“诲人不倦”表明了对教学的乐此不疲（热爱/乐观）；为了教好必须学好，只有学好才能教好。孟子认为：“得天下英才而教育之，三乐也。”把教师工作看做是天下最有乐趣的职业。王守仁说：“今教童子，必使其趋向鼓舞，心中喜悦，则其进自不能已。譬之时雨春风，沾被卉木莫不萌动发越，自然日长月化。”可见，学生进步“自不能已”，教师满足“自不必说”了。

马克思说：“赞美那些为大多数人带来幸福的人是最幸福的人。”不管教师职业的取得，你是主动还是被动，但只要你还在从事它，你就需要在作为谋生手段的基础上把它变成事业，并进一步寻求理想的实现——要体验教师幸福，就必须在创造性教师劳动中享受。如果你能充满激情地面对教育生活，得心应手地处理各种教学事件，你的学生总是成为最好的他自己，他们对你格外尊敬和亲近，那你自然会更多更真切地感受到幸福。

佛祖有示，悟性就在你的脚下；吾等申言，幸福就在你的手中和心里——有“心”的地方，就可能有发现；有发现的地方，就可能有美、有创造、有欣赏；有美、有创造、有欣赏的地方，就必然有爱、有自由、有快乐；有发现、有美、有创造、有欣赏、有爱、有自由、有快乐的地方，就自然充满幸福。

阳光普照大地，它平等温暖每个人。所谓“境由心生”：什么样的思想带来什么样的处境，我们的思想是可以自由驰骋的，思想的自我束缚是最大的悲剧；内心积极丰富，生活就丰富积极；积极丰富的生活体悟，本身就是幸福。教师的心态如果是平和的、达观的、宽容的、感恩的、积极的，它就拥有了阳光心态，就能做一个幸福的教师①。

---

① 我们尤其想强调平和达观的人生态度：积极做事，宽容对人。一个人做事不尽心尽力，不有所奉献，没有资格谈幸福；一个人自私褊狭，只记仇不感恩不可能感受幸福。南非前总统曼德拉因为追求民主独立坐了几十年牢，出狱做总统后特别善待敌视过他的人。他曾经说过使人心灵震颤的话：如果我不从仇恨的记忆走出来，那无论我现在在哪里，其实还是在监狱中。我们觉得，在教师职业生涯中，要“记仇”的人和事，实在不多；要“感恩”的人和事，真的不少。作为教师，我们不应总是祈盼“得天下英才而教育之”，而应时时注意自己是不是“有教无类”地接纳了身边的每个学生。参见肖川．教师的幸福人生与专业成长[M]．北京：新华出版社，2008.

对于幸福的教师,教学不是谋生的手段,而是生活的本身;不是牺牲而是享受,不是重复而是创造。教师的一生,确实很难成就惊天动地的伟业,但她应当永远是灯塔,远望如灯,近看似火;它应当永远是百合,展开是花,凝聚成果。幸福的教师,他知道,自己生命的蜡烛在照亮学生同时,也正照亮着自己。

作为教师,我们要努力赋予生命的意义,让自己的心灵变得丰富深刻,捕捉身边的每次感动,给自己也给他人积极的暗示,理直气壮地追求自己的职业幸福。与此同时,我们还需要反求诸己,提升境界,追求品位:每个个体当“吾日三省”,努力精进,做最好的自己;整个群体亦当自觉体悟,躬行践履,为人师表,以主体性生存的教师文化,营造自尊清高、无怨无悔的幸福职业人生。

后记

作为有着多年教龄的教师,我们在长期的教育生活中,深切感受到无处不在的文化,深切感受到这些文化对师生的潜移默化。

职业使命、教师文化,这些话语是这样的浅显易懂,又是这样的深奥难言。想当初,选择教师作为职业多少出于偶然,而选择"职业使命与教师文化建设"的讨论主题,不仅因为发自内心的对话需要,还缘于挥之不去的文化情结。

早在30年前,我们研究群体,就开始关注文化研究,并以此为主题发表研究心得[其中出版有《校园文化建设导论》(2003)、《当代教师文化使命》(2006)、《校园文化:理论意蕴与实务运作》(2006)、《课程改革与学校文化重建》(2007)、《教师文化通论》(2012)]。显然,教育文化研究选择的本身,就是一种"职业使命";尽管这种选择本身,是那么的勉为其难!

本书的写作,还缘于我们研究群体力行的"实践关怀"。尽管出版时间紧凑,但它是我们群体长期思考的体现。由于某种机缘,我们同道而谋。全书由吴玲和葛金国提出设想,王琪博士(宁波职业技术学院高教研究所讲师)和杨志宏硕士(安徽省安庆市田家炳中学高级教师)参加讨论并分别执笔,吴玲、葛金国修改定稿。其中,各部分写作任务分工如下:引论(吴玲)、第一章(葛金国)、第二章(葛金国、吴玲)、第三章(王琪、葛金国)、第四章(王琪、吴玲)、第五章(吴玲、王琪)、第六章(杨志宏、葛金国)、第七章(杨志宏、葛金国)、结语(吴玲)。

在学习研究和工作生活中,有很多师友、同学不断关爱和鼓励我们。在本书即将付梓之时,谨向石中英教授表示感谢——现在北京师范大学教育学部任职的石部长曾是我们校园文化研究的最早合作者之一。在本研究群体的相关研究和思考中,安徽师范大学教科院在职教育管理硕士汪正贵(安徽省马鞍山二中校长)、杨文娟(江苏省常州市实验小学校长)、杨芳志(安徽省枞阳项铺初中校长)、李玲(南京市世纪星幼儿园园长)、巫莉(南京市第五幼儿园副园长)等同志参与讨论。在本书撰写过程中,我们参阅了大量古圣今贤的宏论,包括现代工具——电子网络信息,已尽量注明(个别资料无法知晓著作者,也注明引用处)。

需要感谢的人,还有很多,在此难以一一尽列。无论是作为老师的学生还是学生的老师,能从事教职,生活在校园中"论学取友",体悟"文而化之"之道,我们深感幸福。谨此,向大家表示衷心感谢!

吴 玲 葛金国 王 琪 杨志宏

2012.12.18